Xifang Xingzhengzhidu Gailun

西方行政制度概论

汤 勤 古小华 庞京生●主编

中国经济出版社
CHINA ECONOMIC PUBLISHING HOUSE
北 京

图书在版编目（CIP）数据

西方行政制度概论/汤勤，古小华，庞京生主编．
北京：中国经济出版社，2010.1（2021.11 重印）
ISBN 978－7－5017－8645－9
Ⅰ．①西… Ⅱ．①汤…②古…③庞… Ⅲ．①行政管理－管理体制－西方国家 Ⅳ．①D523
中国版本图书馆 CIP 数据核字（2008）第 076093 号

责任编辑　李煜萍
责任印制　巢新强
封面设计　白朝文

出版发行　中国经济出版社
印 刷 者　北京艾普海德印刷有限公司
经 销 者　各地新华书店
开　　本　710mm×1000mm　1/16
印　　张　13.25
字　　数　270 千字
版　　次　2010 年 1 月第 1 版
印　　次　2021 年 11 月第 23 次
书　　号　ISBN 978－7－5017－8645－9/F·7626
定　　价　29.00 元

中国经济出版社 **网址** www.economyph.com **社址** 北京市东城区安定门外大街 58 号 **邮编** 100011
本版图书如存在印装质量问题，请与本社销售中心联系调换（联系电话：010－57512564）

目 录

第一章　西方行政制度

第一节　行政制度概述 /2

一、行政制度的含义 /2

二、行政制度的特征 /4

三、行政制度的功能 /5

第二节　西方行政制度的历史演变 /8

一、西方行政制度的初步形成 /8

二、17 世纪到 19 世纪的西方行政制度 /9

三、20 世纪以后的西方行政制度 /10

四、西方行政制度发展的新趋向 /12

第三节　西方行政制度的研究对象和研究意义 /15

一、西方行政制度的研究对象和研究范围 /15

二、研究行政制度的目的和意义 /17

第二章　西方行政制度思想的历史演变

第一节　古代西方行政制度思想 /22

一、柏拉图的行政制度思想 /22

二、亚里士多德的行政制度思想 /23

第二节　近代西方行政制度思想 /24

一、威尔逊的行政制度思想 /24

二、古德诺的行政制度思想 /26

三、韦伯的行政制度思想 /27

四、巴纳德的行政制度思想 /30
第三节 现代西方行政制度思想 /32
一、西蒙的行政制度思想 /32
二、麦格雷戈的行政制度思想 /35
三、林德布洛姆的行政制度思想 /39
四、布坎南的行政制度思想 /41
五、奥斯本的行政制度思想 /44
六、登哈特的行政制度思想 /46

第三章 中央行政制度
第一节 中央行政制度概述 /50
一、西方国家中央行政制度的构建原则 /50
二、西方国家中央政府的职权 /51
三、西方国家中央政府的组成 /53
第二节 内阁制中央行政制度 /56
一、内阁制中央行政制度的形成过程 /56
二、内阁制中央行政制度的主要特征 /58
三、内阁制中央行政制度的主要类型 /59
四、内阁制中央政府的组织程序 /60
五、对内阁制中央行政制度的评析 /61
第三节 总统制中央行政制度 /62
一、总统制中央行政制度形成过程 /62
二、总统制中央行政制度的主要特征 /65
三、总统制中央政府的组织程序 /66
四、总统制中央行政制度与内阁制中央行政制度的比较 /66
五、对总统制中央行政制度的评析 /67
第四节 半总统制中央行政制度 /68
一、半总统制中央行政制度的形成过程 /68
二、半总统制中央行政制度的主要特征 /71

三、半总统制中央行政制度与总统制中央行政制度的比较 /73
四、半总统制中央政府的组织程序 /73
五、对半总统制中央行政制度的评析 /73
第五节 委员会制中央行政制度 /74
一、委员会制中央行政制度的形成过程 /74
二、委员会制中央行政制度的主要特征 /75
三、委员会制中央行政制度与总统制中央行政制度、内阁制中央行政制度的比较 /75
四、对委员会制中央行政制度的简评 /76

第四章 地方行政制度

第一节 地方行政制度概述 /80
一、地方行政制度的含义 /80
二、地方行政制度的类型 /81
三、地方行政制度的特征和作用 /81
第二节 联邦制和单一制国家的地方行政制度 /86
一、国家结构形式及其分类 /86
二、联邦制国家地方行政制度 /87
三、单一制国家地方行政制度 /89
第三节 西方国家地方行政制度改革 /91
一、西方国家地方行政制度改革的内容 /91
二、西方国家地方行政制度改革的特点 /95
三、西方国家地方行政制度改革的启示 /97

第五章 政府行政过程

第一节 政府行政过程概述 /100
一、政府行政过程的含义和本质 /100
二、政府行政过程学说的演变 /104
三、利益集团对政府行政过程的影响 /107

第二节 分权型政府行政过程 /112
一、分权型政府行政过程的含义及内容 /112
二、分权型政府行政过程的优缺点 /113
第三节 集权型政府行政过程 /114
一、集权型政府行政过程的含义及内容 /114
二、集权型政府行政过程的优缺点 /117
第四节 民主型政府行政过程 /118
一、民主与民主型政府行政过程 /118
二、民主型政府行政过程的特点 /120

第六章 政府人事制度
第一节 政府人事制度概述 /124
一、公务员与公务员制度的含义 /124
二、西方国家公务员制度的发展历程 /125
三、西方国家公务员制度的地位和功能 /126
四、西方国家公务员制度的特点 /129
第二节 英国的文官制度 /131
一、英国文官制度的形成 /132
二、英国文官制度的特点 /133
三、英国文官制度的主要内容 /134
第三节 美国的公务员制度 /138
一、美国公务员制度的发展过程 /139
二、美国公务员制度的特点 /141
三、美国公务员制度的主要内容 /142
第四节 法国的公务员制度 /147
一、法国公务员制度的形成过程 /148
二、法国公务员制度的特点 /148
三、法国公务员制度的主要内容 /149

第七章 西方国家政府经济职能

第一节 政府经济职能概述 /156
一、政府经济职能的含义 /156
二、政府经济职能的作用 /158
三、政府经济职能发挥作用的形式 /159
四、影响政府经济职能设置的主要因素 /161
五、西方国家政府经济职能历史演变 /162
第二节 西方政府经济职能理论 /163
一、自由主义政府经济职能理论 /164
二、干预主义政府经济职能理论 /165
三、新自由主义政府经济职能理论 /168
第三节 当代西方主要国家的政府经济职能 /169
一、美国:有宏观调节的市场经济 /170
二、德国:社会市场经济 /172
三、法国:计划指导的市场经济 /173
四、日本:政府主导型市场经济 /174
五、瑞典:福利市场经济 /175

第八章 西方行政制度改革

第一节 政府理念企业化 /178
一、政府理念企业化的内涵 /178
二、政府理念企业化的主要形式 /178
第二节 政府职能市场化 /182
一、政府职能市场化的内涵 /182
二、政府职能定位市场化的实践 /182
三、政府职能输出市场化的实践 /189
第三节 公共服务社会化 /190
一、公共服务社会化的内涵 /190
二、公共服务社会化的主要形式 /191

三、公共服务社会化的意义 /193
第四节 行政权力分散化 /194
一、行政权力分散化的内涵 /194
二、行政权力分散化的实践 /194
第五节 对西方行政制度改革的评价 /198
一、西方行政制度改革的效果 /198
二、西方行政制度改革的局限性 /199

后 记 /202

第一章

西方行政制度

行政制度亦称政府制度，作为行政权力体制的法定性规则，在国家政治制度体系中具有重要的地位和作用。分析和探求西方行政制度，需要明晰行政制度的含义，行政制度的特征，行政制度的地位和作用，行政制度的体系、范围等基本问题。

第一节　行政制度概述

一、行政制度的含义

对于什么是行政制度，我国学界有不同的理解，比较有代表性的观点有：

1. 行政制度是根据一定程序将国家各级各类行政机关的地位、相互关系和活动原则固定化。现代各国的行政制度大都由国家宪法和有关法律、法令确定。①

2. 把行政制度理解为当代西方国家的行政制度，是西方国家为了有效地执行宪法和法律，实现国家的行政职能而依法规定的有关国家行政权限、行政组织、行政领导体制、行政活动及其行政监督等方面的制度。②

3. 行政制度或政府制度，是指政府的机构与功能，包括政府的组织形式、组织程序、职权范围、官员的任免等。③

4. 行政制度是指对国家行政机关及其活动所确立的法律规范体系。④

5. 行政制度是由国家宪法和有关法律、法规所确定的国家各级各类行政机关的地位、职能、权限、相互关系以及活动原则的总称。⑤

6. 行政制度是指有关国家行政机关的组成、体制、权限、活动方式等方面的一系列规范。⑥

7. 在现代社会中，所谓政府制度一般指一个国家的行政管理制度。⑦

8. 行政制度（即政府制度）是以一定的行政思想和观念作指导的，由国家宪法和法律规定的有关国家行政机关的产生、职能、权限、组织结构、领导体制、活动规程等方面的准则体系以及政府体制内各权力主体的关系形态。⑧

可以看出，以上各种关于行政制度含义的界定，均是从狭义的角度理解政府，即政府指的是国家权力机关中的行政机关，或曰：行使国家行政权力的权威机关，它执行和贯彻法律，负责组织国家事务，在政治、经济、军事、外交、文教、社会等各个领域中行使着国家

---

① 张光博主编：《行政学词典》，吉林人民出版社，1988年版，第322页。
② 唐晓、王为、王春英：《当代西方国家政治制度》，世界知识出版社，2005年版，第234页。
③ 韩国明：《外国行政制度》，兰州大学出版社，2004年版，第1页。
④ 徐育苗主编：《当代中国政治制度研究》，湖北人民出版社，1993年版，第176页。
⑤ 张永桃主编：《当代中国政治制度》，高等教育出版社，1990年版，第143页。
⑥ 浦兴祖编：《当代中国政治制度》，复旦大学出版社，1999年版，第130页。
⑦ 周民锋主编：《西方国家政治制度比较》，华东理工大学出版社，2001年版，第176页。
⑧ 张立荣：《中外行政制度比较》，商务印书馆，2002年版，第14页。

的职权。

综合以上各种观点，我们认为，行政制度（即政府制度）是由国家宪法和法律规定的有关国家行政机关的组成、体制、职能、权限、活动方式及相互关系等方面的一系列规范和准则体系。

对行政制度的这一概括，我们可以展开如下分析：

第一，行政制度的核心内容是行政权力体制的法定性规则。行政权力体制的法定性规则即法定行政权。这里的行政权力体制，是指一个国家的行政机关与其他国家机关之间的权力关系及其制度。R. J. 斯蒂尔曼总结各国政府管理的实践，指出："行政管理的生命线就是权力，权力的获得、保持、增长、削弱和丧失是实际工作者和研究者所不能忽视的，忽视了这点，其后果几乎可以肯定就是丧失现实性和导致失败。"[①]因此，关于行政权力体制的法定性规则就成为行政制度的核心内容。具体而言，国家行政权力是由国家宪法、法律赋予的，国家行政机关为有效实现国家意志，运用强制手段而依法对全社会进行管理的权力。国家行政权是国家权力的重要组成部分，是国家行政机关依法行使的一部分国家权力，它与国家的立法权、审判权、检察权、军事统率权等一起构成国家权力的统一体。国家权力是一个不可分割的整体，但是，为使国家职能更好地实现，需要建立国家权力的分工执掌体系。西方国家一般根据"三权分立"原则，规定国家行政权力由政府行政机构行使。

第二，行政制度内含着相互关联，有序组合的多层次结构。行政制度是一个由内层、中层和外层有机构成的多层次结构系统。内层（即核心层）是关于国家行政权由谁执掌的根本准则；中层是关于国家行政权执掌者——行政机构的设置、调整以及行政人员的配备、管理的基本准则；外层则是可供行政权力主体直接操作的各种具体准则，如施政途径、方式、手段、程序等。这三个层次相互关联、彼此制约，外层体现中层，中层体现核心层；同时核心层制约中层，中层制约外层，从而构成一个多维一体的行政制度系统。

第三，行政制度与行政思想、行政主体、行政行为既有区别又有联系。行政制度与行政主体、行政行为是有明显区别的不同的概念，它们各自的内涵不同、范围不同，我们所研究的主要是行政制度，而不是行政主体和行政行为。但是，任何行政制度总是在一定的行政思想的指导下创制而成的。同时，任何行政制度都必须通过一定的行政主体才能得以实现，并化为一定的行政行为，否则，行政制度便无法显示其功用。可见，行政制度与行政主体、行政行为之间具有高度的相关性。因此，探究行政制度便不能不关注和联系相关的行政主体及行政行为。

---

① ［美］R. J. 斯蒂尔曼主编：《公共行政学》，中国社会科学出版社，1988 年版，第 211 页。

二、行政制度的特征

（一）权力规范性

所有的管理制度都以规范权力的运作为核心内容，如规定权力主体、权限大小、权力运作方式。行政制度更是如此，它所规定的权力是国家权力。行政制度的核心内容就是明确行政权力的设立与运作的根本规范，表现为政府（中央政府与地方政府）的组成与机构设置和政府管理体制与过程。具体而言，行政制度以法律法规的形式明确规定权力主体——国家行政机关的组成与设置，规定各级国家行政机关的基本职权，规定行政权力涉及的范围及运作方式。当然，由于受多种因素的制约与影响，这种规定在不同国家亦所有不同，例如联邦制国家一般都对中央与地方的权限划分作了明确规定，而单一制国家则对中央与地方的权限划分不甚明了。

（二）严格法制性

严格法制性，或称依从法律，指的是行政制度的确认和体现都以法律、法规明示的形式。政府自身只能在法律、法规和授权的前提下，制定若干的管理规程。这是现代民主政治和法治国家的普遍要求。简而言之即为依法行政，它要求政府的一切制度和行为都必须依法有据，即必须贯彻执行各种法律、法规和政策，反对任意推定和扩大行政权力的使用范围。

（三）环境制约性

环境制约性，是指行政制度的创制和变更要受行政环境的制约和影响。任何行政制度都是由人创制的、变更的。但是，这并不意味着人们可以随心所欲地创制和变更行政制度。相反的，人们在创制和变更行政制度时总会受到诸多环境因素的影响和制约。首先，行政制度受到社会经济制度的制约和影响。社会经济制度作为经济基础的体现和代表，要求一定的行政制度与一定的经济制度相适应。譬如，西方国家实行的是以私有制为基础的市场经济，由此决定其行政机关对经济进行管理的职责和行为都比较少，主要是运用法律、税权等手段对经济活动进行有限的干预和控制；而我国由于实行的是以公有制为主体的经济制度，使其行政机关对经济实施管理的范围和内容要广泛得多。同时经济的发展，经济制度的变化必然要求政府进行改革，要求政府调整管理职能的内容、重点以及履行职能的方式和手段。其次，行政制度受到国家政治制度和政治结构的制约和影响。行政制度必须与整个国家的政治制度、政治结构相适应、相协调，并随着基本政治结构的变化作出相应的变革。西方国家的行政制度深受分权制、多党制、议会制、文官制等政治结构的影响和制约；而我国的行政制度则受中国共产党领导下的多党合作和政治协商制、人民代表大会制、议行合一制、民主集中制等政治结构的影响和规制。再次，行政制度受到政治文化的制约和影响。政治文化是处于政治系统中的行为人对政治传统、政治角色以及与之相联系的政治行为的认知、情感和评价。政治文化是行政制度得以有效运作的有机组成部分，因此一定政治文化的性质和内容对于一定行政制度的建构和变更，具有很大的制约和影响。西方国家在建设政府制度时，大都设置了一道道防范统治者滥用权力的防线和措施，如分权、制衡、限任、弹劾等。因为在他们所信仰的基督教中，人类的始祖亚当和夏娃偷吃禁果，犯了“原罪”，被上帝逐出伊甸园以苦行赎罪，表明人是“性恶”的。因此，只有以严格而缜密的制度和法律加以防范，才有可能遏制滥用权力的贪欲。而东亚国家，深受我国儒家学说的熏陶与影响，相信“人之初，性本善”的说法，因而政府制度中缺少对统治者的监督和制约。只是到了近现代，受西方分权制衡思想的影响和做法的启迪，才在制度中增加了一些此方面的内容。

(四)效力强制性

行政制度作为一种国家政治制度，它以国家颁布的宪法和法律规范为主要表现形式。它的运行体现着国家的意志，因而对全体公民和社会组织都具有强制效力。具体而言：首先，行政制度的组成规划，是依照宪法和法律而制定的。国家行政机关的组成与设置，行政权力管辖的范围、规程与方式，都必须遵照制度规定，而不得有任何逾越。其次，行政制度在具体运作的过程中，以国家的强制力量如军队、警察、监狱、法庭等为后盾，在其管理范围内具有普遍约束力，任何组织和个人任何时候都必须遵从其制度规定。再次，行政制度对于行政活动具有强烈的限制作用，它为各种行政活动规定范围和界限。一旦超越了这个范围和界限，行政制度便会以种种方式(如采取行政措施，实施行政手段等)进行强行干预，以达到控制行政活动过程和秩序的目的。历史事实表明，行政制度的这种强制性干预，在行政活动秩序陷入危机状态时表现得尤为明显。

(五)形式多样性

制度是环境的产物，由于不同的国家，国体和国情的不同，历史文化传统的不同，地理位置的不同，以及历史阶段的不同，其政治制度亦有多种不同的形式，各自皆有相应的政权组织形式和国家治理方式，尤其是关于政府权力配置及其运作机制的政府制度形式，对国家政权有着极大的影响，呈现出复杂多样性。例如同为西方国家，由于民族因素和历史传统的不同，社会经济、文化发展水平的差异，政府制度的形式也不一样。其中央政府制度存在有内阁制、总统制、半总统制、委员会制等几种形式。每种形式的政府制度又有诸多具体形式，相互间也有不少差别。

三、行政制度的功能

行政制度是一个国家政治制度的重要组成部分。首先，从国家权力体系的角度来说，行政权力是国家权力整体不可分割的一部分；其次，从国家机构系统的角度来说，国家行政机关是它的重要分系统，其与国家立法机关(权力机关)、国家司法机关等一起，分掌国家权力，执行着国家权力不同范围的职能；再次，从国家职能及其实现方面的角度来说，行政职能或曰政府职能是整个国家职能的重要组成部分，国家的基本职能主要是通过经常的、大量的行政管理活动来实现的。因此，关于行政管理的各种法定性规则即行政制度，就必然构成国家政治制度的重要方面。

由于行政制度在国家政治制度系统中占据重要的地位，其在国家政治生活、社会生活中，具有广泛而直接的影响，对整个国家的政治、经济、社会的体制的发展具有极为重要的作用。

行政制度本身有利于规范政治权力的有序运作；有利于维护社会的稳定和发展；有利于保证公民有序地参与政治。从本质上讲，行政制度是社会实现自身价值目标的工具。

历史和实践都表明，政府管理系统的强弱，机构设置的繁简，行政效率的高低，国家公务员素质的优劣，在很大程度上决定着一个国家的兴衰与成败。概括起来，行政制度的主要功能如下：

（一）维护国家政治统治

行政制度作为统治者意志的体现，必然要维护统治者的利益，实现政府的政治职能。包括：执行国家政治意志、贯彻国家政治决策、实现国家统治目标、维护国家主权和领土的完整、维护公共安全等。众所周知，政府的首要权力是自我保存。为此，政府必须通过法定途径，动员和组织国民保护自己的国家不受外来的侵略。保护国家安全，反对外来威胁的最终手段就是战争。政府对内则必须控制整个社会，以防止内乱等暴力行为的发生。在社会中，只有当基本政治和行政准则保持一致时，国家政权才可以不受到内乱的威胁。政府制度的这种维护政治统治的作用，在战争、内乱的情况下表现得尤为突出。而在和平时期，政府制度的政治作用则主要表现为保障社会安定和维护公共安全。

（二）规范行政权力运作

纵观历史，行政制度自产生起，就发挥着规范行政权力的作用。如我国古代政治家管仲所言："法律政令者，吏民规矩绳墨也。"首先，行政制度确认行政权力是相对独立的国家权力，主要由国家行政机关享有和行使。行政机关行使职权的管理活动不得受到非法干预和阻挠。其次，行政制度保障行政权力对行政相对人的有效行使。在行政活动中，必须保障行政优先权、强制执行权。当行政相对人提出异议时，通常行政决定并不能停止执行。而当行政机关认为行政相对人的行为违法时，可以采取措施制止，从而加强行政权力的执行性，提高行政管理的效率。再次，行政制度规定行政活动的程序，从而使行政活动有章可循，增强行政后果的可预见性。最后，行政制度规定对行政权力主体进行监督的范围和方式。由于行政权力在客观上存在着易腐性、扩张性、排他性以及对个人权利的优越性，因此，必须对行政权力加以监督。在各种监督方式中，最为有效的监督是行政法律制度监督。这就是说，通过行政复议，行政诉讼等行政法律制度规定行政权力的范围，行使方式以及法律责任，可以达到有效监督行政权力主体防止滥用行政权力的目的。总之，行政制度的重要功能在于其能够保证行政权力合法、适当、有效地运行。

（三）促进经济发展

经济发展是国家进步与发展的主动力。在当今世界，随着国家对经济干预程度的加深，政府在发展经济方面的功能大大强化了。诚如查尔斯·林德布洛姆所言："政府的主要行为很大程度上是经济性的，如税收、国防、教育、能源保护和行政管理、交通运输和信息传递、社会保障、经济稳定，以及推动增长。"[①]许多国家的政府大都通过行政制度所规定的多种方式推动社会经济的发展。包括：为国民经济的发展制定目标，进行规划；提高经济效率，改善收入分配；规范和稳定市场秩序，为公平的自由竞争提供保障；通过宏观经济政策稳定经济，确保国民经济平衡发展，等等。比如，美国政府通过反垄断法案，建立州际贸易委员会；日本政府主要通过通商产业省推动经济起飞；我国政府则按照"宏观管好，微观搞活"的原则，充分发挥其"规划、协调、监督、服务"的职能，通过制定经济和社会发展的战略、计划、方针和政策，通过协调各地区和部门、企业之间的经济关系，通过加强对企业在执行国家法律、法规，照章纳税，保证国有资产增值等方面的监督，通过为经济发展提供多方面的公共服务等途径和手段，为经济建设创造良好的社会环境，以使我国经济在坚持速度与效益相统一的基础上，抓住机遇、加快发展。

（四）实现公共管理职能

在现代社会，伴随着经济、科教、文化事业的不断发展，也出现了越来越多的社会问题，诸如贫富差距扩大、人口膨胀、环境污染、生态失衡、资源短缺，社会治安风气恶化、艾滋病泛滥等，这些问题制约了经济发展，损害了他人或公共利益，破坏了管理秩序，毒化了道德风气，亟待执掌国家公共权力的主体——政府加以解决。另外随着工业化的进程和社会分工的专业化，公民个人也日益依赖于政府，需要政府帮助他们解决靠自己的力量无法解决的各种生活问题和社会问题。而政府解决这类问题的主要手段就是制定相应的公共政策，采取各种措施满足公众需求，保证社会运转和经济持续发展。其中核心就是蕴涵于行政制度中的行政法律规范。行政机关通过行政立法、行政执法和行政司法等各种手段，能够有效地引导、管制行政相对人的行为，促使其积极履行法定义务，制止危害他人利益和公共利益的违法行为，同时也保护公民所享有的合法权利与权益，从而保证行政机关能够充分、有效地实施行政管理活动，实现其公共管理职能。

当然，应当指出，行政制度并不是任何时期都能够很好地发挥其作用的。当生产

① ［美］查尔斯·林德布洛姆：《政治与市场》，上海三联书店，1992年版，第8页。

力与生产关系发生尖锐矛盾，导致原有的制度与社会现状不相适应时，行政制度也会阻碍人们需要的满足，在功能上表现为紊乱或不起作用，这种现象被称为“行政制度功能失调。”对此，我们应该有清醒的认识，并不失时机地采取措施，改革和完善行政制度。

第二节 西方行政制度的历史演变

当代西方行政制度经历了漫长的历史演变过程。尽管制度演变的具体过程不同、发生变化的时间不一，在制度设计上也存在着个体差异，但西方各国的行政制度仍然具有可以清晰分辨出的共同的历史演变脉络。这导致当代西方行政制度在存在个体趋异性的同时，确实具有某些重要的共同特征和相似的发展趋势。

一、西方行政制度的初步形成

当代西方文明主要源于地中海城邦文明（包括古希腊城邦和罗马共和国）与罗马帝国。单就行政制度形成而言，罗马帝国起着更为重要的作用。它高度发达的行政制度为后世留下了丰富的遗产。在帝国时代向封建社会过渡时期的行政管理中，封建关系在西欧各地相继确立，西欧逐步形成英吉利、法兰西、德意志、意大利诸民族国家。不同的地理条件、不同的经济发展状况、不同的社会力量对比，使西欧各国的发展进程出现诸多差异，行政制度的演变各有特色。

行政职能可以分为政治职能、社会管理职能和经济管理职能。政治职能主要包括国防、外交、司法、治安等，是西方政府最古老、最基本的一个职能。中世纪西欧各国的国王，关心的主要是防御和审判。中世纪后期，随着封建专制君主政体的建立，为获得财富、增加税收，国家通过政策形式控制经济活动和社会活动的范围越来越广，并最终形成了 16 和 17 世纪的重商主义政策。不过，与政治职能相比，封建专制国家的经济与社会管理职能仍然处于次要的地位。而且，由于当时技术手段与社会条件的限制，封建专制国家对经济和社会的管理与当代行政机构对社会生活的全面渗透更是无法相提并论的。

中世纪初期，西欧各国君主的权力有限，行政机构简单，王廷中最为重要的机构是为国王提供意见建议的咨询部门和处理公文的中书部门。在王权扩张的过程中，随着国家财政、外交、军事、司法事务日益复杂化，行政机构内部出现专业化趋势，专门负责管理军事与财政的部门从原先总揽国家一切重大事务的机构中相继独立出来。到封建君主专制时期，国家的中央与地方行政机构逐步完善，行政机构的规模也有所扩大。特别是基于执行重商主义政策的需要，在一些西欧国家导致了新的经济管理部门的设立。

中世纪的行政系统基本上是个人性质的，行政机构与行政官员的权力来源于君主。

只要君主认为合适,他就可以随意建立、撤销机构,任免、升迁官员。这一时期,君主一人掌握着国家的最高统治权,他凌驾于法律之上,不受法律的约束。而由于受君主的意志支配,控制行政机构行为的法律体系尚不完备或不稳定。行政官吏在政治和经济上自成特殊的集团,政府与民众较少沟通。行政权与司法权没有严格区分,议会或等级会议要么成为国王统治的工具,要么干脆不予召开,对行政机构的监督权力有限。随着资产阶级革命的胜利,西方国家先后建立起自由民主制度,各国的行政机构也先后经历了法制化与民主化的过程。

欧洲中世纪早期的王廷或诸侯,通常是通过豢养的家臣来履行行政职能,并不存在一般意义上的文官。在西欧封建专制政体建立过程中,伴随着行政事务的细致分化、官员群体的增长,负责管理家庭事务的官员和那些负责管理国家的公共事务的官员之间发生了分离,出现了一类由专制君主直接任命和垂直统御、协助君主进行统治、对君主负责的文职人员,这就是欧洲最早的文职官员阶层。

二、17 世纪到 19 世纪的西方行政制度

在近代初期的自由主义经济时代,西方国家奉行政府不干预的自由放任理论,政府只是消极地充当守夜人的角色。为摆脱封建制度及其重商主义对市场经济发展的束缚,统治阶级通过宪法所确认的政府职能极其有限,只有国防、外交、财政、安全的政治职能以及极少的社会职能,国民经济的运转完全依靠市场这只看不见的手来调控;在这个时代,人们奉行"最好的政府,最少的管理"的理念,为谋求社会、文化、经济的发展和繁荣,力图将行政干预限制在必要的最小限度之内。

在自由主义经济时代,政府机构并没有发生明显的改变,虽然也设置了一些专门用于履行社会公共事务管理的职能部门,但是,用于政治统治的政府机构在整个政府体系中仍然占主导地位。以美国为例,在 1789 年联邦政府成立之初,只设置了国务院、陆军部和财政部,官员仅有 300 多人,并在随后相当长的时间内保持相对的稳定。

法国大革命给国家行政带来了巨大变化。拿破仑统治时期,政府官员的效忠对象从君主转向国家。政府官员不再是国王的奴仆,而是政府的服务员。政府官员变成了公共权力的工具,而不是某个人的代理人。政府官员依照法律行事,而不是根据个人的意志行事,政府官员效忠的应该是法律,因为法律表达的是国家的意愿。政府官员效忠目标的转变,导致的一个直接后果就是行政的法制化。18 世纪以后,西方各国开始对政府各部门的权限、管理方式和行为通过宪法以及其他法规详尽地加以规定,政府职能履行的方式也逐渐由人治转向法治。行政机关只能在法律授权的范围内采取行动,政府对社会的管理必须以议会制定的法律为依据,否则,就是无效和非法的。西方国家还通过法律的形式具体规范行政机关及其工作人员行政管理过程,保证行政行为的实施符合法律规定的方式、程序和目的。

从 18 世纪末到 20 世纪初,西方国家以立法监督和司法监督为核心的行政监督体系

逐步确立。英国、美国、法国制定了《权利法案》、《独立宣言》、《人权宣言》等宪法性文件，规定了议会和平民对政府监督的原则，确立了议会对政府的质询权、调查权、弹劾权和不信任案等基本的行政法制监督制度；魏玛时代的德国也在宪法中明确提出了国会对部长的弹劾制度和监督政府依法行政的原则。在三权分立架构下，行政权与司法权分离，司法机构也成为行政监督制度中的一个重要主体。司法审查与违宪诉讼构成司法行政监督的主要内容。近一个世纪以来，由于国家对社会经济生活的干预加强、行政权力上升，防止违法行政和行政权力滥用一直是西方国家公共行政的一个关注焦点。传统的立法与司法行政监督在西方各国进一步完善，新的监督方式也不断出现。

近年来，随着社会的发展、科技的进步，西方国家出现了行政进一步民主化的潮流。一方面，公民监督政府和公民参与行政决策的能力与意愿大为增强。另一方面，西方一些国家采取多种措施加强地方的直接民主，如将地方政府首脑选举方式改为公民直选，扩大公民公决使用的范围等。

从文官阶层产生到近代文官制度形成，其间经历了三个时期，即封建专制君主的恩赐官职制时期，个人赡徇制时期和政党分赃制时期。前两个时期，即君主统治时期和资产阶级掌权初期，政府文职官员职位的获得，大多是由国家统治者根据个人的好恶而恩赐或凭依私人关系授予的。唯有普鲁士在一定程度上是个例外，在 18 世纪，它就形成了自己的一套官员选拔与培训方式。高级职位的候选人要拥有良好的履历，还要完成一段时期的实际工作的训练，并经过考试才能取得高级职位。恩赐制或政党分赃制是随着西方政党政治和议会制度的形成而出现的。它意味着，一旦某党的候选人当选，可将政府职位授予其党员或助选工作人员。

19 世纪中叶以后，恩赐制的弊端日益显露，同时工业革命也要求建立适应于工业社会的政府人事制度。在吸取古代中国科举制、近代普鲁士官僚制度以及资本主义工业管理经验的基础上，西方国家相继进行人事制度改革，恩赐制逐渐为功绩制所取代，英国和美国先后建立了国家公务员制度，随后为西方各国效仿，从而使公共人事管理走上了理性化、科学化的道路。在西方国家公务员制度下，国家公务员按明确的职位等级系列组织起来，每一职务在法律上都有明确规定的权利与义务。国家公务员通过证明其专业能力的考试后方可被录用，只有在存在重大过错或者违法的情况下，才能被解职，有固定的薪金作为报酬。同时国家公务员必须遵守组织的纪律并服从对其行为的控制和监督，其职务的升迁依据资历和绩效由上级确定。国家公务员与公共经费和设备等组织的财产明确分离，亦不可滥用公职。

三、20 世纪以后的西方行政制度

没有约束的自由竞争导致庞大的垄断性公司的形成，给经济的健康运行带来不利影响。于是，19 世纪末 20 世纪初，西方一些国家的政府开始了干预经济的试验。第一次世界大战期间，西方各国又对经济进行了成功的战时控制，并使企业界初步改变了对政府干预的敌意和成见。而1929年至1933年席卷世界的经济危机，则宣告了放任主义主张的彻底破产，干预主义盛行。为了解决纯粹市场调节带来的问题，主张通过政府这只“看得见的手”干预经济的凯恩斯主义逐渐为人们所接受。西方各国政府开始运用经济、法律、行政等手段，全面介入市场经济活动，干预和调节市场的运作，纠正市场失灵。二战以后，许多国家推行国有化、经济计划化，政府干预经济的措施层出不穷。然而，到了20世纪60年代末70年代初期，西方发达国家战后经济发展的黄金时代结束，出现了经济停滞、高失业和高通货膨胀并存的现象。20世纪70年代的“滞胀”表明市场经济条件下政府对于纠正市场失灵的能力有限，新自由主义经济理论广泛复兴，并逐渐取代凯恩斯主义而成为西方政府经济管理的主导思想。西方各国政府经济职能出现了令人瞩目的变化，范围收缩，市场机制大大增强。不过，西方资本主义经济并没有因这些转变而彻底摆脱“滞胀”困境。20世纪80年代中后期以来，新自由主义在西方国家开始受到冷落，各国重新加强了对经济的干预。

从19世纪末开始，西方国家越来越多地承担起社会管理职能。始于19世纪60年代的欧洲工业革命，给西方国家带来了发展的机会，但也带来了新的冲击。工业化和城市化进程导致人口激增，环境和卫生问题日益严重，贫富差距拉大，经济上的弱者多陷入失业和贫困，甚至生存濒临绝境。为了社会的稳定，西方国家不得不扩大社会管理职能，其中最重要的就是建立并逐步完善社会保障制度。俾斯麦在德国首先推行福利国家政策。第一次世界大战后，美国在罗斯福“新政”时期开始建立社会福利制度。第二次世界大战后，西欧国家和日本的社会保障制度逐步建立起来。西方各国还在二战后普遍加强了教育科学文化管理方面的职能。20世纪60年代以后，随着环境问题日益严峻，政府又加强了环境保护力度。随着当代经济与社会生活复杂性的进一步增加，西方各国政府在社会公共事务方面的作用普遍增长，职能范围扩大到人们生活的方方面面。

随着政府职能的扩张，西方政府机构管理经济和社会事务的部门大量出现，同时，政府机构也急剧膨胀，人员数量大幅增加。例如，美国在1933年罗斯福新政期间增设了国家劳工关系理事会、国家调解理事会、田纳西河流域管理局、联邦储蓄保险公司、债券与交易管理委员会、铁路退休全体董事会等十个独立行政机构。第二次世界大战之后，西方各国政府承担越来越多的经济社会管理职能，行政机构的数量与规模进一步增加。而且，新设立的部门当中又大多是承担经济社会管理职能的。例如，英国政府机构几经改组合并后，管理经济、教科文和社会事务的部占了一半以上。

20世纪50年代以来，在新的管理理念的指导下，为克服传统体制弊端，适应信息社会、组织内外环境变迁和政府改革的潮流，政府人事管理发生了从传统的人事管理到现代人力资源管理的变迁。人事管理与人力资源管理在对人的假定的基本理念上有着根本的区别。在人力资源管理的视角下，人不再被看作是组织机器上可供更换的零件，而是组织应当重视的、可进行有效管理和开发的重要资源。理念上的变化引起管理体制和方式的全方位变迁：奉行以人为中心的管理，管理方式人性化，强调尊重人、依靠人、发展人、爱护人和服务于人，注重塑造组织人才成长的环境；管理机制灵活化，员工的办公时间和办公地点也将更富有弹性，职位分类更加灵活；更关注产品的质量，而不是数量，并大量采用合同管理、目标管理、全面质量管理、付酬的灵活性和业绩奖励等措施来提高管理绩效；加强员工的专业化和团队合作。

四、西方行政制度发展的新趋向

20 世纪八九十年代，西方国家掀起了一场行政改革运动。西方各国的行政改革具有共同的取向以及相似的核心内容与主题，从而导致当代西方行政制度形成以下共同特征：

（一）在政府间关系上，采取集权与分权相结合、趋向分权的模式

西方国家中央与地方关系屡经调整，不断追求集权与分权的适度化、合理化。目前，分权是主要的价值取向。20 世纪 80 年代之后，西方国家纷纷将管理公共项目的权力、人事权、法规制定权等下放给地方政府。实行向地方政府的分权，有利于缩减中央政府的规模、削减预算开支，有利于增强地方政府的积极性与责任心，有利于满足公民的多样化需求。分权也是民主思想与实践发展的要求：近代以来，地方政府就被视为民主政治训练的场所、公民道德和意识培养的基地、中央政府集权倾向的制衡者。在事权分散的同时，西方国家坚持财权集中的原则，这样既保证国家整体利益得以维护，又充分调动地方政府的积极性。此外，西方各国还不同程度强化了中央政府对地方政府的监督，加强了中央的宏观调控。

（二）在内部组织模式上，进行以提高绩效为取向的调整

20 世纪 90 年代以来，人们对工业化时代形成的刻板僵化、理性至上的政府官僚制组织普遍持批评态度，认为这种组织管理方式导致了政府管理效率、效益、质量的低下和行政成本的大幅度提高。西方国家在行政改革中，普遍借鉴企业重视结果、重视成本效益核算的理念，对官僚制组织进行以绩效为取向的调整。例如，在人事管理上，实行绩效工资和技能工资制度；在组织结构上，将官僚制下金字塔式的等级结构扁平化，减少层级，缩小上下级间的距离，加强部门间的协作与沟通。通过机构与人事制度改革，提高政府工作效率，加强其责任感。

（三）政府职能市场化、社会化

在经济管理方面，西方国家政府职能的市场化主要体现在国有企业民营化和放松对经济活动的管制两方面。进入 20 世纪 80 年代后，西方世界掀起了一场私有化浪潮，各国将部分国有企业或资产卖给私人经营。同时，为缩小政府规模、减少开支，并且尽量发挥市场和社会的作用，西方国家又逐步放松对经济活动的管制，实现了从事前管制向事后监督的转移。

在公共服务方面，政府职能的社会化与市场化包括以下几种方式：公共事务管理民营化，即将部分公共服务事务，如供电、城市交通、清洁卫生等委托给地方自治体、民间团体或私人管理；政府业务合同化，由政府与企业签订合同保证业务目标的实现；在基础设施和公共设施领域，引入竞争机制，打破以往由政府垄断的局面；逐渐把公共服务的管理权从官僚和专业人士手中转到社区手中，由社区进行自我服务、自我管理。政府公共服务功能的社会化与市场化扩大了政府供给公共服务的财源和技术力量，降低了成本，提高了效率。

在改变过去对经济活动和所有公共事务实行直接管理的方式的同时，西方国家十分注意加强政府的宏观调控和综合协调功能。各国通过计划手段、经济手段、法律手段的综合运用，通过建立和完善综合协调机制，来保证经济活动得到有效管理、公共服务的质量不会下降。

（四）积极吸收企业管理技术与科学技术进步的成果，实行科学管理

西方国家行政科学化始于20世纪初，由泰勒发起的科学管理运动迅速地风靡了美国社会，并且很快地影响到行政领域。职位分类、业绩考评等制度被引入西方行政管理，极大地提高了政府工作效率。当前，西方国家广泛采用私营部门成功的管理经验，引入绩效目标控制、全面质量管理等科学管理方式。信息技术的发展也给政府模式带来深刻的改变。西方国家积极倡导“信息高速公路”建立全新的行政方法和行政措施；发展电子政务，利用信息和通信技术，有效地实现行政、服务及内部管理等功能。

（五）公民广泛参与行政管理

西方政府普遍重视鼓励、激励公民参与行政管理。公民参与不仅包括政治性的间接参与，即由公民选举公共权力机构及领导人的过程，还包括在公共行政管理活动中直接参与关系到公民切身利益的公共决策以及公共事务的处理。并且，随着信息化社会的到来，公民的直接参与日益重要。西方国家的公民可以通过多种形式直接参与行政决策。例如在德国，地方政府在制订行政计划之前必须告知一般公民，公民可以对这些计划加以评议并提出建议，合理的意见将被吸纳到计划的最终方案中。公民也是公共服务的评价人，西方国家普遍通过公民调查等形式来了解他们对于公共服务是否满意，这在保证公共服务质量和改善服务方面发挥着重要的作用。

具有上述共性的当代西方国家行政制度面对着相似的外部环境和内部挑战，在未来的发展变革上，存在以下总体趋势：

（一）公共行政越来越多地受到国际环境的约束

全球化使整个国际社会成为一个相互联系和相互依赖的网络。西方国家政府曾经能够真正地控制国内经济和社会制度，然而，现在它们却为众多国际力量所包围，越来越多地受到国际环境的约束。具有一定影响力的国际组织，如欧盟、世界贸易组织、国际货

币基金组织的规则与决定对西方国家的行政体制已经产生了重要影响。政府还必须应对全球化给政府能力带来的诸多挑战，适应全球经济中生产要素尤其是资本的流动性，处理国际恐怖主义、全球气候变暖、非法移民等全球性问题。

（二）信息技术将推动行政组织管理深度变革

除科技本身外，与新通信科技相伴进入组织的行为方式也具有十分深刻的意义，它对西方行政制度的影响将随着新技术的进一步应用而呈现。

信息技术的发展有利于提高工作效率，行政组织要完成与过去同样的工作量所需的行政人员数量减少，从而使行政组织更加精干高效。计算机提高了沟通速度，把复杂松散组织的各个部分连接起来，保证行政组织成员间的全方位沟通，这有利于管理者的科学决策，加强基层执行人员的参与，缩减组织层级。新通信与信息技术还极大地加强了组织之间的信息交流，许多组织甚至可以通过因特网与世界各地进行即时交流，这有利于组织间的协调与合作。

（三）政府职能的市场化与社会化趋势将继续下去

政府职能的市场化与社会化在西方国家公共行政中的重要地位将继续保持下去，因为它已经并将会继续给西方国家的公共行政带来诸多益处。职能社会化与市场化有助于公共部门保持较小的规模；而且，利用签订协议的方式进行管理，比由官僚组织的复杂法规来实施控制更具灵活性。政府职能的社会化还使政府可以有效地与非政府组织进行合作，从非政府组织那里获取经验及专业知识，以解决临时出现的复杂问题，而不必为此专门建立一个常设机构。行政合同的签订也有助于增加私人部门中的就业机会。更加重要的是，通过引入竞争机制，政府可以利用市场的力量来获得公共服务提供上的高效率。不过，政府职能的市场化与社会化也带来了一些问题，其中特别突出的就是如何确保政府的责任。

（四）更加强调政府的责任性

责任性指政府作为公共权力的行使者应当对公共权力的授予者即公民负责。对许多西方国家而言，近一个多世纪以来，如何确保行政官员的责任一直是公共行政的一个焦点问题。当前，西方国家政府越来越多地利用私有部门的资源和资本，私有组织执行了大量的公共项目。当政府依赖和私有部门的伙伴关系来提供重要的公共服务时，责任和控制问题更加显著，加强政府的责任性因而也将更加得到强调。当前，在西方国家，政治责任与法律责任两个方面已经呈现出融合趋势。与此同时，强调绩效评价的市场责任的重要性也在日益上升。

第三节　西方行政制度的研究对象和研究意义

一、西方行政制度的研究对象和研究范围

(一)西方行政制度的研究对象

我们将西方行政制度的研究对象界定为欧美发达国家的行政制度。具体而言，主要研究欧美发达国家政府的机构与功能，包括由国家宪法和有关法律、法规所确定的国家各级各类行政机关的法定地位、组织形式、领导体制、职能权限、活动规程、官员任免等方面的制度规范以及政府体制内各权力主体的关系形态。

当今世界，行政制度复杂多样，罗伯特·达尔认为："每一个民族国家都包含着许多历史事件、创伤、失败和成功的结果。这些结果反过来创立了特殊的习惯、习俗、制度化和行为样式、世界观、甚至'民族心理'。人们不能认为公共行政学能够摆脱这种条件作用的影响，或者认为它能以某种方式独立于和隔离于它在其中发展起来的文化环境或社会环境。"①

所以，行政制度的每种类型、每种模式、每个国家行政制度的具体内容和形式，都是五光十色、纷繁复杂的。但总体来看，各国行政制度的形成都有其历史因由，是与各国所处的行政环境相适应的。

本书侧重于研究现代欧美主要国家的行政制度，在分析研究欧美主要国家中央行政制度的异同点时，有两点是我们思考的依据：第一，西方发达国家的政府制度不仅具有"人民主权"、分权制衡、依法治理等现代政府制度的共同特征，而且还在政府制度形式方面各具特色，富有典型意义并产生了广泛而深远的国际影响。第二，西方发达国家的政府制度都是以市场经济为基础的，而建立以市场经济为基础并服务于市场经济的新的政府制度，正是原计划经济国家政府制度改革的努力方向。因此，从实践的角度看，西方发达国家政府制度改革的经验和教训，也许对我们有更大的借鉴意义和启示作用。

(二)行政制度的研究范围

可以说，行政制度研究的范围(亦称领域)十分宽广，既可以是对各种类型政府制度的研究，又可以是对各国同一类型的政府制度的研究，还可以是对不同社会制度下的政府制度的研究，甚至还可以是对一国政府制度前后的发展变化进行研究。具体而言，对

① 转引自彭和平等编译:《国外公共行政理论精选》，中共中央党校出版社，1997 年版，第 161 页。

行政制度研究的范围，我们可以从不同的角度加以分析。如果从国家与社会、政府与公民关系的状况来看，当今世界的行政制度则可分为七大模式，即盎格鲁—萨克逊模式、拿破仑模式、日耳曼模式、斯堪的纳维亚模式、伊斯兰模式、儒家模式和发展中国家的行政制度模式。如果从行政机关和行政权力的层级结构来看，行政制度一般包括中央行政制度和地方行政制度。如果从狭义的政府组织形式即国家行政机关或中央执行机关的组织形式来看，根据国家元首、立法机关与行政机关的关系特征，西方国家的行政制度主要有四种：即议会内阁制政府、总统制政府、半总统制政府和委员会制政府。我国则实行人民代表大会制的政权组织形式，采取国务院制。如果从政府行政过程来看，行政制度大致可分为政府制定政策和执行政策两个层面。

本书围绕西方国家行政制度，将其归纳为以下几个相互关联、相辅相成的研究领域和范围。

1. 从西方行政思想的历史演变，阐释政府制度的类型及其特征。在人类社会发展的历史过程中，出现了多种多样的政府制度。对这些政府制度加以分类，进而剖析各类政府制度的形成机制及其个性特征，是自古希腊柏拉图和亚里士多德以来的一些思想家的重要任务，也是人们对西方政府制度进行研究的较为便捷和有效的切入点。

2. 中央行政制度。是对西方国家行政制度进行研究的一项重要内容。它包括西方国家元首的产生方式、任职期限、基本职权及其归属等，还包括西方中央政府的组成，职权等。

3. 地方行政制度。是对西方行政制度进行研究的又一项重要内容。我们试图在阐释地方政府制度的内涵与外延的基础上，分别对不同国家地方政府制度的典型模式进行列举和分析，继而揭示西方地方政府制度的共同特征以及西方地方政府机构，特别建制政府的主要区别等。

4. 政府行政过程。如果说中央与地方行政制度是从静态体制的角度对西方政府制度进行研究的话，那么“政府行政过程”则是从动态机制的角度进行的研究分析。政府行政过程不仅是一个行政主体操纵的井然有序的过程，还是一个充满矛盾，异常复杂的过程，主要由政府领导人的治理艺术所驾驭，本书将从分权型政府、集权型政府和民主型政府的行政过程加以阐释说明。

5. 政府人事制度。在现代，众多的西方国家实行文官制度，即公务员制度。它对于选用各方面的精英人才，强化政府职能，提高政府工作效率，保持国家政权乃至整个社会的稳定都起到了重要作用。西方国家公务员制度是当代西方人事行政的重要内容，也是西方资本主义经济和政治发展的客观要求和必然产物。一般而言，西方人事行政包括对政务官的管理和事务官的管理两个部分。具有依法管理、政治中立、职务常任、公开考试、择优录用、严格考核、功绩晋升等共同特征。

6. 政府经济管理制度。在传统条件下，国家主要是通过保持和运用政治权力对社会实行统治的。在现代条件下，经济规模及总量极大地膨胀，经济事务在国际及国内政治中的地位迅速提高，一个政府已不再可能置身于经济事务之外而保持对国家的控制。当代西方各国政府的经济职能不断地增强，成了国家职能的重要部分，同时，经济管理制度日益完善，也与整个政治体制的运作保持着密切的关系。因此，可以认为，只有研究政府的经济职能及管理制度，才有可能全面地认识和理解当代西方国家的政治制度及其行政制度。

7. 行政制度改革。这也是从动态机制的角度进行研究分析。调整和变革行政制度，使之适应外部环境和内部条件的发展变化，是世界各国政府的恒新主题。基于此种论定，我们审视和探讨了西方行政制度改革的历史与现状，共性与异性，绩效与问题，以及启示与走向。

二、研究行政制度的目的和意义

如前所述，行政制度作为政治制度和社会制度的重要构成部分，在国家政治生活乃至整个社会生活中处于至关重要的地位。因此，对西方发达国家的行政制度进行研究、具有多重目的和意义。

总体而言，研究西方行政制度的目的和意义在于：揭示各个国家、各种类型政府制度的相同性和相异性，提升我们在政府制度方面的知识素养和分析能力；探索和构建政府制度的理论体系，促进政府管理和政治科学的发展与完善；明确可以借鉴和吸取的外国政府制度的合理因素以及改革经验，扩展我们的视野，启迪我们的思路，把我国的政府制度的建设置于更加科学的基础之上。具体而言，研究西方行政制度的目的与意义是：

（一）有助于丰富我们的政府制度知识，提升对政府制度问题的分析能力

任何一个国家政府制度都是这个国家历史文化传统和现实国情相结合的产物，都有其存在的历史条件和现实依据。一种好的政府制度可以使政府享有足够的权威，同时公民也享有充分的自由。

我们认为，首先，通过对世界各国特别是西方国家政府制度的多侧面、多层次和历史纵深度的分析和比较，可以获得西方国家政府制度的知识，了解世界各个国家，尤其是西方国家政府制度的相同点和相异点及其成因，以便科学地把握当代世界政府制度的发展规律和趋势。其次，目前，世界经济全球化的趋势已经明显地展现出来。在世界市场上，任何国家为了发展本国经济，都必须参与其中。我国作为一个经济快速增长的国家，为了寻求更大的发展，就必须既能将外国资本引进来，又能使本国资本走出去。显然，无论是引进来还是走出去，都绝不只是一个经济问题，我们还必须了解和分析世界各国尤其是西方发达国家的政府制度及其运作机制，“扩大我们对各种政治功能性的认识”。因此，开展西方政府制度的研究与探讨，以客观公正的态度看待西方的行政制度。可以提升我们对这方面问题的认识能力和分析能力。

(二)有助于我们探究政府制度的学科体系,推动行政科学的发展和繁荣

在西方国家,研究政府制度的历史比较久远。早在距今2300多年前的古希腊,著名的政治学家亚里士多德就曾经对当时的150多个城邦国家的政府制度进行调查和研究,以期发现最理想的国家政治制度和政府制度。到了近现代,许多著名的政治学家仍然不约而同地以“国家政治制度的研究”来定义政治学。千百年来,思想家和政治学家通过对政治制度及其政府制度和政治行为的研究,发现了许多重要的政治发展规律,积累了丰富的政治学知识,对人类不断改进自己的政治制度,完善政府制度,从而推动社会的进步,做出了巨大的贡献。而在新中国,由于种种原因,对政府制度的研究起步较晚,且历经波折。20世纪50年代初,作为一门社会科学学科的政治学被撤消,直到20世纪80年代初才得以恢复。一些专门性的政治科学的研究机构也先后建立起来。由此开始进行政治学基本原理问题的研究,并涉猎政府制度方面的问题,其研究方法已由旧制度主义研究发展为行为主义研究进而发展为主体性研究,其研究成果不断获得总结与出版。应当肯定,这些成果为我国政府制度学科的创建做出了不可或缺的贡献。但也必须指出,这些成果在政府制度研究的基本范畴、逻辑起点、理论体系等方面尚未达到共识,亟待我们加强这方面的探究。正是基于这种认知背景。我们以谨慎和求实的态度来研究世界各国尤其是西方国家的政府制度,试图在构建行政制度理论范畴的基础上,探究政府制度的学科体系。我们相信,这种探索性努力,有助于我国政府制度学科的成长和发展,进而繁荣有中国特色的行政科学。

(三)有助于我们借鉴和吸收外国政府制度中的合理因素,促进我国政府制度的改革和完善

古人云:“他山之石,可以攻玉。”以开放的心态和胸襟借鉴和吸收人类社会所创造的一切文明成果,是加速自身发展的最佳选择。从学理的角度观之,蕴涵权力制约、职务限任、依法治理等现代政府特质的西方行政制度,是人类社会在治理自身事务过程中对较为合理的管理模式不断追寻的结果。从这个意义上说,现代政府制度是人类社会在国家事务和社会公共事务领域共同创造的文明成果。因此,人类社会中的各个管理主体学习、借鉴、共享其文明成果就成为天经地义的事情。再者,就各国政府制度建设的实践而言,从来未曾借鉴和吸收别的国家做法中的合理因素者,几乎没有或绝无仅见。比如,西方国家普遍实行的文官制度是受到了中国科举制度的启迪,而中国的人民代表大会制度则是通过前苏联辗转借鉴了西方国家的代议制。由此我们可以论定:开展西方行政制度的研究,有助于全面了解和客观评估别国行政制度建设对策及举措的利弊得失,趋利避害,去劣存优,去伪存真,博采众长,为我所用;还有助于清醒地认识到我国社会主义政府制度的优点和应当坚持的特色。进而言之,政府制度研究的成果,对于我国吸收和借鉴西方政府制度中的合理因素,积极推进政治体制的改革和行政制度改革,定会有重要的

咨询价值和参考作用。

思考题

1. 如何理解行政制度的含义？
2. 行政制度具有哪些特征？
3. 行政制度的功能有哪些？
4. 简述西方行政制度发展的新趋向。
5. 研究西方行政制度的价值是什么？

参考书目

1. 张立荣：《中外行政制度比较》，北京：商务印书馆，2002 年 5 月第 1 版
2. 马晓雪：《比较政治制度》，大连：大连海事大学出版社，2007 年版
3. 张新平：《世界各国政治制度概论》，兰州：兰州大学出版社，2006 年版
4. 周民锋主编：《西方国家政治制度比较》，武汉：华东理工大学出版社，2001 年 3 月第 1 版
5. 唐晓、王为、王春英：《当代西方国家政治制度》，北京：世界知识出版社，2005 年 12 月第 1 版
6. 古莉亚：《西方行政制度》，天津：南开大学出版社，2008 年 10 月第 1 版

第二章

西方行政制度思想的历史演变

第一节 古代西方行政制度思想

行政学作为一门新兴的学科，是在19世纪末20世纪初在西方国家逐步形成的。至今只有一百多年的历史。但是，这并不意味着行政思想只是到了这个时期才出现。行政学的建立为时不长，但行政制度思想却是源远流长。国家自产生之日起，就设有各种的行政管理机关，形成了一定的行政管理制度，对各种社会事物进行管理。随着社会的发展、国家的发展，国家行政管理的职能也在发展，各个时期的行政制度思想反映了这种发展。在1887年行政学作为独立的学科产生之前的两千多年中，西方国家也积累了相当丰富的行政思想，例如，在柏拉图的《理想国》、亚里士多德的《政治学》、马基雅维利的《君主论》、卢梭的《社会契约论》等历史性著作中，都蕴涵着丰富的行政管理思想，虽然这些行政制度思想并不系统，但这些思想确是行政管理学的理论渊源。限于篇幅，在这里，我们主要介绍柏拉图和亚里士多德的行政制度思想。

一、柏拉图的行政制度思想

柏拉图(前427年—前347年)是古希腊的大哲学家，苏格拉底的学生，亚里士多德的老师。其主要著作有《理想国》、《法律篇》、《政治家篇》等。柏拉图的行政制度思想主要包括：

(一)哲学家治国

在《理想国》里，柏拉图记录了苏格拉底的表述，苏格拉底说："除非哲学家成为我们这些国家的国王，或者我们目前称之为国王和统治者的那些人物，能严肃认真地追求智慧，使政治权力与聪明才智合二为一；那些得此失彼，不能兼有庸庸碌碌之徒，必须排除出去。否则的话，对国家甚至我想对全人类都将祸害无穷，永无宁日。"[①]这是《理想国》里有关"哲学王"思想的最著名的一段话，柏拉图认为只有这些把知识、美德和权力集于一身的哲学家才能治理好国家，哲学家才是理想国的创造者，最好的统治者，最好的管理者。

柏拉图还继承了苏格拉底的"美德就是知识"的思想，他认为有知识的人才具有美德，才能治理国家，知识的对象是"善"，知识是可敬的，但并不是从外面灌输给人的，人的心灵是先天就有的。

---

① [古希腊]柏拉图：《理想国》，商务印书馆，1986年版，第214—215页。

(二)四种政体

柏拉图把政体分为贤人政体、荣誉政体、平民政体、僭主(专制)政体。

这四种政体考虑了执政者人数的因素,但柏拉图更注重的是每种政体的内在精神和原则。当一种政体下统治者和公民的性格、心灵发生变化后,政体也出现相应的循环。其路线是:贤人政体(重视文化)—荣誉政体(重视武力)—平民政体(重视自由),导致极端自由—僭主政体,绝对权力下建立极端专制。

(三)行政制度的运转要遵循依法行政的思想

到了晚年,柏拉图的思想发生了一定的变化,他将法律置于至高无上的地位,主张实行法治。他认为良好政体的根本原则应该是城邦受法律的支配,而不是受个别统治者和特殊阶级或利益集团的支配。

二、亚里士多德的行政制度思想

亚里士多德(前 384—前 322 年),古希腊斯吉塔拉人,是世界古代史上最伟大的哲学家、科学家和教育家之一。亚里士多德是柏拉图的学生,亚历山大的老师。马克思曾称亚里士多德是古希腊哲学家中最博学的人物,恩格斯称他是古代的黑格尔。亚里士多德一生勤奋治学,从事的学术研究涉及逻辑学、修辞学、物理学、生物学、教育学、心理学、政治学、经济学、美学等,写下了大量的著作,他的著作是古代的百科全书,据说有四百到一千部,主要有《政治学》、《工具论》、《形而上学》、《物理学》、《伦理学》、《诗学》等。他的思想对人类产生了深远的影响。

亚里士多德认为:“一切政体都有三个要素,作为构成的基础,一个优良的立法家在创制时必须考虑到每一个要素,怎样才能适合于其所构成的政体。倘使三个要素都有良好的组织,整个政体也将是一个健全的机构,各要素的组织如不相同,则其合成的政体也不相同。三者之一为有关城邦一般公务的议事机能;其二为行政机能部分;其三为审判(司法)机能。”[①]亚里士多德所说的三要素同近代西方国家的立法、行政和司法三大权力是有区别的。其议事机能虽类似现代的立法权,但所议之事除立法外,也包括一些有关行政、司法的事情。其行政机能也和现代的行政权不完全一样,但是他毕竟是将行政机能区别于立法(议事)机能和司法机能,并进行了专门的论述。在《政治学》里,亚里士多德也对“行政机能有哪些职司,所主管的是哪些事,以及他们怎样选任”进行了分析。

此外,亚里士多德还提出设置行政机构的依据,即城邦事务管理的实际需要;行政机构的设置要以管理的业务或对象为依据;不同的政体有不同的行政机构与之相适应。行政组织应当具有一定的职能,如城邦监护职能、公共财政、军事职能等。行政人员任用的

① [古希腊]亚里士多德:《政治学》,商务印书馆,1965 年版,第 218 页。

原则是：适用、专任、德才兼备。建立行政监督机构对行政人员进行监督。亚里士多德还主张以法治国。

在柏拉图、亚里士多德之后，后继不少学者的著作里都提出了丰富的行政制度思想，比如文艺复兴时期意大利政治家马基雅维利的《君主论》，法国政治家让·布丹的《共和六论》，英国政治思想家洛克的《政府论》，法国启蒙思想家孟德斯鸠的《论法的精神》和卢梭的《社会契约论》等由于篇幅所限，不在此加以论述。

第二节 近代西方行政制度思想

19世纪末20世纪初，伴随着西方主要国家工业化的进程，各种社会问题和政治问题也越来越复杂，原有的行政管理方法已经不适应社会发展的需要，政府的行政管理活动迫切需要一门专门的科学方法进行指导，以使政府更好地履行其职能。在这种社会历史背景下，行政学作为一门独立的科学正式被提出并得到不断发展。在这一时期做出重要贡献的主要代表人物有：发表了现代行政学的开山之作《行政学研究》的威尔逊，他主张政治与行政分离，建立一门独立的行政学科，被誉为现代行政学的创始人；对政治与行政的分离理论进一步阐释的美国行政学家古德诺；提出官僚制理论的马克斯·韦伯；提出组织三要素理论以及非正式组织理论的巴纳德。

一、威尔逊的行政制度思想

托马斯·伍德罗·威尔逊（Thomas Woodrow Wilson）1856年12月28日出生在美国弗吉尼亚州斯汤城，1912年威尔逊作为民主党候选人当选为美国第二十八任总统并且在后来获得连任。威尔逊被认为是美国历史上学术成就最高的一位总统，他撰写的论文有《行政学研究》、《国会制政体》、《美国的宪法政府》等。1919年，威尔逊在美国普林斯顿大学正式创立"伍德罗·威尔逊公共关系学院"，并设立世界上第一个国际政治系，至此，作为独立学科的国际政治学和国际关系学正式创立，威尔逊本人担任学院讲座教授，其个人的学术威望达到顶峰，也为其在人类文明史刻下浓重的一笔。1924年2月3日，威尔逊因中风逝世。

作为现代行政学的鼻祖，威尔逊的行政学思想主要体现在他的《行政学研究》一文中。在这篇幅不长的文章里面，体现了丰富的行政思想。

（一）行政学研究的必要性

威尔逊认为，建立一门行政科学的理由有三：一是将力求使政府不走弯路，使政府专心处理公务减少闲杂事务，加强和纯洁政府的组织机构，为政府的尽职尽责带来美誉；二是在威尔逊所处的世纪，政府活动方面的困难正在积累到顶点，必须认真和系统地调整行政工作使之适合于政策标准；三是行政机关是政府最明显的部分，它是行动中的政府；它是政府的执行者，是政府的操作者，是政府的最显露的方面……它是行动中的政府。人们很自然地希望看到政治学的论著者在系统思想史的很早时期即已引起对行动中的政府的注意，并激发他们进行仔细的研究。但是政治学著作的研究在他所在的时代仅仅围绕着政府构成方式、国家性质、主权的本质和地位、人民的权力和君主的特权等问题展开，缺乏对行政管理的研究。①

(二)政治与行政的区别

作为行政学的创始人，威尔逊最大的贡献就在于提出了政治—行政二分法，并据此将行政学作为一门独立的学科从政治学中分离出来。威尔逊认为，行政管理的问题并不是政治问题，虽然行政管理的任务是由政治加以确定的，但政治却无须自找麻烦地去操纵行政管理机构。他认为，行政管理的领域是一种实务性的领域，它与政治领域的那种混乱和冲突相去甚远。行政管理作为政治生活的一个组成部分，仅在这一点上与企业办公室所采用的工作方法是社会生活的一部分以及机器是制造品的一部分是一样的。但是行政管理却同时又大大高出于纯粹技术细节的那种单调内容之上，其事实根据就在于通过它的较高原则，它与政治智慧所派生的经久不衰的原理以及政治进步所具有的永恒真理是直接相关联的。

(三)人事行政制度思想

威尔逊认为，为了建立民主制度必须对文职机关的人员进行竞争性考试，而且要把这种考试形成人事行政的一项制度。这些人员已经为接受技术知识方面的各种形式的考试做了充分的准备。一支在技术上受过训练的文官队伍不久即将成为不可缺少的因素。他指出，在任何情况下，我们都必须有一支受过充分训练的、以良好行为进行服务的官员。② 他同时指出：在缺乏一个师资配备良好的政治科学讲座的条件下，没有一所有威望的大学可以兴办下去。这样的教育将会使对政府的明智的批评大量增加，但决不会培育出一大批能干的行政管理人员；它将为发展对政府的一般原则的准确理解做好准备，但是它却不一定会对管理政府的技能有所促进。

(四)公共舆论与行政制度之间的关系

威尔逊认为，公共舆论对行政制度将起到权威性评判家的作用。他指出，英国使公共舆论具有效力，而我们又免遭它的好管闲事之苦。当公共评论直接关注行政制度的选择时，它当然会像是一个笨拙讨厌的家伙，像是一个乡下人在操纵一部难以驾驭的机器。

---

① [美]威尔逊：《行政学研究》中译本，《国外政治学》，1987年第6期，第31页。

② [美]威尔逊：《行政学研究》中译本，《国外政治学》，1988年第1期，第48页。

但是无论是在政治还是在行政方面，当对制定基本政策和制度的更为巨大的力量进行监督时，公众的批评则是完全安全而且有益的，是完全不可缺少的。

威尔逊作为行政学的鼻祖，深入地分析了研究国家行政管理和建立行政科学的重要性和必要性，较为准确地揭示了行政学研究的对象和实质，明确地提出了行政学研究的目标和任务，而且对诸如人事行政制度、行政监督制度等行政学研究的具体内容作了阐述，其思想中的某些观点至今仍不失精辟，仍具有启发意义。此外，威尔逊在阐述这些理论时所表现出来的方法论上的求实精神也值得我们借鉴。

二、古德诺的行政制度思想

古德诺(Frank. J. Goodnow)，生于1859年，卒于1939年。他是美国历史上著名的政治学家、行政学家、法学家和教育家，在政治学、行政学、市政学、比较行政法等领域有着较高的成就。古氏一生主要致力于行政理论的研究，对于行政学的早期发展具有重要的作用。其行政学研究方面的理论著作主要有《比较行政法》(1893年)、《政治与行政》(1900年)、《美国行政法原理》(1905年)，其中《政治与行政》是其代表作，代表了当时美国行政学研究的最高成就。

古德诺在《政治与行政》一书中，将"国家意志的表达和国家意志的执行分别称之为'政治'与'行政'"。[①] 值得注意的是，古德诺在政治与行政二分法问题上的重要贡献，主要并不是他率先提出了政治与行政二分法，而是在于他对政治行政二分法所做的进一步阐释。古德诺主要探讨的是政治与行政的协调，而不是两者之间的分离。他认为：从理论探讨和实践便利的角度说，行政不应再只被当作执行机构的一种功能。相反，行政是执行国家意志的功能。实际政治的需要要求国家意志的表达与执行之间协调一致。

古德诺认为，政治与行政协调的基础是政治必须对行政取得某种形式的控制。有时候这种控制是通过法定制度达到的，有时候这种控制则是由法外途径实现的。与此同时，仅仅强调政治对行政的控制是有危险的，因为这种控制一旦超过某种限度，就不仅会妨碍有效的行政执行功能，而且还会损害建立这一控制的目的。他认为政治对行政的控制应当限于对狭义的执行性机构进行，其他诸如司法、准司法、统计和半科学性质的政府机构都应该保持自己的独立性，而不受政治的影响。执行性官员(只需最高级官员)从属于政治，保证政治对行政的控制，他们随政党而进退，其余的行政官员应该是不受政治影响的常任文官，以保证行政效率。

古德诺认为，政治与行政的协调不仅取决于政治对行政的适度控制，而且还取决于行政权力的必要集中问题。他认为：任何国家意志的表达，在表达它的机关对它的执行没有控制的情况下都是一句空话。国家意志表达可以委托给国家中央政府的一个机关。但是，如果国家意志的实际执行委托给不受任何有效的国家控制的地方政治共同体的

---

① [美]古德诺：《政治与行政》，华夏出版社，1987年版，第12页。

话，这种地方政治共同体会通过运用其执行权力，或者某种真正的非执行性的或修正的权力，改变由代表整个国家的机关表达的国家意志，以便使之适应被认为是地方政治共同体的需要。在国家与地方政治共同体之间存在冲突的问题上，地方自治政府倾向于牺牲国家利益，因为它使国家意志的执行变得即使不是不可能，也是非常困难的。所以，古德诺认为：只有行政在一定程度上被集权化了，才能达到政治和行政功能之间必要的协调。不管是从行政效率的观点看，还是从民治政府本身的存在看，坚持这一点都是必要的。

在古德诺之前素有“行政学之父”之称的威尔逊更是吸收他国有关研究行政之称理论思想基础上明确提出建立作为一门独立学科的行政学。威尔逊的论文奠定了行政学的最初基础，但其研究并未深入，古德诺的工作弥补了这方面的不足。古德诺将在威尔逊那里还是含混不清的政治行政两分论进行了清晰、完整的论述，他没有把注意力集中在行政部门的具体事务上，而是高屋建瓴地分析了行政有效开展的外部环境，并且深入地探讨了两种功能行使的若干问题，进 步明确了行政学的研究对象，对行政学科的建立起到了重要的作用。

三、韦伯的行政制度思想

马克斯·韦伯(Max Weber,)生于1864年，逝于1920年，是德国的政治经济学家和社会学家，他被公认是现代社会学和公共行政学最重要的创始人之一。韦伯的主要著作围绕于社会学的宗教和政治研究领域上，但他也对经济学作出了极大的贡献。韦伯《新教伦理与资本主义精神》，成为他最知名的著作，并且也替他后来许多针对文化和宗教对经济体系的影响的研究奠定了根基。这篇论文是唯一一篇他在世时便已出版成书的著作。韦伯在行政管理思想上最大的贡献就在于提出了“官僚制”理论。马克斯·韦伯的行政制度思想主要是：

(一)组织权力的分类

韦伯指出，任何一种组织都必须以某种形式的权力为基础，才能实现其目标，只有权力才能变混乱为有序。如果没有这种形式的权力，其组织的生存都是非常危险的，就更谈不上实现组织的目标了，权力可以消除组织的混乱，使得组织的运行有秩序地进行。

韦伯把权力划分为三种类型：第一种是理性的、法定的权力。指的是依法任命，并赋予行政命令的权力，对这种权力的服从是依法建立的一套等级制度，这是对确认职务或职位的权力的服从。第二种是传统的权力。它是以古老的、传统的、不可侵犯的和执行这种权力的人的地位的正统性为依据的。第三种是超凡魅力的权力。这种权力是建立在对个人的崇拜和迷信的基础上的。

韦伯认为，这三种纯粹形态的权力中，传统权力的效率较差，因为其领导人不是按能力来挑选的，仅是单纯为了保存过去的传统而行事。超凡魅力权力过于带感情色彩并且是非理性的，不是依据规章制度而是依据神秘或神圣的启示，所以这两种权力都不宜作为行政组织体系的基础，只有理性和法律的权力（合法权力）才能作为行政组织的基础。因为理性的合法权力具有较多的优点，如有明确的职权领域；执行等级系列；可避免职权的滥用；权力行使的多样性等。这样就能保证经营管理的连续性和合理性，能按照人的才干来选拔人才，并按照法定的程序来行使权力，因而是保证组织健康发展的最好的权力形式。

（二）理想的行政组织制度

行政组织体系又被称为官僚制政治或官僚主义，与汉语不同，它并不带有贬义。韦伯的原意是通过职务或职位而不是通过个人或世袭地位来管理。要使行政组织发挥作用，管理应以知识为依据进行控制，管理者应有胜任工作的能力，应该依据客观事实而不是凭主观意志来领导，因而这是一个有关集体活动理性化的社会学概念。

韦伯的理想行政组织结构可分为三层，其中最高领导层相当于组织的高级管理阶层，行政官员相当于中级管理阶层，一般工作人员相当于基层管理阶层。

韦伯指出，现代的行政组织存在着一种正式的管辖范围的原则，这种管辖范围一般是由规则（即法律或行政规定）来确定的。这意味着：按行政方式控制的机构目标所要求的日常活动，是作为正式职责来分配的；执行这些职责所需要的权力是按一种稳定的方式来授予的，并且由官员通过肉体的、宗教的或其他的强制手段来严格地加以限制；对于正常而持续地履行职责和行使相应权力的方法应有所规定，只有按一般规定符合条件的人才会被雇佣。这三项要素在国家范围构成为一个行政组织体系的机关，在经济领域则构成为一个行政组织体系的企业。

至于“理想的行政组织制度体系”中所谓“理想的”，并不是指最合乎需要的，而是指组织“纯粹的”形态。在实际生活中，可能出现各种组织形态的结合或混合，但韦伯为了进行理论分析，需要描绘出一种理想的形态。作为一种规范典型的理想的行政组织体系，有助于说明从小规模的创业性管理向大规模的职业性管理的过渡。其之所以是理想的，是因为它具有如下特性：

第一，任何机构组织都应有确定的目标。机构是根据明文规定的规章制度组成的，并具有确定的组织目标。人员的一切活动，都必须遵守一定的程序，其目的是为了实现组织的目标。

第二，组织目标的实现，必须实行劳动分工。组织为了达到目标，把实现目标的全部活动进行划分，然后落实到组织中的每一个成员。在组织中的每一个职位都有明文规定的权利和义务，这种权利和义务是合法化的，在组织工作的每个环节上，都是由专家来负责的。

第三，按等级制度形成的一个指挥链。这种组织是一个井然有序且具有完整的权责相互对应的组织，各种职务和职位按等级制度的体系来进行划分，每一级的人员都必须接受其上级的控制和监督，下级服从上级。但是他也必须为自己的行动负责，这样，作为上级来说必须对自己的下级拥有权力，发出下级必须服从的命令。

第四，在人员关系上，他们之间是一种指挥和服从的关系。这种关系不是由个人决定，而是由职位所赋予的权力所决定的，个人之间的关系不能影响到工作关系。

第五，承担每一个职位的人都是经过挑选的，也就是说必须经过考试和培训，接受一定的教育获得一定的资格，由需要的职位来确定需要什么样的人来承担。人员必须是称职的，同时也是不能随便免职的。

第六，该人员实行委任制，所有的管理人员都是委任的，而不是选举的（有一些特殊的职位必须通过选举的除外）。

第七，管理人员管理企业或其他组织，但他不是这些企业或组织的所有者。

第八，管理人员有固定的薪金，并且有明文规定的升迁制度，有严格的考核制度。管理人员的升迁是完全由他的上级来决定的，下级不得表示任何意见，以防止破坏上下级的指挥系统，通过这种制度来培养组织成员的团队精神，要求他们忠于组织。

第九，管理人员必须严格地遵守组织中的法规和纪律，这些规则不受个人感情的影响，而适用于一切情况。组织对每个成员的职权和协作范围都有明文规定，使其能正确地行使职权，从而减少内部的冲突和矛盾。

韦伯认为，合法型统治是官僚组织结构理论的基础，因为它为管理的连续性提供了基础，担任管理职务的人员是按照他对工作的胜任能力来挑选的，具有其合理性；领导人具有行使权力的法律手段；所有的权力都有明确的规定，任职者不能滥用其正式权力。合法型统治是以一种对正规形式的“法律性”以及对那些升上掌权地位者根据这些条例发布命令的权力的信任作为基础的。这种组织的管理制度不仅具有合法的公认权威性，并且具有“理性”，即能够实现最佳管理目标。

（三）理想的行政组织管理制度

韦伯认为，管理就意味着以知识和事实为依据来进行控制。“领导者应在能力上胜任，应该依据事实而不是随意地来领导。”他指出：最纯粹的应用法定权力的形态是应用于一个行政组织管理机构的。只有这个组织的最高领导由于占有、被选或被指定而接任权力职位，才能真正发挥其领导作用，每一个官员都应按下列准则被任命和行使职能，这些准则包括：

第一，他们在人身上是自由的，只是在与人身无关的官方职责方面从属于上级的权力。

第二，他们按照明确规定的职务等级系列组织起来。

第三，每一职务都有明确规定的法律意义上的职权范围。

第四，根据契约受命，即原则上建立在自由选择之上。

第五，候选人是以技术条件为依据来挑选的，在最合乎理性的情况下，他们是通过考试获得并通过证书确认专业业务资格的，他们是被任命而不是被选举的。

第六，他们有固定的薪金作为报酬，绝大多数有权享受养老金，雇佣当局只有在某些情况下（特别在私营组织中）才有权对这些官员解雇，但这些官员则始终有辞职的自由。工资等级基本上是按等级系列中的级别来确定的。此外，还根据“身份地位”的原则。

第七，这个职务是任职者唯一的，或至少是主要的工作。

第八，它成为一种职业，存在着一种按年资或成就或两者兼而有之的升迁制度。升迁由上级的判断来决定。

第九，工作中官员完全同“行政管理物资分开”，并且不能滥用其职权。

第十，他在行使职务时受到严格而系统的纪律约束和控制。

韦伯认为合理的官僚体制的一般运作方式表现如下：

第一，存在着固定的通过规则，即法律或行政规则普遍安排有序的机关权限的原则；第二，存在着职务等级的和审级的原则；第三，存在着行政管理档案制度原则；第四，职务工作；第五，职位得到充分发展时，职务工作要求官员要投入他的整个劳动力；第六，官员职务的执行，是根据一般的、固定的、有说明的、可以学会的规则进行的。因此，这些规则的知识就是一种特殊的学问，而官员们可以拥有这种学问。

马克斯·韦伯对社会生活中的组织现象进行了比较系统的研究，他对行政思想的重要贡献在于：第一，他对各种社会组织进行了比较研究，提出了一个对不同组织的性质、形态、特征进行分析的理论框架，三种组织形态的划分有着重要的理论价值；第二，他强调在知识和技能的基础上行使控制，为实施科学化的管理奠定了基础；第三，他把行政管理与效率问题紧密联系在一起，认为行政管理要最大限度地追求效率。当然，马克斯·韦伯的观点也有待进一步深化。例如，他对官僚制组织的分析偏重于静态研究，忽视了组织运作过程中的弹性；他强调组织人员的稳定，易于导致组织的僵化；他强调组织利益和组织效率，忽视组织成员多方面的心理需求和个人发展。在马克斯·韦伯之后的一些行政学家对这些问题进一步进行了研究。

四、巴纳德的行政制度思想

切斯特·巴纳德（Chester Barnard）生于 1886 年，卒于 1961 年。1938 年，巴纳德出版了著名的《经理人员的职能》一书，此书被誉为美国现代管理科学的经典之作。1948 年，巴纳德又出版了另一重要的管理学著作《组织与管理》。巴纳德的这些著作为建立和发展现代管理学做出了重要贡献，也使巴纳德成为社会系统学派的创始人。除了以上两本经典著作外，巴纳德还写过许多论文和报告，如《经理人员能力的培养》、《人事关系中的某些原则和基本考察》、《工业关系中高层经理人员的责任》、《集体协作》、《领导和法律》等。由于巴纳德在组织理论方面的杰出贡献，他被授予了七个荣誉博士学位。巴纳德的行政组织制度思想主要包括：

（一）组织三要素

巴纳德把组织定义为“有意识地加以协调的两个或两个以上的人进行活动或为之效力的系统”。他认为这个定义适用于各种形式的组织，从公司的各个部门或子系统直到由许多系统组成的整个社会。不管哪一级的系统，全都包含着三种普遍的要素：

第一，协作的意愿。它是所有各种组织不可或缺的、首要的普遍要素，其意义为自我克制，交出个人行为的控制权，即个人行为的非个人化。从这个角度来考察，个人参加协作需要付出一定的代价；个人参加这一系统而不参加另一系统，是一种牺牲。组织必须在物质和社会方面提供适当的“诱因”来补偿这种牺牲。

第二，共同的目标。它是第二个普遍要素，是产生协作意愿的必要条件。如果组织成员不了解所要求于他们的是什么样的努力以及协作的结果能使他们得到什么样的满足，就不可能诱导出协作意愿来。对组织成员个人来说，组织的目标不一定是一种“个人”目的，但必须使他们看到这种共同目标对整个组织（全体个人的集合）所具有的意义。组织动机和个人动机是不同的，而个人之所以为组织做出贡献，并不是因为组织动机就是他们的个人动机，而是因为他们感到，通过组织目标的实现，有助于实现他们的个人目标，并获得相应的满足。

第三，信息沟通是组织中所有活动的依据。作为第三要素，它使前两个要素得以动态地结合。巴纳德为信息交流制定了一些“原则”：(1)信息交流的渠道要为组织成员所明确了解；(2)组织的每一个成员都有一个明确的、正式的信息交流渠道，即每一个成员必须向某个人作报告或从属于某人；(3)信息交流的渠道必须尽可能地直接和简捷。针对正式组织中个人目标与组织目标的不一致，巴纳德提出了组织的“效力”和“效率”两分法。他认为，个人参加组织，并进行协作，是为了实现那些他们单独做时实现不了的目标。如果协作是成功的，达到了组织的目标，这个协作系统就是有效力的。但效率则不同，它是指组织成员个人目标的满足程度。由于协作是每个个人为了满足个人的目标而产生的，如果他们的个人动机得不到满足，他们就会停止贡献力量或退出该组织，因为从他们的观点看来，这样的组织是无效率的。因此，正式组织必须对有贡献的成员提供“净满足”，以便更新自己的力量或抵消对组织的离心力。如果一个组织无效率，就不可能有效力，也就不能继续存在。

（二）非正式组织

对正式组织中三种普遍要素的确定，促使巴纳德去探求非正式组织中的普遍原理。他把非正式组织定义为：不属于正式组织的一部分，且不与管辖它的个人以及有关的人员、集团接触和相互作用。非正式组织没有正式的结构，常常不能自觉地意识到共同的目的，而是通过同工作有关的接触产生的，并因而确立了一定的态度、习惯和规范。非正式组织常常为正式组织创造条件，反之亦然。巴纳德发现，非正式组织起着三种作用：

(1)信息交流;(2)通过对协作意愿的调节,维持正式组织内部的团结;(3)维护个人品德和自尊。这些职能是普遍存在的,能使正式组织更有效率,并提高正式组织的效力,使非正式组织成为正式组织的不可缺少的部分。

(三)权威接受理论

巴纳德把权威定义为"一个正式组织中一种信息交流(命令)的性质,这种性质被组织的'成员'或贡献者接受,即能够促进做出对组织目标有贡献的行动"。按照这个定义,权威具有了被组织成员接受的特性。在巴纳德的理论中,权威的来源不在于"权威者"或发命令的人,而在于下级接受及不接受这个权威。这种观点同以往的权威概念是不同的。以往的权威概念是建立在某种等级系列或组织地位基础之上的。巴纳德则强调权威由作为下级的个人来决定,给予了一种自下而上的解释。他认为要使权威得到个人的接受必须满足四个条件:(1)个人能够并确实理解所传达的命令;(2)他们认为这个命令与组织目标是一致的;(3)他们认为从整体说来这个命令同他们的个人利益是一致的;(4)他们在精神上和体力上能遵守这个命令。

巴纳德在组织理论方面的独创性贡献使他在行政管理学发展史上占有重要的地位。他的组织三要素理论、非正式组织理论、权威接受理论具有较高的理论价值和实际意义。著名经济学家凯恩斯把巴纳德的组织管理理论称之为"巴纳德革命"。

第三节　现代西方行政制度思想

随着经济的发展,二战以后,国家对经济社会的全面干预增强,各国的行政管理在官僚体制、行政权力、行政职能等方面发生了根本性的变化,与此同时,传统的行政思想受到了挑战和质疑,在此基础上,出现了一系列新的行政思想。西蒙对正统行政学的行政原则进行了抨击并率先将行为主义研究方法和决策概念引入行政管理研究;麦格雷戈对人事管理的传统农耕理论观点 X 理论进行了总结和评价并提出了相对应的新观点 Y 理论;林德布洛姆主张以不断调适的观点对待行政决策,建立一种渐进决策模式;布坎南从经济学的视角考察政治想象和政府行政问题,提出了公共选择理论,以其创见性和实用性成为西方行政理论的一个重要流派;奥斯本主张用"企业家精神"来克服政府官僚主义并为政府的改革开出了药方,登哈特则提出了"新公共服务理论"。

一、西蒙的行政制度思想

(一)西蒙的生平

赫伯特·西蒙(Herbert A. Simon,1916—2001 年),西方管理决策学派的创始人之一,美国管理学家和社会科学家,在管理学、经济学、组织行为学、心理学、政治学、社会学、计算机科学等方面都有较深的造诣,堪称社会学科的通才。西蒙于20世纪50年代开始对经营管理科学产生兴趣,其对公司行为理论的研究起了重要的作用。后来他又研究大型组织的信息管理问题,为大公司决策人员提供了一套决策的辅助系统。由于其“对经济组织内的决策程序所进行的开创性研究”而获得1978年诺贝尔经济学奖,他是管理方面唯一获得诺贝尔经济学奖的人。他在管理方面的最大贡献在于提出了理性人—具有“有限理性”的人—即基于“令人满意”而不是“最优”方案决策模型和完善了社会系统论。西蒙的行政制度思想:

(一)有限理性决策

20世纪50年代之后,人们认识到建立在“经济人”假说之上的完全理性决策理论只是一种理想模式,不可能指导实际中的决策。赫伯特·西蒙提出了满意标准和有限理性标准,用“社会人”取代“经济人”,大大拓展了决策理论的研究领域,产生了新的理论——有限理性决策理论。

有限理性模型又称西蒙模型或西蒙最满意模型。这是一个比较现实的模型,它认为人的理性是处于完全理性和完全非理性之间的一种有限理性。

有限理性模型的主要观点如下:

第一,手段—目标链的内涵有一定矛盾,简单的手段—目标链分析会导致不准确的结论。西蒙认为,手段—目标链的次序系统很少是一个系统的、全面联系的链,组织活动和基本目的之间的联系常常是模糊不清的,这些基本目的也是个不完全系统,这些基本目的内部和达到这些目的所选择的各种手段内部,也存在着冲突和矛盾。

第二,决策者追求理性,但又不是最大限度地追求理性,他只要求有限理性。这是因为人的知识有限,决策者既不可能掌握全部信息,也无法认识决策的详尽规律。比如说,人的计算能力有限,即使借助计算机,也没有办法处理数量巨大的变量方程组;人的想象力和设计能力有限,不可能把所有备择方案全部列出;人的价值取向并非一成不变,目的时常改变;人的目的往往是多元的,而且互相抵触,没有统一的标准。因此,作为决策者的个体,其有限理性限制他做出完全理性的决策,他只能尽力追求在他的能力范围内的有限理性。

第三,决策者在决策中追求“满意”标准,而非最优标准。在决策过程中,决策者定下一个最基本的要求,然后考察现有的备择方案。如果有一个备择方案能较好地满足定下的最基本的要求,决策者就实现了满意标准,他就不愿意再去研究或寻找更好的备择方案了。这是因为一方面,人们往往不愿发挥继续研究的积极性,仅满足于已有的备择方案;另一方面,由于种种条件的约束,决策者本身也缺乏这方面的能力。在现实生活中,往往可以得到较满意的方案,而非最优的方案。

根据以上几点,决策者承认自己感觉到的世界只是纷繁复杂的真实世界的极端简化，他们满意的标准不是最大值，所以不必去确定所有可能的备择方案，由于感到真实世界是无法把握的，他们往往满足于用简单的方法，凭经验、习惯和惯例去办事。因此，导致的决策结果也各有不同。

（二）行政组织制度理论

第一，组织首先是个决策过程，组织的基本功能就是决策，“管理就是决策”。西蒙对传统组织理论所推崇的一些组织原则进行了批评，例如统一指挥与专业分工、管理幅度与管理层次等，他认为这些原则是彼此矛盾的，究竟哪一种组织原则最为有效，传统组织理论没有回答。而西蒙认为，组织是一个决策系统，有效的组织应以正确的决策为基础，传统组织理论一个很大的不足，就在于他们忽视了对组织决策问题的研究。

第二，组织的目标就是追求决策的合理性，而合理性取决于为实现某一目的而合理选择的手段。西蒙认为无论任何组织或个人，在手段和目的的关系上都达不到完全的整合。这是因为人的理性是有限的，这就是他提出的“有限理性”决策的著名原理。由于决策者受主观认识能力、知识、价值观念等方面的限制，由于客观上的时间、经费、情报来源等方面的限制，任何组织不可能追求到“最理想”、“最优化”的决策。只能追求在当时条件下“令人满意”的决策。

第三，组织平衡论。西蒙发展了巴纳德的组织平衡思想，认为组织是由人组成的集体平衡系统，组织为组织成员个人提供诱因和组织成员个人对组织的贡献之间存在着互依互动的关系：一方面，组织要根据个人的贡献提供诱因，即物质的精神的报酬；另一方面，组织之所以能提供诱因，又来自成员个人对组织的贡献。为此他特别研究了“诱因效用”和“贡献效用”这两个新概念。

第四，组织影响论，即研究组织如何影响个人的决策行为。西蒙认为组织影响个人决策行为的因素有：

①权威。权威赋予了某人有指导他人行为的决策权。

②组织认同，即成员对组织的忠诚。一个行政人员在进行决策时，只有在对组织目标认同的情况下，才可能做出合理的、有效率的决策。

③信息沟通。没有信息沟通就没有决策，没有信息沟通就没有组织。组织的信息沟通是双向程序：一方面是将信息传达到决策中心，另一方面是决策中心将信息传达到各方面。

④培训。组织对成员培训，以影响成员，使其能靠自己的能力做出满意的决策。

⑤效率。组织要求成员在做出决策时，用最短的路径、最省钱的方法，去达到预期的目的。

第五，组织设计讨论。组织设计是组织理论中的一个老问题，西蒙对组织设计理论的新贡献，在于他的组织设计理论是建立在他的决策理论基础上的。组织设计要有利于组织决策，以及为决策所必需的信息传递、信息处理工作。为此他认为：

①组织结构的设计首先要从建立组织目标体系入手，这既是规定组织结构的重要依据，又是影响组织决策环境的重要因素。

②分工。西蒙强调的组织分工不是指业务内容的分工，而是将整个决策系统的组织分解为彼此相对独立的子系统，以尽量减少子系统之间的依赖性，使其有充分的决策权，以便最大限度地分散决策。

③组织的工作重心。西蒙认为现代组织所处的环境是“信息丰富”的环境，然而由于组织成员的能力有限，组织必须把自己的有限能力花在重要决策即工作重心的任务上。

④组织的权力配置。西蒙认为从组织的决策角度看，集权和分权各有利弊，因此他强调要适当的分权和集权而不应绝对分权和集权，因为组织活动是集体活动，要顺利实现组织目标，必须有一定的集中协调机制。但若过分集权，又会导致决策者负担过重，无法集中精力考虑重大决策问题，还会造成下级人员无所作为和决策脱离实际等问题。

总之，西蒙的以决策为核心的行政组织研究方法，使行政组织的研究焦点由对制度、法制、结构等静态层面的研究转变到对决策过程的动态研究。目前，这种以决策——政策为主导的公共行政学研究潮流已经成为西方行政学的主要流派之一。

西蒙作为一个跨越政治学、行政学、心理学、管理学、计算机科学、经济学等诸多领域的科学家，在行政管理领域所做出的贡献也是相当大的。西蒙开辟了新行政学研究的一个新的时代，他为后来研究行政学的学者们提供了一个重要的研究途径，即决策研究方法。他使得行政学家对行政组织研究的焦点由对制度、法制、结构等静态层面的研究转变到对决策过程的动态研究，正是这样的影响使得西蒙在行政学研究领域拥有较高的学术地位。

二、麦格雷戈的行政制度思想

道格拉斯·麦格雷戈(Douglas M. McGregor，1906—1964 年)是美国著名的行为科学家，他是 20 世纪 50 年代末期涌现出的人际关系学派的中心人物之一(其他还有马斯洛(Maslow)、赫茨伯格(Herzberg)等人)。他在 1960 年 11 月的美国《管理评论》杂志上发表了《企业的人性方面》(*The Human Side of Enterprise*)一文，这篇文章是他的代表作，在这里他提出了著名的“X 理论—Y 理论”，X 理论阐释了独裁式的管理风格，而 Y 理论是则阐述了民主式的管理风格。根据人类行为假设不论人们是否承认都存在着某些管理风格。独裁式的和监督式的管理风格反映了 X 理论的思想，而参与式的、社团式的管理风格，则体现了 Y 理论的思想。麦格雷戈在以后的著作中将这个理论进一步发挥，该文 1960 年以书的形式出版，这个思想对管理实践产生了深刻的影响。麦格雷戈关于构建行政制度的人的行为的假设理论的主要内容：

麦格雷戈认为，有关人的性质和人的行为的假设对于决定行政制度中管理人员的工作方式来讲是极为重要的。各种管理人员以他们对人的性质的假设为依据，可用不同的方式来组织、控制和激励。基于这种思想，道格拉斯·麦格雷戈提出了有关人性的两种截然不同的观点：一种是消极的X理论，即人性本恶，另一种是基本上积极的Y理论，即人性本善。这一理论是任何一位管理者都应当熟知并娴熟运用。X理论阐述了独裁式的管理风格，而Y理论则阐述了民主式的管理风格。通过观察管理者处理员工关系的方式，麦格雷戈发现，管理者关于人性的观点是建立在一些假设基础之上的，而管理者又根据这些假设来塑造他们自己对下属的行为方式。

(一)X理论

大多数人的个人目标与组织目标都是相互矛盾的，为了达到组织目标必须靠外力严加管制。必须用强迫、指挥、控制并用处罚威胁等手段，使他们做出适当的努力去实现组织的目标。大多数人都是缺乏理智的，不能克制自己，只凭自己的感觉行事，很容易受别人影响，而且容易安于现状。大多数人都是为了满足基本的生理需要和安全需要而工作的，所以他们将选择那些在经济上获利最大的事去做，而且他们只能看到眼前的利益，看不到长远的利益。人群大致分为两类，多数人符合上述假设，少数人能克制自己，这部分人应当负起管理的责任。

X理论假设人对于工作的基本评价是负面的，即从本质上来说，人都是不喜欢工作的，并且一有可能就逃避工作；一般人都愿意被人指挥并且希望逃避责任。基于上述假设，X理论得出这样一个结论：对大多数人都必须实施强迫、控制以及指挥，甚至要以惩罚相威胁，才能使他们尽到自己的努力。管理人员以这些假设为指导，在完成其任务时有各种可能性。在一个极端，管理人员是“严厉的”，指挥人们行为的方法包括强迫和胁迫，严密监督。在另一个极端，管理人员可能是“温和的”，指挥人们行为的方法包括宽容，以求相安无事。“严厉的”做法存在着一些困难，压力引起反抗，员工会有敌对情绪。“温和的”做法也有困难，它常常导致放弃管理。管理者为了相安无事，最终导致对业绩的漠不关心。一种流行的做法是“坚定而公正”，这是一个兼软硬两种态度之长的企图。正如老罗斯福的“言语温和，但手中拿着大棒”。麦格雷戈提出的就是后面的这种萝卜加大棒式的管理方法。这时，管理人员的职责和相应的管理方式是：管理者的角色是家长，是指挥，是督导。管理人员主要是要应用组织赋予的职权，发号施令，使对方服从，要求员工服从并适应工作和组织要求，而不考虑在情感上和道义上如何给人以尊重；管理人员关心的是如何提高劳动生产率、完成任务，他的主要职能是计划、组织、经营、指引、监督；强调严密的组织和制定具体的规范和工作制度，如工时定额、技术规程等，让员工服从，违反这些规定的人，就使用惩罚；应用金钱报酬来收买员工的效力和服从。由此可见，此种管理方式是一方面靠金钱的收买与刺激，一方面靠严密的控制、监督和惩罚迫使其为组织目标努力。

麦格雷戈发现当时企业中对人的管理工作以及传统的组织结构、管理政策、实践和规划都是以X理论为依据的。胡萝卜加大棒的激励理论在一定的环境中能够合理发挥作用。管理人员可以提供或不提供用以满足人的生理需要以及安全需要的各种条件。

这种管理方式或者给员工一定的好处来诱惑他们,或者靠制定严格的制度来惩罚限制他们,但无论哪种都是从外部来刺激员工,提高他们的工作热情。尽管各种激励的研究和理论已居显要地位,但奖励和惩罚仍然是一种有力的激励因素。通常使用工资或者奖金的形式给员工发钱。但是如果不顾工作业绩,通过一定时期的工作,每个人都能够得到一根胡萝卜的话,例如,按年资提薪和升职,定期论功加薪,或者是高级管理人员的奖金也不依据他们的业绩标准,这样是起不到激励的目的的。然而,麦格雷戈认为,人们经常过分地将它们认为是能够激励员工的唯一的力量。实际上还有很多其他的因素。恐吓形式的大棒在过去还能起到一定的作用,如员工害怕失去工作、失去收入、扣发奖金、降级或者是其他的惩罚。

然而,在当今社会中,这种管理方式是很难起到应有的效果的。而且这样的管理很容易导致员工的报复性行为。当人一旦已经达到了相当的生活水平而主要由较高级需要来激励时,管理人员不能给他提供自尊、同伴对他的尊重或满足其自我实现的需要,他们只能创造出一些条件来鼓励他让他便于为自己寻求这些满足,也可以用不提供这些条件来使他不能得到满足。根据马斯洛的需求层次理论,人有五种需求,分别为:生理需求、安全需求、社交的需求、尊重的需求和自我实现的需求。现代社会人们的生活水平普遍提高,人们的最基本的生理和安全的需求都得到了相当的满足。麦格雷戈的X理论的那种萝卜加大棒式的管理理论针对较低层次的生理和安全的需要有效,而对于社交、尊重和自我实现这三种较高层次的需要无法给予满足。但是,由于使得员工的较低需要得到了满足,管理人员就使得自己再也不能应用传统所讲的各种方法作为激励因素。要想真正有效地管理,人性的基本假设就要变化。如果人性的基本假设不变,即使有的时候采用了分权式的目标管理、民主协商的管理方式等新的管理策略,那也只是新瓶装旧酒,虽然表面上像是新的一样,实质上说来也是起不到作用的。然而麦格雷戈认为,虽然当时工业组织中人的行为表现同X理论所提出的各种情况大致相似,但是人的这些行为表现并不是人固有的天性所引起的,而是现有工业组织的性质、管理思想政策所造成的。他确信X理论所用的传统的研究方法建立在错误的因果观念的基础上。通过对人的行为动机和马斯洛的需要层次论的研究,他为"X理论通行于美国工商界,并实实在在地影响了管理战略"而感到悲哀。

(二)Y理论

实践证明,以X理论为前提的管理模式造成人才创造性和奉献精神的不断下降、员工对工作绩效的毫不关心等不良后果,使人越来越怀疑X理论是建立在错误的因果概念的基础上的。因此,麦格雷戈又提出了一个与X理论消极的人性观点相对照的新的Y理论。Y理论对于人性假设是正面的,假定人性本善,假设一般人在本质上并不厌恶工作,只要循循善诱,雇员便会热诚工作,在没有严密的监管下,也会努力完成生产任务。而且在适当的条件下,一般的人不仅愿意承担责任而且会主动寻求责任感。其主要内容是:

一般人都是勤奋的，并不是天性就不喜欢工作的，工作中体力和脑力的消耗就像游戏和休息一样自然。对有的人来说，工作可能是一种满足，因而自愿去执行；而对另外的一些人来说，也可能是一种处罚，因而只要可能就想逃避。到底怎样，需依环境而定。

外部控制、惩罚和威胁并不是能够使人们为组织目标奋斗的唯一手段；没有人喜欢外来控制和惩罚，外来的控制和惩罚，并不是促使人们为实现组织的目标而努力的唯一方法。它甚至对人是一种威胁和阻碍，并阻挡了人前进的脚步。人的自我实现的要求和组织要求的行为之间是没有矛盾的。如果给人提供适当的机会，就能将个人目标和组织目标统一起来，使得承担目标的程度与他们成绩联系的报酬大小成比例，这时个人的积极性就大得多了。人类不仅是“经济人”，还是社会人，人在追求不断满足的同时，不仅学会了接受职责，而且还学会了主动承担职责。一般而言，每个人不仅能够承担责任，而且会主动寻求承担责任。逃避责任、缺乏抱负以及强调安全感，通常是经验的结果，而不是人的本性。人总希望自己在工作中取得成就及成功，希望取得高的成就。

大多数人都有一种实现自我、发挥自己潜能的欲望，这样在解决组织的困难问题时，就会发挥较高的想象力、聪明才智和创造性，充满活力。在现代工业生活的条件下，一般人的智力潜能只是部分地得到了发挥。只要管理者给他们一定的条件和环境，对他们进行激励，他们都会发挥很大的作用。激励人们的最好办法是满足他们的成就感、自尊感和自我实现感等高层次的需求；而且，激励在每一个阶梯上都在起作用。

根据以上假设，相应的管理措施为：管理人员要负责为了经济目的而安排生产企业的各项要素，消极被动或抵制组织需要并不是人的天性。他们之所以会这样，是由于他们以往在组织中获得的经验；在 Y 理论的假设下，管理职能的重点在于，管理者要创造一个使人得以发挥才能的工作环境，发挥出员工的潜力，并对员工进行合理的引导，并使员工在为实现组织的目标贡献力量时，也能达到自己的目标。此时的管理者已不是指挥者、调节者或监督者，而是辅助者和训练者，这主要是一个创造机会、发掘潜力、鼓励成长、提供指导的过程，他们对组织条件和作业方法进行安排，在旁边给员工以支持和帮助；管理人员的责任在于，使得人们有可能自己认识到并发展人的这些特性。在激励方式上，对人的激励主要是给予来自工作本身的内在激励，让他担当具有挑战性的工作，促使其工作做出成绩，满足其自我实现的需要；在管理制度上给予员工更多的自主权，给员工更多的信任、实行自我控制，让员工参与管理和决策，并共同分享权力。

Y 理论并不是一种单纯的理论。20 世纪 50 年代初，麦格雷戈帮助宝洁公司设计在佐治亚的工厂，依靠 Y 理论，使得这个厂的工作业绩迅速超过了宝洁其他的工厂。不仅如此，在运用 Y 理论的过程中也有一些创新思想和改革措施。

第一，分权化与授权

随着企业规模的扩大，授权逐渐成为一种必要。由于企业规模大，业务量大，管理人员能够有效管理下属的人数是有限的，因此就应该进行适当的授权，让下属在他们制定的范围内做出决策。这些措施建立在上级对下属信任的基础上，使人免于受到传统组织过于严密的控制，使他们有一定程度的自由来指挥自己的活动，承担责任，满足他们的自我需要。

第二，参与及咨询管理

就是让员工在不同程度上可以参加企业的决策和各级管理工作的研究讨论。在恰当的条件下，参与及咨询管理鼓励人们把创造性力量投向组织目标，使人们在涉及他们自身的事务上有某些决策权，为社会需要及自我需要的满足提供了重大机会。这可以体现对下级的信任，也让下级更有主人公的意识，感觉到自己的利益是和公司的利益融为一体的，从而产生强烈的责任感和成就感。这样员工的积极性会更高，对企业更加忠诚，对他们的工作更加满意。

第三，鼓励员工对自己的工作进行绩效评价

以往的绩效评价方法，都是上级对下级进行评价，事实上，绝大多数这类方案倾向于把人看成是装配线上等待检验的一件产品。有少数公司（例如通用公司、安瑟化学公司等）在试行一些新办法，其中包括由个人自己确定目标，每半年或一年对实绩做出自我评价。在这种评价过程中上级当然起着重要的作用，但是却给了下属很大的自主权。对于许多管理人员来说，这种角色比起通常迫使他们担任的“裁制者”或“检验者”角色更适宜得多。只有那些对人的能力有信心并且自身也致力于组织目标，而不是致力于保持个人权力的管理人员，才能够掌握 Y 理论的含义。

麦格雷戈以马斯洛的需要层次说为基础，在对传统人事管理理论——X 理论的评价基础上，提出了 Y 理论。他主张采用更大的分权，更少靠强迫和控制，更多靠民主领导方式，强调参与决策，这些观点都是很有见地的。尽管 Y 理论并不适用于所有的管理形式，但是它对人类个性的整体观的分析、对自我实现者的潜力的肯定等都使得这个理论在行政制度学思想中留下不可磨灭的印记。

三、林德布洛姆的行政制度思想

林德布洛姆（C. E. Lindblom）是美国著名政治经济学家、当代西方著名学者，美国耶鲁大学经济学和政治学教授。1917 年出生于美国加利福利亚州。作为政治学家和比较经济学家，林德布洛姆教授涉猎广泛且著述众多，主要作品有：《合并与资本主义》（1949 年）；《政治、经济和福利》（1953 年，与 R. A. Dahl 合著）；《决策战略》（1963 年，与 D. Brybrooke 合著）；《民主的知识》（1965 年）；《决策过程》（1968 年初版、1980 年再版）；《政治与市场：世界各国的政治——经济制度》（1977 年）；《可用的知识：社会科学和社会问题的解决》（1979 年，与 D. K. Cohen 合著）。林德布洛姆关于行政制度运行中的行政决策的思想理论是：

理性决策论是西蒙决策理论的最大的特征，林德布洛姆的“渐进决策”模式则是从另外一个全新的思维角度来探讨政治决策。针对理性决策模型的“经典”的问题解决的模式：面对一个存在的问题；一个理性的人首先澄清他的目的、价值或目标，然后在头脑中将这些东西进行排列或用其他方法加以组织；然后列出所有可能达到其他目的的主要政策手段；并审查每项可选择的政策会产生的所有重要后果；这时他就能将每项政策的后果和目的进行比较；因而选出其后果与目的最为相称的政策。林德布洛姆教授提出了一系列的疑问：

第一，界说政策问题的困难。因为决策者并不是面对一个既定的问题，而是必须指认并明确他们的问题。由于种种原因，在“问题”是什么这点上有各种争论的余地。没有任何可以通过分析来解决这一争论的方法。因此决策分析就有了一个局限，而决策中的“政治”和其他“非理性的东西”也必须有一个进入决策的时间。

第二，问题的复杂性和不充分的信息。在上述“经典”的问题解决模式中，实际上对一些复杂的问题束手无策，即使采用最新的技术和计算机也是如此。一个明智的决策者并不试图去完成这些步骤。因为澄清和组织所有有关的价值观，排列所有重要的、可能的政策选择，探究每个选择可能产生的无尽后果，然后将每一选择的多种后果同阐述的目标进行比较——所有这些都超越了人类的智能，超越了一个决策者为解决问题所花费的时间和精力，事实上也超越了他所能够得到的信息。另外，做出一个决策也不能不考虑到时间限制和分析的成本问题。

第三，确立目标或价值观的困难。做出一个决策，必然涉及分析者的价值观问题。每一个人的价值观不可能是相同的。因为价值观无法被经验地证实，终极的主张无论在原则上还是在实际上都是不可能被证实的，因此，分析既无法证明任何人的价值观，也无法命令人统一他们的价值观。更何况涉及种种不同的利益集团的切身利益，在政策标准上达成一致意见更是一件不可能的事情了。

第四，对政策分析的抵制。人们以冷漠和敌对的眼光来看待政策分析，原因在于决策者在政策分析过程中并不是完全理性的。人类的智慧是有限度的，不可能获得充分足够的信息，决策者在决策时很难将事实和价值分开。

此外，人们不可避免地一直受到那些想操纵他的人发出的大量信息的干扰，受到来自于外来环境的干扰。另外，组织阻碍了令人满意的分析，组织中的等级差别妨碍了信息交流；通才与专才的竞争播下了互不信任的种子并成为偏见的来源；组织的录用政策可能吸引不了能干的人；提升的基础或许是与组织一致，而不在于有分析技术，等等。

林德布洛姆在对理性决策模型作出挑战性的批评后，提出了自己的解决办法，最初称为“渐进主义”，演变成“渐进调适”的科学，后又修改成断续渐进主义，名称虽各异，其内涵其实是一致的。林德布洛姆认为，决策的过程只是决策者基于过去的经验对现行政策稍加修改而已。这是一个渐进的过程，看上去似乎行动缓慢，但积小变为大变，其实际速度往往要大于一次大的变革。政策上的大起大落是不可取的，“欲速则不达”，它会危及到社会的稳定。他这样总结道：“按部就班、修修补补的渐进主义者或安于现状者或许看来不像个英雄人物，但他却是个正在同他清醒地认识到对他来说硕大无朋的宇宙进行勇敢的角逐的足智多谋的问题解决者。”所以，他认为渐进决策需要遵循三个基本原则，一是按部就班原则；二是积小变为大变原则；三是稳中求变原则。

渐进决策模式的特点在于以历史和现实的态度将事物的运动看作是一个前后衔接的不间断的过程，它强调事物变化的量的积累，以量变导致质变；他强调在处理社会和组织发展变动时，不以引起动荡的变革来突然地改变，而是逐步对政策加以修改并最终改变政策。这种思想有一定的借鉴意义。不过这种思想也存在一定的局限性。它一般适合于较安稳的社会环境，然而，一旦社会条件和环境发生巨大变化，需要对以往的政策加以彻底改变时，渐进决策模式就不能发挥作用了。

四、布坎南的行政制度思想

詹姆斯·麦基尔·布坎南(James McGill Buchanan)1919 年 10 月 2 日生于美国田纳西州。1962 年，他发表了公共选择理论的奠基著作——《同意的计算》(与戈登·塔洛克合著)，并与塔洛克一起创建了公共选择学会和出版了名为《公共选择》的杂志。布坎南的著作甚多，总共撰写过 20 多部著作、300 多篇文章，几乎涉及公共部门经济学的每一个方面。他的主要著作有：《价格、收入与公共政策》(与艾伦·克拉克·李等人合著，1954 年)；《个人投票选择和市场》(1954 年)；《公债的公共原则》(1958 年)；《财政理论和政治经济学》(1960 年)；《公共产品的需求与供应》(1968 年)；《成本与选择：一个经济理论的探讨》(1969 年)；《公共选择理论：经济学在政治方面的应用》(与 R. 托尼逊合著，1972 年)；《自由的限度》(1975 年)；《宪法契约中的自由》(1977 年)；《自由、市场和国家：80 年代的政治经济学》(1986 年)等。

布坎南突出的理论贡献是创立了公共选择理论，公共选择理论是经济学在政治学中的应用。它是一种不同于凯恩斯主义的新公共经济理论，其突出的特点是把政治决策的分析和经济学理论结合起来。公共选择经济学的基础是一个从根本上说十分简单但却很有争议的思想——即担任政府公职的是有理性的、自私的人，其行为可通过分析其任期内面临的各种诱因而得到理解。这一思想的主要推论是政府不一定能纠正问题，事实上反倒可能使之恶化。公共选择的主题就是政治科学的主题：国家理论，选举规则，选民行为，党派政治，官僚体制，等等。布坎南对政治制度运行过程中政府行为的分析如下：

所谓公共选择，就是通过集体行动和政治过程来决定公共物品的需求、供给和产量，是对资源配置的非市场选择，即政府选择。布坎南解释道：公共选择理论只是明确提出公共经济一般理论的一种努力，它可以帮助我们在集体选择方面从事人们长期以来在微观经济学方面所做的事情，即用一种相应的尽可能合适的政治市场运转理论来补充商品与服务的生产与交换的理论。该理论是这样一种尝试，它要建立模拟今天社会行为的模式，其特点是根据个人是在经济市场还是在政治市场活动，采取不同方式处理人类决定的过程。一切传统模式都把经济决定视为制度的内在因素，而把政治决定视为外部因素，人们拒绝就这些外因的规律及其生产进行探讨，在这种情况下，公共选择理论的宗旨却是把人类行为的两个方面重新纳入单一的模式，该模式注意到，承担政府决定的结果的人就是选择决策的人。

(一)公共选择理论的基本假定

在布坎南的阐述中,包含了公共选择理论的一个基本假定:即“经济人”假定。布坎南以“经济人”这一假定为分析武器,探讨在政治领域中经济人行为是怎样决定和支配集体行为的,特别是对公共选择所起到的制约作用,并由此证明政治领域存在缺陷是可能的。

何为“经济人”? 微观经济学家认为,作为一个人,无论他处在什么地位,人的本性都是一样的,都以追求个人利益极大化、个人的满足程度为最基本的动机,并假定人都具有经济人特点。根据这一假定,布坎南认为,通过类似的行为假设,也能够对集体选择的结构特征进行一些基本的预测。它的理论价值在于:首先,保证了对人类行为分析的一致性。在此之前,凯恩斯主义经济学家对人类行为的分析采取的是两个完全相反的标准,在市场选择领域,假定人人都是自利的;而政治选择领域,自利的人又变成了“慈善、博爱”的利他主义者。其次,它是进行制度比较分析的理论前提。制度比较分析的目的是考察在什么体制下,可能产生最坏的政策结果及避免产生最坏政策结果的方法,并且探讨什么样的体制会是最好的。如果假定人人都是利他主义者,就不存在坏的体制,同样也无法解释现实中我们所能观察到的坏的政策产生的原因了。

基于“经济人”这一假定,布坎南进一步提出,公共选择理论的宗旨是要把经济市场中的个人选择行为与政治市场中的公共选择行为纳入同一个分析模式,即经济人模式,从而修正凯恩斯经济学把政治制度置于经济分析之外的理论缺陷。

(二)政府失灵理论

根据“经济人”的分析模式,布坎南的政府理论研究了市场经济条件下政府干预行为的局限性或政府失灵问题。这是公共选择理论的核心问题。

所谓政府失灵是指个人对公共物品的需求在现代议会制民主政治中得不到很好的满足,公共部门在提供公共物品时趋向于浪费和滥用资源,致使公共支出规模过大或者效率降低,政府的活动并不总像应该的那样或像理论上所说的那样“有效”。

在布坎南看来,政府作为公共利益的代理人,其作用是弥补市场经济的不足,并使各经济人所做决定的社会效应比政府进行干预以前更高。否则,政府的存在就无任何经济意义。但是政府决策往往不能符合这一目标,有些政策的作用恰恰相反。它们削弱了国家干预社会的“正效应”,也就是说,政策效果削弱而不是改善了社会福利。于是就提出了一个问题:为什么政府干预会产生“负效应”以及如何从制度上弥补这些缺陷。布坎南对这些问题的回答就构成了公共选择理论的政府失灵说。

布坎南对政府失灵的几种主要表现形式及其根源进行了较为深入的剖析,并就如何补救这种“失灵”提出了具体的政策建议。

第一，政府政策的低效率。布坎南认为，所谓政府政策的低效率是指所执行的政策不能确保资源的最佳配置。一般说来，美国政府的政策在理论上可分为三类：一类是由政府有关部门拟定方案，最后由选民投票确定的政策，像重大税收政策的调整、对国家前途影响较大的对外政策的制定等。第二类是由政府的高级领导层拟定方案，如联邦政府或地方州政府拟定的方案。第三类是由政府部门全权独立制定与实施的政策，这种政策的合理性通常是由宪法等法规来保障的，政府部门的职责是照章办事。这里仅以第三类政府政策拟定的方案作为政策低效率的考察对象。

就这类政府政策而言，因为每个政府部门所遵循的政策，通常是由该部门领导人根据自己对公共利益的理解来决定的，所以，一方面是由于这些部门的政治家的行为具有相当大的自由，使得他们有意或无意地被自身的“经济人”动机所左右，以至于对公共利益的理解经常难以符合实际；另一方面，由于该部门政治家行为的灵活性与他们的自利动机的强刺激性，使得他们的行为实际上不是倾向于为最大限度地增进公共利益服务，而是依据自己获得的信息和个人效用最大化原则来决策。布坎南认为，产生这一政府行为的外部原因是缺乏一种约束机制来制约政府行为方式。如果约束机制不能提供一种良性压力，以确保任何人处于某一特权地位时均不能过多地牟取私利，那么，再高尚的执政官也不能保证公共利益不被他人或他的后继者有意或无意地损害。正是在这个意义上，公共选择理论强调，不应该把增加社会福利与保证个人平等的权力随便交给某一特权机构，然后再虔诚地等待它的恩赐。理性的做法是，使这些特权机构或特权人物受制于某一硬约束机制，并且由公民真正地而非形式上地掌握该约束机制的最终决策权。

第二，政府工作机构的低效率。政府失灵说认为政府机构低效率的原因在于：①缺乏竞争压力。在美国的政府机构里，由于相当一部分官员和公务员，受终身雇佣条例的保护，没有足够的压力去努力提高其工作效率；在提供公共服务的政府机构里，也往往因只此一家，别无分店，而使其不注重提高服务的质量和效率。②政府行为趋向于资源浪费。布坎南认为，首先，官员花的是纳税人的钱，就像弗里德曼所说的“用他人的钱，为别人办事”，由于没有产权约束，他们的一切活动根本不必担心成本问题。官员行事时无成本压力，自由度比市场中私人企业家还大，使不计成本的政府行为不断发生。其次，政府行为也没有利润含义，官员从个人的得失出发，为追求选票和政绩，尽量满足来自方方面面的要求，结果使公共产品超量供应，社会福利费用过高，造成了资源浪费。还因为官员的权力是垄断的，有“无穷透支”的可能，他们一旦决策失误，由此造成的资源浪费可能远远大于一个企业家的投资失误。监督信息不完备。从理论上说，政治家及公共服务机构并不能为所欲为，而是必须服从公民代表的政治监督及司法、审计监督等，以保证政府运行的效率。然而在现实中，这些监督的效力很可能因为信息的不完备而降低、甚至失去。这是因为，监督者为了有效履行其职能，必须对被监督者的情况了如指掌，但向监督者提供信息的往往是被监督者，由于政府部门对其经营业务有着自然的垄断性，可以利用其垄断地位来封锁一部分公共产品所涉及的有关资源和成本的信息。因此，监督者根据被监督者提供的不完备的信息所进行的监督，其实效是大打折扣的。

第三，政府的寻租活动。根据布坎南的定义：寻租是投票人，尤其是其中的利益集团，通过各种合法或非法的努力，如游说和行贿等，促使政府帮助自己建立垄断地位，以获取高额垄断利润。如纺织业寻求政府的关税与配额的保护，将外商拒于国门之外，维持本行业的垄断地位，而高额垄断利润超过平均利润的部分被称为经济租金。可见，寻租者所得到的利润并非是生产的结果，而是对现有生产成果（利润）的一种再分配。因此，寻租行为具有非生产性特征。同时，寻租的前提是政府权力对市场交易活动的介入，政府权力的介入导致资源的无效配置和分配格局的扭曲，产生大量的社会成本，这些成本包括：寻租活动中浪费的资源，经济寻租引起的政治寻租浪费的资源，寻租成功后所损失的社会效率。公共选择理论认为，市场经济条件下，最常见的寻租行为有四种：一是政府定价；二是政府的特许权；三是政府的关税和进口配额；四是政府订货。

正如布坎南所说的："公共选择理论以一套悲观色彩较重的观念取代了关于政府的那套浪漫、虚幻的观念。公共选择理论开辟了一条全新的思路，在这里，有关政府及统治者的行为的浪漫的、虚幻的观点已经被有关政府能做什么、应该做什么的充满怀疑的观点所替代。而且，这一新的观点与我们所观察到的事实更为符合。"

公共选择理论旨在将市场制度中的人类行为与政治制度中的政府行为纳入统一分析的轨道，从而修正传统经济学家把政治制度置于经济分析之外的理论缺陷的一种新公共经济理论。它不仅是当代西方经济学的一个分支，而且也是现代政治学的一个极为重要的研究领域。在这一领域中，布坎南的"政府失败说"可以算得上对于当代政府管理理论最具影响力的研究。这一理论对于更好地发挥政府管理的职能也有一定的借鉴意义，例如进入竞争机制，增强政府行为的法制化，健全和完善监督机制等。

五、奥斯本的行政制度思想

戴维·奥斯本 1992 年与特德·盖布勒合作出版了《改革政府——企业精神如何改革着公营部门》，该书在美国乃至世界范围内均产生了较大的影响。奥斯本极力主张高效率的政府，他长期为包括时任美国总统克林顿在内的共和党和民主党主要政府领导人和候选人担任顾问。奥斯本的"企业家政府"理论如下：

奥斯本的主要行政思想是在他的著作《改革政府——企业精神如何改革着公营部门》一书中提出的"企业家政府"理论。为了明确"企业家政府"的本质含义，奥斯本对此专门作了说明，他指出：我们使用"企业家政府"一词来指我们目睹在美国各地出现的新模式。这个词也许会使许多读者感到意外，读者们认为企业家就是男、女生意人。但是，"企业家"一词的真正含义要更加广泛得多。1800 年法国经济学家 J. B. 萨伊创造了这个词。萨伊写道："企业家把经济资源从生产率和支出较低的地方转移到较高的地方。"换言之，企业家运用新的形式创造最大限度的生产率和实效。在奥斯本看来，"萨伊所下的定义，既适用于私营部门，也同样适用于公营部门和志愿者参加的第三部门。有胆有识的督学和校长用新的方式来使用资源，创造最大限度的生产率和实效。具有革新精神的机场管理者也是这么做的。福利事业的专员们，劳工部长们，商业部的官吏们都能够把资源注入生产率和产出更高的地方。我们说到公共事业的企业家，指的正是那些这般行事的人。我们说到企业家式的模式时，指的是习惯性地这般行事的公营部门的机构，不断地以新的方式运用其资源来提高其效率和效能”。

可见，奥斯本采用的企业家政府这一概念，实际上是试图把企业经营管理的一些成功方法移植到政府中来，使政府这类公共组织能像私人企业那样，合理利用资源，注重投入产出，提高行政效率。奥斯本长期在美国政府机关任职，具有较为丰富的行政管理经验，他在其书中引用了大量的案例来支持其观点。

为消除人们对企业家政府这一概念的误解，奥斯本还对政府组织与企业组织的差异进行了比较分析。他认为，政府和企业是两种性质根本不同的机构组织，政府不能像企业那样运作。他指出：许多人认为政府简直可以“像企业那样来运作”，他们也许会以为我们的意思也是如此。那就弄错了。在他看来，政府组织和企业组织的区别主要体现在以下几个方面：

第一，政府领导者与企业领导者的行为动机不同。企业领导者的行为动机是获取利润；而政府领导者的行为动机则是再次被选上连任。

第二，政府与企业的主要收入来源和方式不同。企业的大部分收入来自其顾客，它往往是通过其顾客自由挑选购买其商品和劳务来挣得收入的；而政府的大部分收入则来自其纳税人，政府是通过征税取得其主要收入的。

第三，政府与企业的动力不同。政府的动力往往来自于种种垄断，而企业的动力则通常来自于竞争。

第四，政府部门与企业组织对其成员的考核标准不同。政府部门对其成员进行考核的一条最根本的标准是看其是否能讨好当选的政客，而企业组织对其成员进行考核的根本标准则是看其是否能够出产品或获得利润。

第五，政府雇员与企业雇员对风险和报酬的看法不同。对此，奥斯本引用福特基金会的卢·温尼克的话解释说：在政府中，一切激励因素是以不犯错误为定向。你取得了九十九个成功也没有人注意，但只要犯一个错误你就完蛋了。公司企业激励雇员的标准手段在这种政府中效果不佳。此外，奥斯本认为政府与企业还有许多其他的不同。政府是民主的和开放式的，所以它的行动比公司企业缓慢，而公司企业的经理们可以关起门来迅速做出决定。政府的基本使命是“办好事”，而不是挣钱，所以企业中的成本效益计算到了公营部门就变成了道德的绝对准则。政府必须常常替每个人平等服务，不管这个人支付的能力和对服务的需要如何，于是政府也就做不到公司企业那样的市场效率。在奥斯本看来，正是由于政府与企业存在着上述种种区别，所以政府不能像企业那样运作。然而，奥斯本强调指出：政府不可能像企业那样运作这一事实并不意味着它不可能更有企业家精神。任何机构，无论是公营私营，都可以有企业家的精神，正像任何公私机构，都会出现官僚主义。很少美国人会真的要求政府像一个企业那样行事——因为私人利润而关起门来迅速做出决策。如果它真的这么干,民主将首先受到损害。但是大多数美国人要求政府减少官僚主义。在官僚主义行为和企业家行为之间是一个巨大的连续体,政府肯定可以在这个区域内调整自己的位置。

奥斯本认为要用企业家精神来重新塑造政府,他提出了政府改革的十项具体原则,亦即企业家政府的十大特征。(1)应掌好舵而不是划桨。即政府应当只负责决策,而把一些具体的服务性工作交由一些中介组织去做。(2)妥善授权,而非事必躬亲。要更多授权给公共自治组织,让其更加经济有效地进行管理。(3)注重引入竞争机制。政府的责任是为竞争提供规则。(4)注重目标使命,而非繁文缛节。规章制度不应太多,应当以责任驱动政府。(5)重产出而不是投入。政府按效果拨款,而非按项目的多少拨款。(6)树立"顾客意识"。政府应像企业那样,制定顾客驱使政府的制度,使政府自觉地为顾客——服务对象服务。(7)重收益、重集资、重赚钱。政府不应单纯通过节省来缓解财政问题,而应当通过民间集资等多渠道筹集资金。(8)重事前预防,而不是事后的补救。企业家政府应学会用少量的钱对一些社会问题进行预防,就可以省去花大量的钱进行补救。(9)重分权模式和合作式组织。减少层级,部分权力下放,以提高效率,使组织更具备创新精神。(10)重市场调节机制,非仅仅依靠行政命令。市场有许多优势,概括起来就是效率;单纯的行政命令有许多劣势,归结起来就是非效率。当然,市场本身也有很多缺陷,因而市场调节的同时政府还需要提供规制,以保障公平。

奥斯本的企业家政府理论对于我们重新审视现时代的政府角色、正确地认识政府的职能具有重要的启示。但是正如奥斯本自己所指出的,十条原则只是重塑政府的粗略草稿而不是最后文本。因为作为政府应该为公共利益服务,应具有公共责任心,它的活动是以宪法和法律为依据的,而不是像企业那样以追求经济利益为第一目的。所以,奥斯本企业家政府理论的最大价值在于它提供给我们一种全新的视角来看待政府以及政府的变革。

六、登哈特的行政制度思想

罗伯特·B. 登哈特教授现任美国亚利桑纳州立大学公共事务学院院长,其研究主要集中在公共行政基本理论、战略规划、领导与组织发展、生产率改进以及质量服务等方面。登哈特的著述甚丰,迄今为止,已经出版了 16 本专著,其中有代表性的著作包括:《新公共服务:服务,而不是掌舵》、《公共组织理论》、《公共行政:一种行动取向》、《意义之寻求》、《公共组织和非营利组织中人的行为管理》、《公共服务中的行政领导》、《公共服务的新生》、《污染与公共政策》。前全美公共事务与公共行政学院联合会执行会长扎克教授非常赞许地说:"数十年来,登哈特教授已经以其杰出的成就而成为公共行政学领域的领军人物。他的著作和文章已经在公共行政领域产生了十分显著的影响,而且他对公共服务意识的执著追求已经使其成为公共服务尊严的主要代言人。"登哈特的新公共服务理论主要内容如下：

所谓"新公共服务"，指的是关于公共行政在以公民为中心的治理系统中所扮演的角色的一套理念。登哈特认为，公共行政已经历了一场革命。目前，与其说公共行政官员正集中于控制官僚机构和提供服务，倒不如说他们更加关注掌舵而不是划桨的劝告，即他们更加关注成为一个更倾向于日益私有化的新政府的企业家。但是，在忙于掌舵的时候，他们是否忘记了是谁拥有这艘船呢？公共行政官员在其管理公共组织和执行公共政策时应该致力于承担为公民服务和向公民放权的职责，其工作重点既不应是"掌舵"，也不应是"划桨"，而应是建立一套明显具有完整整合力和回应力的公共机构。

"新公共服务"理论有四个基础理论：民主社会的公民权理论、社区和公民社会模型、组织人本主义和组织对话理论及后现代公共行政理论。建构在这四个基本理论基础之上的"新公共服务"理论，其基本原则有以下几点：

1. 政府的职责是服务而非掌舵。在新公共服务中，公共行政官员不是其机构和项目的主人，他们的职责既不是单一的掌舵，也不是划桨。他们应该以"一种通过充当公共资源的管家、公共组织的保护者、公民权利和民主对话的促进者以及社区参与的催化剂来为公民服务"。政府越来越重要的角色趋向于协助公民表达并实现共享的公共利益，而不止于控制或引导新方向。

2. 追求公共利益，公共利益是主要目标，而非副产品。公共行政人员必须致力于建造一个共享的集体的公共利益观念，其目标不是去寻找个人选择的快速解答，而是分享利益和分担责任的创造。

3. 战略地思考，民主地行动。即满足公共需要的政策和项目，通过集体努力和协作的过程，能够得到最有效且最负责任的贯彻和执行。

4. 超越企业家身份，重视公民身份，服务于公民而不是顾客。新公共服务理论强调公共利益源自价值的分享，而非个人利益的简单相加。公共人员回应的是公民需求而非仅仅是顾客，且要把焦点建设在信赖关系和与公民的合作上。

5. 责任并不是单一的，即公务员不应仅仅关注市场，亦应关注宪法和法令，关注社会价值观、政治行为准则、职业标准和公民利益。

6. 重视人而不只是生产率。公务人员所参与组织的公共组织与网络，如果能够通过基于尊重公民的合作过程与领导分享，就更有可能获得成功。

7. 超越企业家身份，重视公民权和公共服务。

与企业家型管理者视公共资金为己所有的行事方式相比，如果公务员和公民都致力于为社会做出有意义的贡献，那么公共利益就会得到更好的实现。

与传统行政理论将政府置于中心位置而致力于改革完善政府本身不同，"新公共服务"理论将公民置于整个治理体系的中心，强调政府治理角色的转变即服务而非掌舵。推崇公共服务精神，旨在提升公共服务的尊严与价值，重视公民社会与公民身份，重视政府与社区、公民之间的对话沟通与合作共治。

“新公共服务”理论是在对新公共管理理论进行反思和批判的基础上提出和建立的，它本质上是对“新公共管理”理论的一种扬弃，它试图在承认“新公共管理”理论对于改进当代公共管理实践所具有的重要价值，同时在摈弃“新公共管理”理论，特别是“企业家政府”理论的固有缺陷的基础上，提出和建立一种更加关注民主价值和公共利益、更加适合现代公民社会发展和公共管理实践需要的新的理论选择。当前，包括我国在内的世界各国政府无不在一定程度上重新审视着自己的角色定位和行为方式，而实践中我们对政府“公共服务”的基本内涵和方式仍然存在着一定的认识误区，这就影响到我们对政府职能的正确认识和对政府角色的准确定位。“新公共服务”理论的理念和原则对于我们澄清创建“服务型政府”的理论认识，无疑是有着积极的指导意义的。

思考题

1. 简述官僚制理论的主要内容。
2. 比较分析有限理性决策和渐进决策理论的异同。
3. 简述公共选择理论的主要观点。
4. 简要分析新公共服务理论。

参考书目

1. 丁煌:《西方行政学说史》,武汉:武汉大学出版社,1999 年 4 月版
2. 柏拉图:《理想国》,北京:商务印书馆,1986 年 8 月版
3. 高一涵:《欧洲政治思想史》,北京:东方出版社,2007 年 5 月版
4. 方贻岩:《西方行政思想史》,厦门:厦门大学出版社,1993 年 3 月版
5. 亚里士多德:《政治学》,北京:商务印书馆,1965 年 8 月版

第三章

中央行政制度

第一节　中央行政制度概述

中央行政制度，亦称中央政府制度，它指的是由国家宪法和法律所规定的有关最高国家行政机关(即中央政府)的产生、职能、权限、组织结构、领导体制、活动规程等方面的准则。[①]

根据国家元首、立法机关与行政机关的关系以及政府组织形式上的特征，可以将西方国家中央行政制度划分为四种类型：内阁制中央行政制度、总统制中央行政制度、半总统制中央行政制度、委员会制中央行政制度。关于西方国家这些中央行政制度的具体内容，将在本章的其他部分进行详细的阐释。

一、西方国家中央行政制度的构建原则

西方国家在组织政府时，一般都规定了一些必须遵守的原则。虽然各国的原则不尽相同，但有些原则还是共同的，这些原则是：

(一)专职化原则

中央政府组成人员必须是专职的，禁止兼职和从事任何其他职业或行业，大多数西方国家都规定了这个原则。譬如美国 1978 年颁布的《从政道德法》规定“个人利益与其担任的公职不能发生冲突”。瑞士宪法规定：联邦委员会委员，在任期内不得担任联邦政府或各州的任何其他职务，也不得从事任何其他职业或行业。德国《基本法》规定：联邦总理和联邦各部部长不得担任任何其他领取报酬的职务、工作和职业，也不得参加以营利为目的的企业的领导，非经联邦议院批准，也不得参加董事会。西方国家之所以这样规定，主要是为了从制度上保证较高的服务效率，减少权力滥用的可能。

(二)文职原则

政府成员不得是现役军人，只能是文职人员。例如日本宪法规定，政府成员必须由文官担任，不得是现役军人。美国也规定了文职原则，现役军人不得担任政府职务，如现役军人要成为中央政府成员，那他即需退役。西方国家之所以这样规定，主要是避免军人控制政府。

(三)相容或不相容原则

相容或不相容原则主要指的是政府成员的职务与议员身份是相容还是不相容的原

① 张立荣：《中外行政制度比较》，商务印书馆，2002 年版，第 87 页。

则。关于这一原则，在西方国家中有三种情况：一种是实行总统制的国家，一般实行不相容原则。如美国，除副总统由宪法规定其为参议院议长外，其他政府成员均不能同时为议员，如果坚持为议员，便不能成为政府成员。法国也实行不相容原则。法国规定：凡是接受政府职务的议员，必须在30天内放弃议员身份，否则，也不能担任政府职务。二是实行内阁制政府的国家，绝大多数则实行相容原则，即政府成员必须是议员，不是议员不能担任政府职务。如英国就是这样，其政府部长必须由议员担任，不是议员者必须先取得议员身份，如丧失议员资格，则不得继续担任政府职务。三是一部分政府成员必须是议员。如日本宪法规定，总理大臣必须是议员，内阁成员二分之一以上应从议员中任命，当然，在实际操作过程中，绝大多数内阁成员都是议员。

西方国家之所以有的采取相容原则，有的采取不相容原则，主要是由政府体制决定的。实行分权原则的，一般都采取不相容原则，这样做，有利于议会对政府的监督。实行分立而不分权的则采取相容原则，以有利于政府与议会的联系。二者强调的重点不同。

（四）财产公开原则

政府成员从政期间必须公布个人及家庭的财产，西方大多数国家做了这方面的规定。美国的《从政道德法》规定：总统、副总统、国会议员、政府官员和联邦法官等约15000人，必须在任职前报告本人的财产情况，以后每年定期公开予以说明。财产公开原则的目的是避免政府成员利用特权牟取私利。

以上是法律规定的原则，此外，还有一些政治原则，如价值观和政治主张一致，有一定的政治经验和政治能力，有一定的政治经历和知名度等，还要求不能有人格和性生活方面的污点。这些原则虽没有明文规定，但却很重要，每届中央政府在组成时都会特别注意。

二、西方国家中央政府的职权

政府的职权是指作为公共事务的管理机关，法律规定应由它行使的权力。政府的职能是由政府的职权决定的。政府职能是指在一定历史时期政府所应具有的功能和作用。政府一般都具有两种职能，即政治职能和社会管理职能。政府的职权正是为实现政府的职能而规定的。也就是说，为了使政府发挥其应有的功能和作用，法律便赋予其相应的权力。

政府的职能不是一成不变的，而是随着政治、经济和社会的发展而变化，因而政府的职权也是不断变化的。譬如西方国家的政府职能在自由经济时期和垄断经济时期就有所不同。在自由经济时期，政府的职能主要是以“法律和秩序”为手段，保护私有财产，为自由竞争创造条件。与此相适应，政府的权力相对较小，往往限于管理财务、治安、外交、军事等事务，主要起“守夜人”的作用，当时有“管得最少的政府才是最好的政府”的说法。但随着自由经济过渡到垄断经济时期，中央政府就不断强化其职能，更多地借助强制力来维持统治秩序，干预经济，监督社会，调整社会关系。与此相适应，政府的权力也扩大了，将代议机构的权力更多地转移到政府手里，使政府成为主宰的机构。

具体来看，西方国家中央政府目前主要有以下权力：

1. 执行法律权。这是政府固有的职权。政府有责任对代议机构(议会)通过的法律予以落实，为此，政府有权制定政令、条例或发布命令，制定和执行政策。

2. 外交权。即处理外交事务的权力。这主要包括：任免驻外使节，领导与管理驻外机构；接待外国来使，维护外国驻本国机构的安全；与外国政府之间缔结协定等。本来缔结条约和宣战、媾和权都属于代议机构(议会)的，但 20 世纪初以来，特别是二战后，一般都先由政府决定，然后经过议会认可，或干脆不经过议会。如朝鲜战争、越南战争都是美国政府先宣战后通过国会。海湾战争、科索沃战争也是政府先决定，再由国会通过的。

3. 治安权。这主要是指掌握军队、警察、监狱，维持统治秩序权。美国政府可以调动军队镇压公民的反抗活动或平叛内乱，其他国家的政府也有这方面的权力。这是使国家政治统治职能具体化的权力。

4. 掌握和领导行政机构权。政府通过掌握和领导行政机构来进行管理，为此，政府有权增设或削减行政机构，有权任命主管官吏和官吏，有权对行政官员进行考核、监督等。

5. 财政权。财政权本来也是议会的固有权力，西方各国宪法和法律一般都规定财政提案权属议会下院。但现在财政提案权一般都由政府掌握，由政府编造和提出国家的财政预算和决算案，交由议会批准。议会由于不掌握专业知识，常常只能照单通过。

6. 社会公共事务管理权，即管理科学、教育、文化、卫生、社会福利等。

7. 调节和干预经济。实行国有化、取消国有化、关税的制定、工资的冻结、缓和消费和生产的矛盾等，这方面的权力也是在过渡到垄断经济以后才具有的，垄断经济的发展自身要求政府的适当干预，没有政府的支持，私人资本难以运行。

8. 司法行政权。这主要是指决定大赦、特赦、减刑、免刑或恢复刑罚的执行权，还有对法官的管理、监督权。

9. 立法参与权。立法权本来是属于代议机构(议会)的，但从 20 世纪初以来，政府逐渐取得了立法参与权。这主要体现在以下几方面：一是政府的理念、方针政策已成为议会立法的方向和根据。政府一般都以国情咨文或其他咨文的形式，将政府的理念、方针政策知照议会，而议会则多以政府提出的政策，按政府的意图进行立法。二是政府行使立法提案权。西方国家的法律一般都规定立法提案权属议员，但现在很多西方国家的政府都有立法提案权，甚至政府的提案占主要地位，如英国、法国，重要的立法议案都由政府提出，议会只是对政府的提案表决通过就行了。三是行使委任立法权。代议机构(议会)往往将某一方面的问题不制定法律，只规定一定原则，然后委托政府来制定法律条例等予以规范，这种情况在第二次世界大战前后经常发生。

10. 颁赐荣典，授予荣誉称号和荣誉职务权等。

三、西方国家中央政府的组成

政府机构是实现政府职能的工具。政府机构的设置以政府职能为主要依据。由于各国国情的差异，以及行政制度发展的不同，西方各国政府机构的设置也不尽相同。一般来说，西方中央政府机构的基本类型大致可以分为办事机构、职能机构和直属机构三部分。在不同的国家里，这三部分的职责权限及其相互关系又有所不同。

（一）西方国家中央政府的办事机构

西方国家中央政府的办事机构是领导机关的内部组织。其主要职能是协助政府首脑对政治、经济、外交等重大问题进行决策，负责处理政府首脑的日常公务，协助沟通政府机关的内部联系以及为政府首脑提供私人服务。在多数国家的行政组织机构中，首脑办事机构地位显赫，权力超过其他行政部门；而在部分国家里，则只是一般的办事机构。就其称谓而言，在英国称首相办公室；在法国称总统府；在德国、意大利、日本则称总理府。

1. 美国

1939 年美国总统罗斯福政府时期建立的总统办事机构，为现代西方总统办事机构正式确立的标志。总统办事机构由总统任命，直接受总统领导。主要作用有：(1)为总统决策提供信息，是总统的智囊团；(2)代表总统与各行政部门进行联系，起协调、指挥、检查和监督的作用。总统办事机构随着总统的更替而发生变化，地位和职权不断增长。目前大致可以分为两类：一是总统的亲信幕僚机构——白宫办公厅；二是一些委员会、局，如国家安全委员会、行政管理和预算局、经济顾问委员会等。

2. 英国

实行典型内阁制的英国，首相的权力很大。但是为首相办事的机构，目前只有一个首相办公室。首相办公室下设四个机构：(1)首相私人办公室，职责是为首相写工作日记，处理来往函件和准备简况或汇报材料；(2)政治处（或政治办公室），任务是提供政治建议，帮助选区和政党完成任务；(3)首相新闻发布处（或首相新闻办公室），职责是负责处理公共关系和充当首相与新闻记者的联络处；(3)政策小组，任务是负责政策分析，提出不受官方机构影响的意见。另外，内阁办公厅的秘书处、中央政策研究室也为首相承担了部分决策咨询的功能。

3. 法国

法国总统办事机构为总统府。总统府办事机构的设置和人员编制根据惯例和总统个人的工作需要而定，工作人员一般保持在 5 人左右。工作人员由总统在中央机关中选任。他们都属于借调人员，编制在原单位。总统府实际上是法国的办事中心，指导和监督政府的活动，被称为法国的“真正政府”、“法国隐蔽的政府”。总统府下设的主要机关有：(1)总统府办公厅，职责是确保总统与各界人士与新闻媒介的联系，以及处理总统府的日常事务；(2)总秘书处，职责是确保总统与政府及各部部长的联系。它是总统府中最重要的部门；(3)私人军事参谋部，任务是确保总统与国防部的联系，是总统行使军事权的参谋机构，协助总统处理军事问题；(4)私人秘书处，职责是处理总统本人日常交办的事务。

(二)西方国家中央政府的职能机构

职能机构对应于办事机构和直属机构，是对社会、经济各行各业实行行政管理的职能部门，是行政组织中最基本的部门。它们代表政府行使某一方面职权，是政府机构的主体，具体承担着行政决策的执行职能。在西方国家，政府职能机构承担着经济管理职能、文化教育科学管理职能以及社会公共事务管理职能。西方各国中央政府机构的设置，大都经过议会的批准，至于数量多少，因国别而异，一般不超过 20 个。

美国中央政府的内阁部级机构，一般在 11～14 个之间。各部设部长和副部长，下设局、处、科等机构。部长都是政务官，他们与政府共进退。其他官员多数是职业文官，长期供职，不与政府共进退。在西方中央政府的职能机构中，美国国务院的地位和作用较具特色。国务院的前身为外交部，它主管外交事务。在内政方面，仅保留颁布有关法律，保管国玺、保存法律和条约原件的职责。国务院在内阁中的地位最高，国务院与国防部、财政部等部的部长一起，构成通常所称的“核心内阁”。

英国中央政府各部的数量没有法律限制。因此，英国中央政府各部的数量变化频繁，部的设立、废除、合并比较灵活。现在，部的数量一般保持在 17～21 个左右。英国中央政府部的组织，分为部、司、处、科 4 级。部的基本单位是司，每个司负责一个方面的工作。大部有几十个司，如 1980 年外交和联邦关系部有 50 多个司。中等的部有 10 多个司。在正常情况下，各个司又分设若干个处，处下面设科。英国中央政府各部由于建立和形成的过程不尽相同，因此，其名称和大臣的称呼是不规范的。各部领导体制也不一样，有的实行首长制，有的实行委员制，委员制设主任委员或主席。一些重要的部设政务次官，主要处理部与国会的关系，部内的实际工作则主要由常任文官担任的常务次官处理。

法国中央政府各部的数量，每届政府各不相同，大致保持在 20 个左右。各部的设置和职权随着政府的更迭而频繁变化。中央政府重组一次，在多数情况下，各部的设置几乎就要变动一项。但其内部结构却长期保持相对稳定。在一般情况下，部内分 5 个层次：部长—部长办公室—司—处—科。有的部在办公室下面还设有秘书长这一层次。各部下设的司一级机构，一般在 20 个左右。部长办公室在部内层次中地位重要，是部长与各下属机构之间联系的桥梁。法国中央政府部门设置的变化趋势是：随着国家对经济和社会的干预加强，政府职能不断扩大，部门也随之增加。

(三)西方国家中央政府的直属机构

直属机构是中央政府为管理某项特定的公共事务而设置的一种行政机构。西方国家中央政府直属机构的主要特征如下：

1. 组织形式各不相同

直属机构与中央政府中的职能机构、办事机构相比，其内在的构成最为复杂，组成方式更是多种多样。

在机构数量上，直属机构没有确定的编制和统一的模式。各国中央政府往往根据各自的需要而进行增减。

在行政关系上，西方各国中央政府直属机构的隶属关系各不相同。总统制政府中的直属机构一般直接隶属于政府首脑，如美国、法国；内阁制政府的直属机构则隶属于内阁之下，如英国、德国、日本。

在权力关系上，直属机构的权力大小不一。即使在同一政府内，也普遍存在着权力失衡的现象。如美国的独立管制机构可以制定和发布行政规章，它的行政法官具有行政裁判权。而在法国，国立行政学院也属于法国政府的直属机构，但其主要职能则是专门为法国培养非技术性的各级文官。

在管理体制上，有的直属机构采用首长负责制，有的则将首长负责制和委员会负责制相互结合。如美国的独立管制机构实行委员会负责制，委员会设主席和若干委员。

2. 行政地位相对独立

西方国家中央政府的直属机构不仅独立于政府中的职能机构和办事机构，有的还独立于政府。但是，各国的情况不尽相同。在美国，根据联邦立法建立的独立管制机构不对任何行政部门或上级机构负责，受托对美国各个经济部门实施广泛的监督、管制和调节。它是联邦行政机构中具有特殊地位的组织，在私营企业活动中具有准立法效力。

英国的公共机构在某种程度上也可以看作是政府的直属机构，它的负责人虽由政府有关部长决定，但活动由组织自身筹划，并不代表政府或国王。

设立具有独立性的政府直属机构，符合小政府、大社会的社会化管理原则。这类直属机构既承担着社会公共事务的管理职能，严格地说在体制上又不隶属于政府，或者说只是半政府性的。

3. 机构功能多种多样

西方国家中央政府直属机构除了具有行政功能外，还具有立法、准司法功能。因此，又可以称这些部门为半立法、半司法机构。如英国政府的裁判机构是由司法机构组成的一个独立机构，通常按照法定的权限建立，近似于执法的法院。它们独立于执法机构，裁定普通公民之间的权利和义务。美国政府的独立管制机构可以受理申诉、举行听证会，它的裁决具有司法效力。

西方国家中央政府的许多直属机构承担着与行政执行相对应，并对行政执行实行监督、咨询、提供信息服务等职能。如英国政府机构中的顾问机构，又称咨询机构，一般都是专业性很强的部门；又如意大利的国务会议，职责是就有关法律及行政领域的重大问题提供咨询，对政府起参谋作用。

西方国家中央政府直属机构中也有一些是本部门、本系统的最高决策机关。如美国的联邦储备委员会、联邦贸易委员会、环境保护署，法国政府的计划总署、原子能局等。

第二节　内阁制中央行政制度

一、内阁制中央行政制度的形成过程

内阁制中央政府制度，亦称议会制政府制度或责任内阁制政府制度或议会内阁制政府制度。内阁制是西方国家普遍实行的一种中央行政制度。它是西方国家及其他一些国家由内阁（政府）总揽行政权力并向议会负责的一种政府制度。它强调的是政府和议会、国家元首之间的相互关系以及各自的权限、地位。

内阁制中央行政制度起源于英国，一般认为，近代英国的内阁缘起于诺曼底公爵时期。诺曼底公爵将从法国带来的顾问组成"御前会议"（也称咨政院）这一机构，协助他对英格兰进行统治。在亨利六世（1422—1461 年在位）时期，由于御前会议人员过多，不能经常集会，就由其中分出一部分，另外成立一个较小的机关即枢密院。在 16 世纪至 17 世纪上半叶，枢密院在国家的政治生活中占据十分突出的地位。枢密院由位高权重的政府大臣、王室官员和国王私人顾问组成。其成员由国王任命，只对国王负责。到查理一世（1625—1649 年在位）时期，枢密院中最受国王信赖和与国王最接近的一部分人都集中在其中的"外交委员会"。国王一旦遇有重大机密事件，就召集他们到王室议事堂的内室秘密讨论，内情外界不知。由此，人们便用"内阁"一词指称这一机构。它是当时英国最高的咨询机关和行政机关。

需要指出的是，"内阁"原为贬意之词。因为对于 17 世纪的大多数英国人而言，枢密院是唯一合法的政府机构，国家的统治权应由枢密院在国王的指导下行使，而外交委员会秘密为国王提供咨询，使外界无从知道提供"邪恶建议"、将国王"引入歧途"的人是谁，这势必导致国王的大臣和顾问不负责任。因此，外交委员会一直遭到谴责和反对。1679 年，查理二世被迫宣布解散外交委员会，改组枢密院。新枢密院成立不久，查理二世又在"情报委员会"的名义下复活了外交委员会。

17 世纪末，英国议会通过《权利法案》、《王位继承法》等法律文件，确认议会权力高于国王，从而奠定了君主立宪制这一政权组织形式的基础。随着议会地位的提升，内阁也发生了实质性变化。1688 年至 1701 年威廉三世当政期间，内阁成员已不再由国王遴选，而变成由议会下院占多数席位的政党组成。可见，内阁的组成与议会中两党（即辉格党和托利党）力量的消长发生关联。内阁由向国王负责变成向议会负责。到这时，内阁已由咨询机关变为权力机关。

1714 年以前,内阁会议和内阁日常工作均由国王亲自主持,而近代内阁制度形成的前提和条件是国王退出内阁。汉诺王朝建立后,情况发生了显著变化。乔治一世继承了王位。他是德国人,不了解英国的历史文化传统,也不太关心英国事务,尤其是他不懂英语,君臣之间商谈政务极为不便。从 1717 年起,乔治一世开创了一个先例:英王不再出席和主持内阁会议。而是指定一名大臣来主持,这就是后来的首相。起初,首相由国王指定,后来,随着政党政治的发展,首相变成由下院多数党领袖出任。

英国历史上第一个正规的内阁成立于 1721 年,第一任正式首相是辉格党首领罗伯特·沃尔波①。沃尔波连续担任 21 年首相,在其任期内,内阁的凝聚力和统一性不断增大。在内阁会议正式召开之前,沃尔波约请几位实权大臣组成"小内阁",举行私人会议,商讨决策性意见。由此,沃尔波开了"阁中内阁"的先河。他还是第一个进驻唐宁街 10 号的首相。此后,这里为历届英国首相的官邸。

1742 年,沃尔波首相由于议会通过了对内阁的不信任案而宣布解散了议会。然而,在新选举的下院中,沃尔波所属的辉格党因未能成为多数党而不能组阁。沃尔波只好率领他的内阁全体辞职。这样,他又开创了一个先例:议会通过对内阁的不信任案,内阁全体成员辞职,或提请英王解散议会,重新大选。

乔治三世之后,英王再也没有出席过内阁会议,首相和内阁可以自主地讨论、决定政府政策,具有更大的独立性。这一点,在 1812 年大法官埃登所讲的一段话中清楚地体现出来。他说:"我认为,在内阁中研究陛下任何臣民提出的要求是政府的职责。无论何时,只要内阁成员从公共责任感出发,要求政府审议某个问题时,政府都应真诚地作出决定。"

到 18 世纪末 19 世纪初,内阁日益成为一个独立于王权之外、依附于议会下院、主管行政决策的权力实体。19 世纪中叶,议会处于至尊的地位,内阁秉承议会意志管理国家,被称为议会的"执行委员会"。19 世纪后期,两者的地位发生了根本变化,内阁开始凌驾于议会之上,成为政治权力的中枢和整个国家机器运转的轴心。

进入 20 世纪后,内阁权力继续扩大,建立了内阁委员会制度。内阁委员会分为临时委员会和常设委员会两种形式:前者负责处理某种特定事务,为时短暂;后者负责经常性的工作,为常设机构。内阁委员会只向内阁负责,不向议会负责,工作保密,并且受内阁集体责任制原则的约束。

随着内阁权力的不断扩大,首相的权力也相应扩大。尤其是第一次世界大战的发生,极大地刺激了首相权力的扩大。应战事之需,政府成立了小型的"战时内阁"。在这

---

① 沃尔波始终拒绝"首相"这一头衔,总是自称为"平等大臣中的第一人"。在他以后的相当长时间内,首相职位一直不见于英国法律。1878 年,在柏林会议文件中,首次出现首相一词。1905 年,英王开始为首相颁发委任状。1937 年,议会制定了《国王大臣法》。至此,首相职位才得到法律的正式承认。(见程汉大:《英国政治制度》,中国社会科学出版社,1995 年版,第 265 页)。

届内阁中，首相劳合·乔治处于绝对主导地位，他不仅个人决定重大问题，而且经常直接干预各部门的具体工作。在一战结束后的4年内，乔治一直保持这种集权统治地位。到第二次世界大战期间，由于内阁、下院和全国舆论在民族危机面前空前统一，一致支持温斯顿·丘吉尔，使得首相的权力达到了顶峰。正因为如此，英国政治学家詹宁斯将首相比喻为“众多行星围之运转的太阳”。

由于英国的内阁制政府制度具有一套较为完备、精致的规范，并在相当程度上促进了国家适应和保护社会生产力的发展，因而为许多欧美亚国家所仿效或采用，如英联邦国家、意大利、奥地利、希腊、日本、以色列、印度、新加坡等都实行内阁制政府制度。

二、内阁制中央行政制度的主要特征

(一)议会至上

在内阁制政府制度下，议会处于国家的政治活动中心，是国家的最高权力机关，拥有立法、组织内阁和监督内阁的权力。内阁由议会产生，并向议会负责。内阁首脑和部长(大臣)需定期向议会报告工作，并接受议会监督。

(二)内阁对议会负责

在内阁制政府制度下，政府对议会负责，接受议员的质询，解释政府的政策或内阁的决定。当议会对政府的政策或政治行为赞同时，政府方能继续执政；当议会通过对内阁的不信任案或者否决内阁的信任案时，内阁必须总辞职，或者由政府首脑提请国家元首下令解散议会，提前举行议会选举，由新议会决定内阁的去留。

(三)内阁执掌行政权

在内阁制政府制度下，内阁系国家最高行政机关，政府首脑执掌实权。作为执政党领袖的政府首脑，利用自己的党在议会中占多数而控制议会，实际上又掌握着立法权。内阁成员必须同时是议会的议员。他们既在政府中负责某项行政工作，又在议会中参与立法活动，因此，往往出现内阁控制议会的局面。

(四)内阁组成独特

在实行内阁制政府制度的国家，内阁由议会中占多数地位的一个政党或构成多数席位的多数党联盟组成。议会中的多数党或多数党联盟即为执政党，其领袖受国家元首委托而组阁。受命组阁的政党领袖即为内阁总理或首相，依据法律规定，由国家元首任命。内阁总理或首相是政府首脑，不兼任国家元首，负实际责任。

(五)虚位元首

在内阁制政府制度下，国家元首是国家权力的象征，不执掌实权，不负实际责任。总理或首相不对国家元首负责。国家元首不能单独行使职权，在履行宪法规定的职责时，需预先征得国务员的同意,由国务员副署,方能发生法律效力。

三、内阁制中央行政制度的主要类型

(一)典型内阁制

英国是内阁制的典型代表,所谓的典型内阁制指的是以两党制为基础的英国内阁制。它具有以下特征:

1. 内阁对议会负责。即内阁推行的重大政策要得到议会信任。首相为议会中多数党的领袖。在大选中获得下议院二分之一以上议席的政党领袖得以出任首相。内阁的政治责任既包括集体的责任,也包括内阁成员个人的责任。集体的责任,即内阁成员对内阁决策实行集体负责制,如其决策为议会所不信任,则首相辞职,全体内阁成员负连带责任一同去位。个人的责任,即内阁成员对其个人言行负责,并对其主管部门的行为负单独的责任。

英国在宪法理论上要求内阁对议会负责,但在实践上内阁只对下院负责。为了保证内阁对议会负责,在内阁成员与议会的关系上,英国宪法也有若干规定。例如,内阁成员必须是议会议员,并分布在上院和下院。这样,内阁成员便有权出席议会,阐述内阁的政策立场,进行必要的解释。内阁成员在两院发言享有优先权,受到特别的重视。

2. 内阁是行政权力中心。内阁是最高国家行政机关,一切重大决策必须在内阁会议中进行,内阁会议由首相担任主席,国家元首(女王或国王)不得出席内阁会议。国家元首发号施令必须有内阁成员副署方能生效。国家元首在形式上是国家的政治领袖,享有"名义上的主权",但没有实际权力。国家元首在任命首相或内阁成员时,必须依据一定的政治惯例,没有选择的自由,内阁总辞职或提请解散议会时,国家元首应该接受。对于议会通过的法律,国家元首不应拒绝。

3. 内阁有解散议会的权力。对议会的解散权有助于内阁与议会之间保持相对平衡,这是三权分立原则与分权制衡思想在内阁制中的体现。议会有权通过不信任票来迫使政府辞职,但在实践中议会的行为存在着滥用权力、压迫内阁的可能。如果内阁确认议会在从中作梗,就可提请元首解散议会,另行改选。谁是谁非,让选民公断。如果内阁的政策仍得不到新议会的信任时,就必须总辞职。内阁的解散权又叫对抗权,以便内阁与议会之间相互制衡。此外,解散权有助于执政党整顿党内组织,有助于执政党连续执政。

(二)一般内阁制

一般内阁制是指以多党制为基础的内阁政府制度,以区别于以两党制为基础的典型内阁制。一般内阁制同样具有内阁制中央行政制度的基本特征:内阁对议会负责,行政权属于内阁,元首拥有虚位,内阁有解散议会的权力。通常,内阁首相也为议会中最具组阁能力的政党领袖出任。但是,由于政党基础不同而形成的复杂情况,使得一般内阁制又与典型内阁制存在着差异。主要表现在:

1. 一般内阁制国家在保持虚位元首基本特征的前提下，适当增加国家元首的职权，使他作为一个独立的权力主体，成为在各种政治关系中有积极意义的平衡力量，而不完全是一种感召性的象征。当然，实行一般内阁制的各个国家充实元首职权的具体做法又有所不同。如德国规定，元首在任命问题上有一定的自由裁量权。总统在任免政府总理、部长以及要求他们留任时，无须相关人员副署。意大利的国家元首有一定的复议权。意大利总统在与议会、政府的关系上，也有一定的主动控制权。希腊与澳大利亚的国家元首有一定的否决权。

2. 在保证内阁对议会负责的基本性质的前提下，适当增强对议会的制约。如德国的《基本法》规定：议会的消极不信任不足以迫使内阁辞职，议会使用不信任权时，必须在一定时间内以过半数票选出新的政府首脑，不信任票才能生效。意大利规定议会要行使倒阁权，仅是消极地否定内阁提案不足为凭，必须要主动地投不信任票才能算数。

(三)特殊内阁制

所谓的特殊内阁制是指在多党制的形式下，实际上却是长期由一党控制内阁政府制度。特殊内阁制也强调内阁对议会负责，内阁总理由议会选举产生。但由于执政党长期在议会两院中占有多数，甚至占绝对多数，执政党的领袖也是当然的内阁总理。在这种情况下，一般意义上内阁制的政党之争就变成了围绕争夺执政党领袖地位的党内派系之争，内阁政府的变化基本上也就以此为中心。1955—1993 年的日本就是特殊内阁制的代表。特殊内阁制与其他内阁制的不同点主要表现在：内阁频繁换届；从内阁成员的构成看，基本上是一党内阁。

四、内阁制中央政府的组织程序

政府的组织程序是指政府是按什么步骤组织起来的。西方国家中央一级政府的产生，一般都分三个步骤：第一步先产生政府首脑，第二步由政府首脑提名政府成员，第三步由一定的机构认可或批准、任命政府成员而组成政府。

在内阁制下，中央一级政府的成立与议会密切相关。一般先由选民直接或间接选出议会议员，再由议会选出政府首脑，一般都是由议会中多数党的领袖或政党联盟中最大党的领袖来担任，经国家元首任命后，政府首脑再提出政府成员（内阁成员）名单（取得议会多数就取得了组阁权），经元首认可后，政府即告成立。这也就是通常所说的组阁成功。但由于各国政党情况不同，议会在组阁中的作用也不完全相同，具体有两种情况：

一是在议会选举后，多数党在议会中的地位比较稳定，在这种情况下，国家元首只能任命多数党领袖为政府首脑，并授权政府首脑组阁，按政府首脑提出的名单任命政府成员，自己没有挑选的余地。换句话说，就是国家元首必须尊重选民所投的选票和政党所选出的领袖，如英国、新西兰、日本都是这样。

二是在议会选举后，没有一个政党能在议会中取得多数，或即使取得多数也没有稳定的多数议席。在这种情况下,国家元首在任命政府首脑时,就有挑选的余地,然后再根据挑选的政府首脑的提名,任命政府成员,组成政府,如意大利就经常是这样。但这种情况常常造成政局不稳。

五、对内阁制中央行政制度的评析

(一)内阁制的优点

1. 立法部门与行政部门密切合作,有利于保持政府的稳定

通常内阁成员同时是议会议员,绝大部分立法议案都由内阁提出。内阁与议会之间的密切合作是政府正常运作和政局保持稳定的重要保证。而且,立法与行政之间也是相互制约的,议会有权对政府表示不信任,迫使内阁总辞职。

2. 能充分实现民主政治

内阁直接对议会负责,间接对选民负责,如内阁不能取得议会的信任,议会可以通过不信任投票,迫使内阁解散,而内阁也可以解散议会,最终的决定权交由选民做最后的决定。即使一个国家的多数党可以长期支持内阁,由于议会须定期改选,因此公民仍然可以通过选举决定执政党。

3. 内阁人选,可以随时更换,富有弹性

内阁没有一定任期,在平时政绩卓著的首相,到了国家的非常时期,不一定能应付自如。对于一个善于在经济成长期实施有效管理的经济部长,至经济萧条时,不一定能够实施有效管理,解决经济持续增长问题。当遇到这些问题时,内阁制可以针对时代需要,选任适当人选,随时更换内阁。而在非民主国家,只能通过暴力或革命解决这一问题,而在总统制下只能等到任期结束时,才能通过更换管理者解决这一问题。

(二)内阁制的弊端

1. 破坏分权原则

因为内阁阁员一般由议员兼任,所以内阁事实上成为议会的行政委员,从而,使行政权与立法权的分立没有得到实现。

2. 内阁与议会之间相互对抗,难以调节

内阁解散权与议会的不信任投票权,虽然可以发挥相互制衡的作用,但是如果不能适当加以调节,如解散议会权有缩水现象,或对政府的不信任投票权被限制时,都将使内阁制丧失功能。内阁解散议会权缩水将使议会自我膨胀,内阁将变得软弱无能。反之,不信任投票受到限制时,则将形成强势内阁。这种情况,由于政党制度的不同(多党制或两党制),以及党员遵守党内纪律的程度而有不同之结果。

3. 内阁制稳定性较差

在政党政治下,议员通常是政党党员,如果议会之内,只有两个政党,则一党执政,一党在野,最能发挥政党政治的长处。内阁制政府深受政党操纵。从竞选到执政,政治生

活的每一个环节，都受政党的影响。但内阁制政府除英国外，多数为多党联合执政，这样的内阁的稳定性不如总统制和一党执政的内阁制政府。如法国在第三共和及第四共和时期，就是典型的短命内阁。

4. 内阁制并不能保障科学的行政

内阁制下，内阁成员往往是由以议会为中心的专门参与议会政治斗争的政治家(或许称作政客更恰当)组成，而不是由对政治与行政具有崇高理想、强烈信念、专门知识与丰富经验的管理精英组成。对于政治家而言，他们擅长的是搞群众运动，议会斗争，将国家政策的立案、决定与执行等最高权限交由他们掌控，并不能保障科学的行政。

第三节 总统制中央行政制度

总统制中央行政制度是由总统担任国家元首和政府首脑的一种行政制度。它是西方国家的一种比较典型的中央行政制度形式。总统制强调总统在政府中的至高权位和作用。但是，在与国家的其他政权机关的关系上，它们是平等的。

一、总统制中央行政制度形成过程

总统制发端于美国，它的产生以分权学说为依据。美国创建总统制政府制度，是与1787年的制宪会议直接相关。1777年11月第二次大陆会议通过的《邦联条例》规定："各州仍保留其主权、自由和独立。"根据这一规定，各州仍保持自己的独立性，权力很大，而邦联政府只是一个各州间的脆弱联盟，华盛顿将其比喻为"沙子扭成的绳子"。然而，这样一个松散、软弱的政府所面对的却是严峻的形势：从国内方面来说，战争刚刚结束，社会动荡不安。农民、手工业者、商人中那些曾在战争中浴血奋战的人本想在摆脱了英国的控制后成为殖民地的主人，然而战后得利的却是那些工商业主和大农场主，他们又被置于殖民地上层人物的剥削之下。失望和愤怒之余，他们在许多地区掀起了大规模的暴动，其中，1786年的谢司起义，使他们感到邦联政府对如此大规模的反抗无能为力。就国外情况而言，英、法、西班牙等列强非常敌视新生的美国政权，不断在经济上刁难、军事上威胁，而新生的美国却没有一个强有力的政府联合各州的力量一致对外，这使得美国政权有被颠覆的危险。

为了应对严峻的国内外形势，走出困境，1787年5月在费城召开了制宪会议，共商修改《邦联条例》事宜，草签联邦宪法。制宪会议围绕着组建政府的两个根本性问题展开了极为认真的讨论：一是要不要建立一个强有力的中央集权式的政府；二是如何组建中央政府。关于第一个问题，由于会议上主张建立强有力政府的代表实力很强，会议通过了"一个包括最高立法、行政和司法权力的中央政府应予组织之"的提案，同时也通过了联邦和州之间实行分权的提案。关于第二个问题，会议通过了一个妥协方案。该方案规定：下院议员由人民直接选举，每 4 万选民中产生 1 名，财政案由下院提出，上院不得更改。上院由每州派出 2 名代表组成。制宪会议通过激烈的争论，解决了有关政府制度的五个问题，从而从根本上确立了美国的总统制中央行政制度。(1)行政首脑的人数。会议决定实行由选举产生的总统担任行政首脑的单一行政首脑制度。(2)总统的产生。会议决定总统由“选举人团”选举产生（而不是由国会选举产生）[①]，选举人团的代表由各州议会自行决定。这一规定，使得总统选举摆脱了国会的控制，避免了美国政府制度向内阁制演变。(3)总统的任期。会议不同意采用世袭君主的模式，决定总统任期为 4 年，但对连选连任届数没有做任何规定。(4)总统的权力。宪法直接授予总统某些权力。其中重要的权力是：行政权、负责使法律切实执行、任命权、立法倡议权和否决权、缔约权、担任武装力量总司令等。(5)总统的罢免。宪法规定：“总统因营私舞弊、玩忽职守而受弹劾并定罪时，应予免职。”由众议院弹劾，参议院审判。

任何一个国家的政府制度都是由人创建的，但这并不意味着人们可以随心所欲地创建。相反地，政府制度归根到底是各种复杂因素综合作用的产物。大体说来，影响美国总统制中央行政制度创建的主要因素有以下四个方面[②]：

第一，三权分立的原则为总统制政府制度的创建奠定了政治基础。制宪会议在强化中央政府权力的问题解决之后，一致赞成联邦政府实行三权分立原则。但是，制宪会议没有采纳当时州政府实行的分权体制。因为在各州政府中，立法机关居于权力主导地位，又不受其他两个部门的制约，结果导致立法机关专权的局面。制宪会议决定实行一种三个权力部门能够互相制约，以保障权力平衡的分权原则。依据这种政治原则所设置的行政部门，其基本特征应当是政治地位独立，不由立法机关产生，对宪法和公民负责，并能与立法机关互相制约。因此，这一政治逻辑就为 1787 年宪法所创建的总统制政府制度提供了一种框架。

第二，反对君主制的思想为总统制政府制度的创建扫清了认识障碍。对当时的美国来说，君主制也是建立强有力的行政部门的一种模式。制宪会议之前，在美国军界和政界的一些领导人物中，已有建立君主制政府的动向。他们认为，在美国只有建立君主制，才能保障社会秩序。他们把实现君主制的希望寄托在华盛顿的身上。因为舍其没有任何一个人能像他那样，享有崇高的威望，得到广大人民和军队的拥戴。如果没有军队的支持，任何一个王位觊觎者都不可能戴上王冠。1783 年驻纽伦堡的军队酝酿发动军事政变，敦请华盛顿领导兵变并在成功后出任国王。华盛顿的前军事助手汉密尔顿也力陈他出山。在这种局势下，只要华盛顿首肯，美国建立君主制易如反掌。有幸的是，华盛顿是一位坚定的共和主义者。他不仅拒绝了纽伦堡的军队要他领导兵变的请求，而且帮助邦

① 李道揆：《美国政治和政府》(上册)，商务印书馆，1999 年版，第 393 页。

② 张定河：《美国政治制度的起源与演变》，中国社会科学出版社，1998 年版，第 224—227 页。

联国会平息了这次事件。同时,他还警告他的追随者,特别是汉密尔顿,要他们放弃建立君主制的企图。其实,大多数政界领导人也坚决反对君主制。麦迪逊在谈到这个新生的共和国面临君主制与分裂的抉择时,曾说过:"在若干领导人物心中产生了拥护君主政治的倾向。多数人民似乎宁愿取其次,即分裂邦联,也不愿建立君主制①。"然而,汉密尔顿等少数人在制宪会议上仍然提出建立君主制的主张,但由于华盛顿对共和制原则的忠贞和大多数政界人物反对君主制的立场,才在制宪会议上阻止了建立君主制的企图,为总统制政府制度的创建扫清了障碍。

第三,州长制为总统制政府制度的创建提供了有益借鉴。19 世纪著名的英国法学家亨利·梅恩爵士曾经断言,美国总统制在很大程度上是英国乔治三世时君主制的翻版。实际上,制宪会议不是以英王为参照模式,而是以各州州长为参照模式的。在制宪会议上,各州宪法成为代表们的参照物。因为在当时的 13 个州中,只有少数几个州,实行"强"州长制,纽约是最典型的一个。根据 1777 年纽约州宪法,纽约实行三权分立,州长由土地所有者而不是由州议会选举产生;任期为 3 年,可以连选连任;州长在复审委员会的同意下,可对他认为"与宪法精神或公共利益不符的"议会立法行使否决权;州长拥有任命权,并能利用这一权力支配复审委员会和其他行政部门;州长是州武装力量总司令;州长还拥有赦免权等。

纽约州宪法的主要起草人之一是古维诺尔·莫里斯。他不仅是总统派的主要代表人物,也是文字修订委员会主席。他根据纽约的宪法实践,积极鼓吹建立"强"总统制政府制度。所以,我们可以说制宪会议最后所确立的总统制政府制度是以纽约的州长制为基础的。纽约州代表汉密尔顿后来也承认,美国的总统在许多地方类似于纽约的州长②。

第四,华盛顿个人的影响也为总统制政府制度的创建起到了重要作用。虽然强有力的总统制政府制度有嫌于君主制政府制度,遭到国会派的抵制和反对,但却得到华盛顿的坚决支持。因为他作为陆军总司令,深感与软弱无力的邦联政府打交道的困难。前方军士与英军浴血奋战,而邦联政府却无力按华盛顿的要求及时提供粮食和衣服,士兵常在严冬食不果腹,身着单衣,赤脚行军作战。同时,制宪会议一开始,罗伯特·莫里斯就提议华盛顿为大会主席,其用意十分明显,就是希望由华盛顿来领导未来的新政府。尽管国会派在许多问题上,特别是新政府的权力问题上,与总统派存在着严重分歧,并发生了激烈争论,但他们最终能作出重大让步的一个重要原因就是认为新政府的权力是授予华盛顿的,由华盛顿掌握权力是完全可以信赖的。所以,华盛顿个人的影响也是总统制政府制度能够创立的一个重要原因。

现在欧洲的法国③和葡萄牙以及拉美的阿根廷、巴西、墨西哥,亚洲的印度尼西亚、巴

---

① [美]查尔斯·比尔德:《美国宪法的经济观》,商务印书馆,1984 年版,第 50 页。
② [美]汉密尔顿等:《联邦党人文集》,商务印书馆,1980 年版,第 69 页。
③ 法国实行的是一种比较特殊的总统制即"半总统制",关于半总统制的具体内容,在下一节详述。

基斯坦，非洲的埃及、肯尼亚等不少国家也采用总统制中央行政制度。但是这些国家又根据本国的具体情况，进行了一些调整。

二、总统制中央行政制度的主要特征

大而言之，以美国为代表的总统制政府制度具有以下主要特征：

（一）总统集国家元首和政府首脑于一身

在实行总统制政府制度的国家，总统既是国家元首，又是政府首脑。比如美国《宪法》第 2 条第 1 款规定："行政权属于美利坚合众国总统。"总统制下的元首是实权元首，行使宪法和法律所赋予的权力。总统一般与政府各部部长组成内阁。总统本人是内阁首脑，独揽行政大权，统率全国武装力量。由总统颁布的行政命令，无须国务员的副署。这种制度性的规定保证了总统在政府部门中的绝对权威。

（二）总统独立于议会之外

在总统制中央行政制度之下，总统完全独立于议会之外。这种独立性具体表现为：总统由公民直接或间接选举产生，而不由议会产生；总统的权力由宪法明文规定，而不是由议会授予；总统的任期由宪法规定，而不受议会信任与否的影响。即使总统有严重违宪行为，议会也只能提出弹劾，无权罢免总统。

（三）政府与议会完全分离

在总统制中央行政制度下，政府与议会是完全分离的。政府成员不得同时兼任议员，不能参加议会立法的辩论和表决，在形式上不能向议会提出法律案或预算案。

（四）政府成员与总统是部署关系

在总统制中央行政制度下，政府成员一般由总统任免[①]，由总统领导并向总统汇报工作。政府成员服从总统的决策，总统随时可以解除他们的职务。

（五）政府不对议会负连带责任

在总统制中央行政制度下，政府不对议会负连带责任，政府成员只对总统负政治上的责任，总统只对选民负政治上的责任。议会除可以对总统依法行使弹劾权外，不能以不信任投票迫使总统辞职，总统亦无权解散议会。总统须向议会报告国情，通常以咨文的形式向议会陈述意见、报告工作或提出立法建议。议会通过的法案须交总统签署后才能公布实施，总统如不同意，有权加以否决。倘若议会以三分之二多数再次通过，该法案即可生效成为法律。

---

① 参见本书第六章的相关内容。

三、总统制中央政府的组织程序

实行总统制的国家，一般先由选民直接或者间接选出总统，总统担任政府首脑，然后由总统提出政府成员名单，经议会批准后，中央一级政府即告组成。美国的联邦政府就是这样。每隔四年的11月份，由选民选出总统选举人，再由总统选举人间接选出总统。总统在竞选时已物色好政府成员的人选，一旦当选上任，便正式提名他们为政府成员担任相应职务，再交参议院批准。参议院认可后，联邦政府即告成立。

四、总统制中央行政制度与内阁制中央行政制度的比较

由于美国和英国分别是总统制中央行政制度与内阁制中央行政制度的典型代表，所以我们以这两个国家为例，对总统制中央行政制度与内阁制中央行政制度进行比较。

（一）政府的地位和作用不同

在英国内阁制中央行政制度下，内阁是整个国家行政管理机构的枢纽，是中央行政机构的顶点，又是范围较大的政治系统的顶点。按照英国学者约翰·格林伍德和戴维·威尔逊的看法，内阁拥有“决策、行政控制、协调和划分权限”三大权力。而在美国总统制中央行政制度下，内阁不是联邦政府的一级组织，无任何实权，只是总统的一个咨询机构或者议事机构。对此，英国政治学家拉斯基作过如下评论：美国的“内阁是总统的一个顾问团，并不是一个他必须和他们一同共事并须获得他们赞许的同僚会议。事实上，的确有一个每周例会，讨论一些总统高兴交议的问题，但并没有集体的责任。极端重要的问题，可以完全不必交议，事实上也不交议。”

（二）政府组成的方式不同

在英国的内阁制中央行政制度下，政府通常由议会中占多数席位的一个政党组成。多数党的领袖经国家元首任命为政府首脑，内阁成员通常必须同时是议员。在非常情况下，内阁成员如不是议员，则须先取得议员资格。而在美国的总统制中央行政制度下，政府大都通过全国性大选而产生，由在大选中获胜的政党候选人来担任总统并组成政府。政府成员不得来自现任议员。

（三）政府与议会的关系不同

英国内阁制中央行政制度下的政府及其首脑，必须定期向议会报告工作，答复议会的质询，并就自己执行的政策向议会负连带政治责任。当议会对内阁通过不信任案时，内阁要么总辞职，要么提请国家元首解散会议，重新选举，由新议会决定内阁的去留。而在美国总统制中央行政制度下，政府及其首脑则不对议会负责，政府成员只对总统负政治责任，总统向选民负责。事实上，选民一旦将总统选出，就再也无法制约总统，除非总统出现违法行为，否则只能等到任职期满重新选举。

(四)政府成员的构成及其相互关系比较

英国内阁制中央行政制度下的内阁成员,一般为执政党的党员。在执政以前,他们往往已组成“影子内阁”①,政党政治色彩较浓。而美国总统制中央行政制度下的内阁成员由总统任命,一般由联邦政府各部的部长组成,因而,较少带有政党政治色彩。在美国的政治活动领域,也不存在影子内阁。近几十年来,随着总统个人任命权的不断扩张,在总统任命的高级官员中,无党派人士占有较大的比例。如在约翰·F. 肯尼迪至吉米·卡特期间,总统任命的高级官员中,无党派人士的比例一般在27%～42%之间。此外,在内阁首脑与阁员的关系方面,英国内阁制政府制度下,首相与阁员的关系在法律上是平等合作的关系,每个人都有一票决策权,相互之间负连带责任。而在美国总统制中央行政制度下,总统与阁员之间的关系是领导与下属的关系。对政府的重大决策,总统一人说了算,阁员没有平等的决定权。在亚伯拉罕·林肯任总统期间,曾经举行过一次内阁会议。会上,阁员们都反对林肯的看法,除了他本人之外,所有阁员都投了反对票,但在会议结束时,林肯宣布:“7票反对,1票赞成,赞成的占多数。”②

五、对总统制中央行政制度的评析

总统制中央行政制度最独特的特征是实行分权与制衡,这是其政治制度的一条重要原则。分权与制衡的目的在于防止个人高度集权,独断专行,对权力实施监督和制约,防止滥用权力。在这一原则下,国会拥有立法权,总统拥有行政权,法院拥有司法权。立法机关、行政机关和司法机关各自独立,相互制约。政府就在这种相互制约中保持正常的运作和平衡。

总统制的主要弊端是:首先,总统权力过大,不受议会的支配,宪法也没有授权公民或议会有权罢免总统,因此,总统对选民负责,实际上是无法实行的。总统在其任期内如不称职,但其又未犯罪,任何人都无权罢免他,只能等到任职期满重新选举。其次,分权制衡对于防止个人专断和滥用权力有一定的作用,但不是万能的,总统可以利用宪法的漏洞,对议会进行反制约,例如以行使外交权为由采取不宣而战的方式发动战争,以行政协定代替与外国签订条约,不须经参议院批准任命总统顾问和助理,安插亲信、排斥异己等。再次,国会与政府为了互相制约,建立庞大的官僚机构,造成机构重叠,人浮于事,效率低下的状况。再加上立法机构和行政机构各自独立,缺乏中间连接的渠道,致使政府在贯彻政策时遇到种种阻力,时常发生冲突和纠纷。

① “影子内阁”亦称在野内阁或预备内阁,指的是实行内阁制国家的主要议会反对党按照内阁的组织形式组成的准备上台执政的班子。1907年英国保守党张伯伦首次在反对党内建立影子内阁,并使用这个名词。

② [美]查尔斯·A. 比尔德:《美国政府与政治》,商务印书馆,1987年版,第192页。

第四节 半总统制中央行政制度

半总统制中央行政制度是一种介于总统制政府制度与内阁制政府制度之间、兼有内阁制特点的总统制政府制度①。半总统制中央行政制度发端于法国。

一、半总统制中央行政制度的形成过程

法兰西第一共和国成立时，大革命尚在进行之中，国家政治制度的设计还不是十分周密，宪法规定国家最高立法机构是立法会议，最高行政机构是执行会议。1848年法兰西第二共和国成立，宪法规定：国家实行总统制，总统是国家元首、行政首脑和军队统帅，总统不对议会负责。君主派的路易·波拿巴（拿破仑一世的侄子）正是利用这一特性，在1848年当选为总统后，于1852年12月，推翻共和政体，登基称帝，号称拿破仑三世，这就是法国历史上的法兰西第二帝国。

1870—1940年为法兰西第三共和国时期。法国总结了第二共和国实行总统制导致专制的教训，因此，第三共和国宪法规定法国为议会制共和国，政治权力的中心在议会。第二次世界大战结束后，戴高乐当选为法国临时政府主席。戴高乐总结了第三共和国实行议会制导致政府频繁更迭的教训，主张强化总统权力，使总统成为国家权力的中心。这一立场与坚持实行议会制的“左翼”政党发生尖锐冲突。戴高乐在自己的政治体制设计无法付诸实现时选择了辞职。

1946年10月，规定实施多党议会制的新宪法获得通过，法兰西第四共和国诞生。宪法确立了国民议会作为国家权力中心的地位，强调国家主权由公民通过国民议会和通过公民复决来行使。国民议会作为政治权力中心，是由众多政党组成的，因此，只要有某一个政党退出政府，或在国民议会投不信任票，政府就要垮台。这种体制导致第四共和国时期政府频繁更迭。在第四共和国存在的11年半中，法国政府像走马灯似的换了21届。

政府频繁更迭和政局动荡引起了法国人民的强烈不满，人民要求改变这种状况。1958年5月，科蒂总统提名戴高乐组阁，国民议会在授予新政府制定新宪法的权力后宣布休会。至此，法兰西第四共和国结束。

戴高乐重新出山，他的关于法国政治体制的设想终于有了实现的机会。由戴高乐主

---

① “半总统制政府”一词首先是由法国政治学家莫里斯·迪米尔热在其《政治制度与宪法》一书中使用的。迪米尔热认为，半总统制政府制度包含三个要素：(1)共和国的总统由普通选举产生；(2)总统握有一些重要的权力；(3)总统还有与他并立的一位总理和诸位部长，他们握有行政和政府权力，如果国会没有表示反对，他们可以一直在位。

持草拟的新宪法，自然自始至终贯穿着戴高乐关于国家政治体制的主张。新宪法于 1958 年 9 月 28 日由公民投票通过。1958 年 12 月 20 日戴高乐当选为法兰西第五共和国总统，法国从此进入了法兰西第五共和国时期。新宪法保留了内阁制政府制度的特征，同时又加强了总统的权力，从而使第五共和国建立起了半总统制中央行政制度。目前欧洲的奥地利、芬兰、冰岛、葡萄牙、俄罗斯和东欧的一些国家也采用这种中央行政制度，但是在实施过程中，这些国家根据本国的情况做了一些改变。

半总统制中央行政制度之所以在法国建立是有其深刻的历史背景的，是历史必然的产物。

(一)半总统制是戴高乐政治思想的实践结晶

法国建立半总统制首先来源于戴高乐的政治思想，而戴高乐的政治思想则根源于他对历史和现实的深刻总结和洞察。

戴高乐剖析了法国历史上实行的议会制的弊端：一是权力不平衡，议会权力过大；二是行政权软弱，导致政府更迭频繁，政局不稳；三是国家元首地位低下，权力太小，在国家面临危机时无能为力。为此，必须对法国的政治体制进行改革。1946 年 4 月 16 日，戴高乐在诺曼底的贝叶城发表了著名的“贝叶讲话”，在“贝叶讲话”中，戴高乐系统地阐述了他的关于改革国家政治体制的主张：(1)强化总统权力，使总统成为国家权力的中心。这是戴高乐政治思想的核心。这一核心思想的贯彻，就是第五共和国宪法赋予总统一系列一般权力和三大特殊权力。(2)提高政府的地位，造就一个强有力的政府。戴高乐主张建设一个强有力的政府，强调“政府绝不可从议会产生出来。”(3)削弱议会的权力。戴高乐主张三权分立，尤其是立法权和行政权的分立，他说：一切原则和一切经验都要求立法权、行政权和司法权明确分立和彼此十分均衡。戴高乐的这一思想显然是为了加强政府权力，降低议会的地位。

(二)半总统制是法国经济进入大发展时期的需要

法国经济在 20 世纪 40 年代末期已经得到初步恢复，50 年代开始进入发展时期，50 年代末期更是开始高速发展时期。资本输出的规模也在不断扩大，其中多半流向法国在非洲的殖民地。这种形势，要求加强行政权力，建立一个稳定的、强有力的、办事效率高的政府，以处理纷繁复杂的国内外事务。显然，造成第四共和国政局动荡不安的政治体制已经不能满足这种需要。

(三)半总统制是法国谋求大国国际地位的需要

“二战”后法国微弱的国际地位及以后两个超级大国争霸的世界基本政治格局大大刺激了戴高乐的民族主义。在同世界大国的斗争实践中，法国人民也深切地感到传统政治体制的弊端；难以实现统一意志、统一行动，不能集中全民的力量同其他大国进行较量。戴高乐孜孜以求的是法国的大国地位，为了争取实现大国地位的“高尚目标”，必须建立与其相适应的国家政治体制。戴高乐认为:"对外政策至上",只有对外政策才是"唯一真正的政策",经济政策、社会政策和文化政策都是为对外政策服务的"手段",第五共和国的国家性质也应依照"对外目标"而定。

戴高乐在"贝叶讲话"中说:"当我们的民族是一盘散沙的时候,就遭到巨大的痛苦,而在一个坚强的政府领导下团结成一个自由民族的时候,就出现丰功伟绩。"他引用1944年访问美国时美国总统罗斯福的话说:"请您想一想,我这个美国总统甚至有许多次说不出法国政府首脑的名字!"很难设想,在这种情况下国家的行动能够持久。他明确指出:第四共和国宪法"不能保证法国的伟大,而使法国伟大则是我心上的唯一目标和我生命中最崇高的目的。党派政体是有害的,它妨碍执行伟大的外交政策,正如它危害国内的和平与稳定一样。"所以,必须建立以强有力的国家元首为中心的政治机构,总统应该是法国的"向导"、"引路人"、"仲裁者"和国家的"栋梁",法国"需要一个能使政府有力而持久的制度。"

(四)半总统制是法国现实国内政治形势的需要

戴高乐的政治思想在战后初期并未能够实现,因此,他选择了辞职。它的实现需要一定的政治条件,而这一条件直至12年后的1958年才出现。1958年,被政党政治折腾得焦头烂额的第四共和国,终于在阿尔及利亚的"毒瘤"侵害下致死,戴高乐盼望的时机终于来到了。第四共和国议会制的固有弊端和法国经济形势的发展,为戴高乐的政治理想的实现创造了客观可能性。1958年5月13日驻阿尔及利亚法国殖民军发动军事叛乱,国家危机为戴高乐提供了难得的政治机遇。5月,科蒂总统提名戴高乐组阁,戴高乐则以议会授予他全权作为复出条件东山再起。6月27日,戴高乐在发表电视讲话时向法国人民说:"有三件事左右了我们的局势。这三件事是:阿尔及利亚问题、财政经济问题以及国家体制的改革问题。"

的确,这是治理法国的关键。法国人民都以为戴高乐会首先解决紧迫的阿尔及利亚问题,至于政治体制改革问题,对他们大多数人来说,似乎还没有直接的利害关系。而戴高乐却不这样认为,他主张,进行政治体制改革是解决其他所有问题(包括稳定问题)的前提,如果不首先进行政治体制改革,其他问题的解决都无从谈起!戴高乐以巨大的热情投入到新体制的创建工作中。新体制旨在革除议会制的弊端,重新调整了总统、议会、政府的关系,扩大了总统的权力,削弱了议会的权力,法兰西从一个议会制共和国被改造成一个半议会半总统制共和国。

当然,按新宪法的规定享有至高无上权力的总统宝座,非戴高乐莫属。戴高乐当选总统后,立即运用新宪法赋予总统的"非常权力",快刀斩乱麻般解决了困扰第四共和国多年并直接导致其衰亡的阿尔及利亚问题,使法国获得了"政治自由",并在国际上"恢复了威望"。西方政治理论、政治体制研究及阿尔及利亚问题的解决,有力地向法国人民证明:"正是因为新的制度使国家能够采取行动,并不是像旧制度那样只会阻碍国家采取行动，所以政府才能做出决定，而不是一贯地搪塞推诿，所以它才能站得稳，而不是不断动荡和倒台。”要解决问题是创建新制度的动因，问题的解决又为新制度的发展创造了更广阔的空间。

总之，历史与现实的交汇，政治与经济的互动，国内与国际的政治风云激荡，产生并洗礼了独具特色的半总统制中央行政制度。

二、半总统制中央行政制度的主要特征

大体来说，以法国为代表的半总统制中央行政制度具有以下主要特征：

（一）总统处于国家权力的中心地位

宪法赋予法国总统的职权分为两类，一是总统的一般权力，二是总统的特殊权力。总统的一般权力包括人事权：任命总理和根据总理建议任免政府其他成员；立法权：公布法律；行政权：主持内阁会议讨论和决定政府的各项重大的方针政策；司法权：总统保证司法独立；军事权：总统为军队的最高统帅；外交权：派遣驻外大使及特使并接受外国大使及特使；发布咨文权等。

总统的特殊权力有三项：解散国民议会的权力，举行公民投票的权力，行使宪法第16条规定的非常权力。总统在行使这些特殊权力时均不需要任何副署，换言之，总统可以独立地、自由地行使这三项权力。这三项特殊权力是法国第五共和国总统权力扩大的突出表现。

法国1962年的宪法修正案，进一步将总统由选举团间接选举改为由全民直接选举产生，这进一步加强了法国总统的政治地位。戴高乐因此更认为：“选举总统的人民已经把国家不可分割的权力完全赋予了总统。除了由总统授予并维护的权力以外，不存在任何其他的权力。”

（二）议会的地位明显下降

法国的议会实行两院制，由国民议会和参议院组成。议会是法国的立法机关，两院共同行使立法权、审批国家预算权和监督政府权，但这些权力都受到了诸多限制，议会在国家政治生活中的地位明显下降。

在立法权方面，法国第四共和国的议会享有立法垄断权，它可以对任何问题进行立法。第五共和国的议会却只对宪法所列举的事项拥有立法权，所有属于政府制定行政法令范畴的问题，议会均不能进行立法。政府为实施其施政纲领，还可要求议会委托立法，即要求议会授权其制定法令，对通常属于法律范围内的事项（宪法规定由议会制定）采取措施。对这些事项的立法权，不再由议会行使，而由政府行使，议会只保留事后的批准权。

财政审批权是议会的传统权力。在第四共和国，议会可采用拖延表决政府财政法案

的方法来对政府施加压力，迫使其让步。第五共和国宪法规定，财政法案提交给国民议会后，若议会两院在 70 天内未能作出答复，政府就可以法令的形式颁布使之生效。

在对政府监督方面，议会的质询权和弹劾权也受到重大限制。在第三、第四共和国时期，有辩论的质询结束后，要进行投票表决，如表决结果为不信任，政府便要倒台。在第五共和国，质询辩论后不再进行投票表决。当然，国民议会可以通过一项不信任案，迫使政府辞职，但是，宪法对此作了极严格的规定，致使议会的弹劾权难以行使。

（三）政府由总统控制

法国设有以总理为首的中央政府，拥有比较广泛的权力。在执行总统的对内对外政策的前提下，制定向议会提出的法律草案，并根据已颁布的法律制定具体的法令。根据宪法规定政府对议会负责。政府的权力涉及内政、外交、军事、经济、文化等各个方面。

但实际上，法国最高行政权却掌握在总统手中。宪法规定，总统任免总理，并根据总理的提议任免政府其他成员；总理名义上是政府首脑，而实际上只是政府的"首席部长"而已；总统不仅是国家元首，而且是实际上的行政首脑和三军统帅；总统与总理之间的关系，总是表现为"强"总统和"弱"总理的态势；总统决定大政方针，总理负责具体实施。

（四）政府不对总统负责而对议会负责

在法国，政府不对总统负责，而对议会负责。议会可以谴责政府。当议会通过谴责案，即不信任投票案或否决政府的施政纲领或总政策声明时，总理必须向总统提出政府总辞职。就这一点而言，半总统制中央行政制度具有内阁制政府制度的特点。

（五）从实际政治运作来考察，半总统制的实质是一种可变性共和政体

可变性共和政体意即权力中心滑动的政体，国家权力中心在实践中是可变的，有时权力中心在总统，有时也可能在议会。在一般情况下，如上所述，国家权力的中心在总统；但在特定的条件下，议会可以弹劾总统，这时权力中心在议会。国家政治权力中心的这种滑动与当时的政治形势和政党态势紧密相连。也就是说，当总统和议会中的多数属于同一翼时，国家权力中心在总统；如果总统和国民议会的多数分属两翼，那么，总统就必须任命议会多数派的领袖担任政府总理，亦即"左右共处"，在这种情况下，一方面总理不会再甘心充当总统的驯服工具，他必定要充分利用宪法赋予的权力，并利用"议会多数"等武器来要挟总统，使自己成为独立自主的政府首脑，这就使总统的权力中心地位受到挑战；当然，另一方面，总统也不会把宪法赋予他的巨大权力置而不用，任由总理为所欲为，使自己的权力虚化，总统可随时使用宪法赋予的任免总理、解散议会等权力来对付总理及议会。总之，双方都拥有处置对方的权力和手段。可见，半总统制的实质是一种可变性共和政体，即国家权力中心滑动的政体。这种权力的滑动在法国政治生活中特有的"左右共处"的变换中表露无遗。

三、半总统制中央行政制度与总统制中央行政制度的比较

法国式半总统制与美国式总统制相比较：

第一，从形式上看，美国总统不仅是国家元首，而且是政府首脑，而法国总统只是国家元首，总理是政府首脑，依照宪法，法国总理由议会中多数党议员担任，他必须对议会负责。当总统、总理和议会多数党同为一党时，法国总统的权力名副其实，总理和政府听命于总统，总理只是总统的助理和首席部长；当三者不一致特别是总理十分强硬时，总统的权力就要打折扣。

第二，从总统的产生看，法国宪法规定：总统是由全国具有选民资格的公民普遍、直接选举产生，获得有效票绝对多数的候选人当选；而美国总统则是由各州公民选出的选举人投票决定的。

第三，从总统与议会的关系看，美国严格执行分权与制衡原则，总统在任何情况下都无权解散议会中的任何一院；法国已经形成了议会制的传统，总统可以在一定条件下解散议会中的一院——国民议会，并指定大选的日期。

第四，从内阁成员的组成看，美国内阁基本上是由一党组成的；而法国政府则几乎都是多党组成的。

四、半总统制中央政府的组织程序

总统由选民直接选举产生，总统有很大的行政权，成为实际的政府首脑，总统任命政府总理，一般都任命议会多数党的领袖或政党联盟最大党的领袖为政府首脑，再根据总理的提名任命政府成员，组成政府。但如果议会中的多数与总统同属一个党派，则总统的挑选余地较大。

五、对半总统制中央行政制度的评析

综上分析可知，法国的半总统制中央行政制度，是一种在总统制与内阁制之间摇摆的制度，具体必须视政党在议会中的分配而定。如果总理所属政党在议会占了多数，与总统不同党派，总统的权力式微，总理权力上升，这样会造成总统与总理之间相互拆台，当初法国密特朗总统与希拉克总理之间就是这样，结果什么也干不成。如果总统与总理同属一个党派，总统的权力则拥有比总统制下的总统更大的权力，这时，效率是高了，但是，却破坏了三权分立原则。

半总统制下行政首长之间职权的区分不易厘清。虽然宪法明确了总统与总理的职权，总统负责国防、外交、宪政政策，总理负责其他政策，可是实际上有些职权无法完全区分，例如外交与经济密不可分，无法一分为二。

第五节 委员会制中央行政制度

委员会制中央行政制度亦称合议制中央行政制度，它是指国家最高行政权不是集中在国家元首或政府首脑一人手中，而是由议会产生的委员会集体行使的一种政府制度。当代实行委员会制的国家，比较典型、比较成功的只有瑞士。

一、委员会制中央行政制度的形成过程

应当肯定，政府组织中法定的最高行政权赋予多数或委员会集体行使的这种合议机关古已有之。雅典城邦民主制时期，“没有总揽执行权力的最高官员”[①]，“因为政权是在全国公民手中，而不是在少数人手中”[②]，即由全体公民选出几百人组成公民大会，操持一切。罗马共和国民主制时期，最高行政机关中设两个执政官，两者权力相等，双方都有否决对方的权力，因此，一切重要行政事务必须共同决定、共同行动。

1789年法国大革命后，几部宪法都规定了法国政府实行委员会制[③]。1793年雅各宾政府颁布的宪法规定，议会选举24人组成行政委员会，委员会任期2年，每年改选一半。1795年修订的宪法即《共和三年宪法》仍然规定政府实行委员会制。行政权由5位督政官组成的督政府行使。督政府由掌握立法权的元老院和500人院共同产生。督政官统率全国的武装力量、掌握财政和任免官吏，具体执行的任务由下设的部长和高级将领完成。各督政官轮流出任主席，掌管签署权和国玺。主席任期3个月。督政官中每年改选1人，凡经改选的督政官，在其离职后的5年之内，不得重新当选。共和八年，虽然政府的行政大权实际上是掌握在第一执政官手中，但在学理上，最高行政机关仍然由3个执政官组成。

瑞士实行委员会制中央行政制度直接受到法国的影响。1848年，瑞士制定联邦宪法，确立委员会制为共和国的中央行政制度，并延续至今，成为世界上唯一长期实行委员会制中央行政制度的国家。瑞士实行委员会制中央行政制度是与其特定国情相关联的。众所周知，瑞士是一个由20个联邦州和6个半联邦州组成的联邦制国家，是一个文化、语言、宗教较为复杂的多民族国家。这种情形，需要有一个握有实权的委员会来协调各方利益、融合各方意见。而较为发达的民主制度、“小国寡民”（瑞士仅有4万多平方公里的国土和600多万国民）、政务简单等条件，则为委员会主政提供了现实的可

① 《马克思恩格斯选集》第4卷，人民出版社，1972年版，第114页。
② ［古希腊］修昔底德：《伯罗奔尼撒战争史》，商务印书馆，1960年版，第130页。
③ 卓越主编：《比较政府》，福建人民出版社，1998年版，第94—95页。

能性。

二、委员会制中央行政制度的主要特征

瑞士是目前世界上唯一长期实行委员制政府制度的国家。因此,我们归纳委员会制中央行政制度的特征,是瑞士为例的。

(一)议会至上

在瑞士,议会不仅有立法权,而且有行政政策、方针决定权,是最高行政领导机关。议会是委员会的上级机关,对委员会享有监督权,可以变更或撤销委员会的决定和措施。议会通过的法律案或其他决定,委员会不能要求议会复议,必须服从和执行。委员会无权解散议会,议会也无权推翻委员会。

(二)权力均等

在委员会制中央政府制度下,委员会设正副主席各 1 人,由议会从 7 名委员中选出。委员会主席就是联邦主席,既是政府首脑,又是国家元首,任期一年,不得连任。联邦主席虽然是国家元首和政府首脑,但他除了享有一些礼仪性和象征性的权力譬如对外代表国家、对内主持联邦委员会的会议等外,其他权力与委员会中的其他委员完全相当。在决定问题时,至少必须有 4 名委员同意,方能生效,联邦主席没有拍板权。

(三)合议决策

在委员会制政府制度下,联邦委员会中的每个委员虽然分别担任某一个部的部长,但无权对本部的重大问题单独做出决定,必须作为议案由联邦委员会指定的有关三人小组(均为联邦委员)研究决定。一切重要政务,均由委员会集体讨论,实行少数服从多数、集体负责的原则。

(四)非党政治

联邦委员会由激进党、基民党、社会党、中间民主联盟 4 党联合执政。但作为政府,联邦政府又超越于党派关系之上,不代表议会中某一政党,即使是多数党的利益。换言之,瑞士的政府制度是要使联邦委员会成为一个融合不同政见、不同利益、不同地区的综合组织,成为一个实实在在的履行国家行政管理的事务团体。

三、委员会制中央行政制度与总统制中央行政制度、内阁制中央行政制度的比较

委员会制与总统制政府的区别主要表现在:首先,行政机构即联邦委员会从属于立法机关,不能离开立法机关而独立存在,不拥有总统制下政府与立法机关平行的地位。联邦委员会成员由联邦议会选举产生,委员会必须服从并执行联邦议会通过的法

律，不得否决也不得退回议会的要求再做复议；其次，委员可列席联邦议会的会议，报告政务，陈述意见，也可以提出法律草案，但委员会不能与联邦议会平分秋色，委员会主席对议会制定的法律无否决权；再次，联邦委员会实行集体领导，主席任期 1 年，与其他委员职权平等。就委员会制与总统制的共性而言，联邦议会议员同样不得被选为联邦委员会委员。但委员会制不像总统制那样严格，委员可以列席联邦议会的会议，也可提出议案。

委员会制与内阁制之间的区别与联系。就二者的差异而言，首先，联邦委员会不受党派控制，不代表议会任何一院中多数党或少数党的利益。选举委员时不标榜任何政治纲领；其次，委员会不能对抗立法机关、无权解散议会；再次，议会也无权通过不信任投票或推翻联邦委员会，委员如失去议会的信任，或他们提出的议案被议会修改或否决，他们不必辞职；最后，联邦议会议员、联邦法院法官、其他联邦或州的公职人员，不能被选为联邦委员会委员。就二者的共性而言，首先，联邦委员会产生于联邦议会，是履行政府职责的机构，委员可以列席议会两院的会议，可以提出动议，可以参加辩论；其次，一切重要法案都由委员会草拟，并提交议会通过，成为法律。

四、对委员会制中央行政制度的简评

委员会制政府最显著的优点是，它能从制度上防止出现专断独裁。它不实行三权分立，而是行政与立法相结合，行政从属于立法，从而避免了总统制和内阁制下立法和行政之间复杂的制约关系。它在行政部门内部实行集体领导，从主席到委员拥有平等的职权，主席任期 1 年，这在一定程度上使权力不过分集中。

委员会制的主要不足是，由于实行合议制，一旦出现意见分歧，易互相牵制，互相推诿。出了问题，责任不明。

思考题

1. 西方国家中央行政制度的构建遵循哪些原则？
2. 内阁制中央行政制度具有哪些特征？
3. 试评析内阁制中央行政制度。
4. 总统制中央行政制度具有哪些特征？
5. 总统制中央行政制度与内阁制中央行政制度具有哪些不同？
6. 半总统制中央行政制度具有哪些特征？
7. 委员会制政府制度具有哪些特征？

参考书目

1. 彭有祥：《西方主要国家政治制度与经济模式》，昆明：云南大学出版社，2007 年版
2. 唐晓、王为、王春英：《当代西方国家政治制度》，北京：世界知识出版社，2005 年版

3. 韩国明:《外国行政制度》,兰州:兰州大学出版社,2004 年版
4. 董建萍:《西方政治制度——传承与变革》,北京:经济日报出版社.2002 年版
5. 张立荣:《中外行政制度比较》,北京:商务印书馆,2002 年版
6. 马啸原:《西方政治制度史》,北京:高等教育出版社,2000 年版

第四章

地方行政制度

第一节 地方行政制度概述

一、地方行政制度的含义

为了界定地方行政制度的概念，有必要首先了解和弄清楚地方政府的含义。对于地方政府这一概念的理解，中外学者见仁见智，不尽相同。

国外学者尤其是西方学者，大都将地方政府定义为中央政府的分支机构。例如，《国际社会科学百科全书》载明："地方政府一般可以认为是公众的政府，它有权决定和管理一个较小地区内的公众政治，它是地区政府或中央政府的一个分支机构。地方政府在政府体系中是最低一级，中央政府为最高一级，中间部分就是中间政府（如州、地区、省政府等）。"①

《美利坚百科全书》也持上述观点，认为"地方政府，在单一制国家，是中央政府的分支机构，在联邦制国家里，是联邦成员单位政府的分支机构。"②《不列颠百科全书》将政府按层级分为三种：国家政府，区域政府，地方政府。"地方政府"一词指那些对所在地域进行直接治理的政府，认为："地方政府乃是一种机关，以决定和执行国内较小地区的事务。所谓地方，系指一个特定的区域。其变体的文字则为地方自治，其命意所在，乃着重于地方团体决策与行动的自由。"

中国学术界一般将地方政府定义为中央政府的对称。比如，姜士林等主编的《世界政府辞书》认为，地方政府是"'中央政府'的对称"，是"设置于地方各级行政区域内负责行政工作的机关。"③丘晓主编的《政治学辞典》不仅坚持上述观点，还进一步指出："在联邦制国家，构成联邦的各成员国或州（邦）政府都不是地方政府"，"地方政府是指州（邦）以下的各级国家行政机关。"④

综合中外学术界关于地方政府概念的见解，可以形成如下共识；其一，"地方政府"在西方联邦制国家是指区域性政府（联邦成员政府）下属分治区的组织，在西方单一制国家则是指设置于全国性政府下属分治区的组织；其二，"地方政府"由英文"Local Government"翻译而来，而英美法系国家大都实行"权力合一"体制，立法与行政分权不明显，因此，英美法系国家的"地方政府"为广义用语；其三，在中国，根据现行宪法的规定，"地方

① 陈嘉陵主编：《各国地方政府比较》，武汉出版社，1991年版，第1页。

② 同上书，第2页。

③ 姜士林、鲁红、刘政主编：《世界政府辞书》，中国法制出版社，1991年版，第783页。

④ 丘晓主编：《政治学辞典》，四川人民出版社，1986年版，第193页。

政府”为狭义用语，即仅指地方国家行政机关。

基于以上分析，我们认为，地方行政制度是关于国家特定区域内行使部分国家权力、管理国家事务和地方公共事务的地区政府的规则体系。

二、地方行政制度的类型

根据不同的标准和方法，可以将地方行政制度划分为不同的类型。下面列举几种常见的关于地方行政制度类型的划分标准和方法：

1. 根据地方行政制度的历史发展状况，可以将其划分为古代地方行政制度、近代地方行政制度和现代地方行政制度。

2. 根据地方政府所具有的职权和地位，可以将地方行政制度分为有充分自主权的地方行政制度和没有实质性自主权的地方行政制度。①

3. 根据地方政府与当地居民之间的关系，可以将地方行政制度分为非代议性地方行政制度、半代议性地方行政制度和代议性地方行政制度。②

4. 根据地方政府设置的目的，可以将地方行政制度分为一般地域型地方行政制度、市镇型地方行政制度、民族区域型地方行政制度和特别地域型地方行政制度。③

5. 根据地方政府的层级，可以将地方行政制度分为多级制地方行政制度和一级制地方行政制度。

6. 根据地方政府所属国家的结构形式，可以将地方行政制度分为联邦制国家地方行政制度和单一制国家地方行政制度。

7. 根据地方政府组织的典型特征，可以将地方行政制度分为美国型地方行政制度、德国型地方行政制度、英国型地方行政制度和法国型地方行政制度。④

三、地方行政制度的特征和作用

(一)地方行政制度的特征

地方政府是中央政府设置的治理国家部分地域的政府单位。同全国性政府(中央政府、联邦政府)和其他地域性政府相比，在拥有权力的性质上，在权限行使的范围上，在所承担的职责上，地方政府具有如下的特征：

1. 地方政府拥有的权力不具有主权性

主权是指对国家权力的行使，拥有最高、最后的决定权。现代国家的主权属于该国

---

① 《布莱克维尔政治学百科全书》，中国政法大学出版社，1992年版，第421页。

② [美]塞缪尔·休姆斯：《地方政治与传统权力：地方政府传统和变革的世界性比较》，耶鲁大学出版社，英文版，第203页。

③ 陈嘉陵主编：《各国地方政府比较研究》，武汉出版社，1991年版，第23—25页。

④ 张正钊、韩大元主编：《比较行政法》，中国人民大学出版社，1998年版，第177—183页。

全体公民。在单一制国家,国家主权由公民通过选举产生的中央政府代表全国公民行使。在联邦制国家,则由经选举产生的联邦政府和联邦成员单位政府,依据联邦宪法所划定的权限范围,在各自权限范围内代表公民行使国家主权。

地方政府是由中央政府代表国家依法设置的。为确保地方政府能有效运作,以实现其设置的目的,中央政府必须通过相应的法律,授予地方政府为完成其职责所需的权力。在现代民主国家,地方政府是由当地居民选举产生。地方政府通过选举从当地居民那里获得其完成职责所需的权力。地方居民是依据中央政府代表国家所制定的相关法律,获得选举地方政府的权利,即国家通过法律代表全体公民,将治理一个地域的国家权力委托或授予该地域的居民,由他们通过法定的选举程序,选出能代表他们的意愿和利益的人来治理该地域的政府。因此,地方居民拥有的治理本地域的权力,是由代表全体公民的国家授予的。

地方政府是中央政府依法设置的,中央政府可以依法对其予以变更或撤销。地方政府的权限是中央政府依法授予的,中央政府可以通过修改法律来加以改变:增加或减少。地方政府完成其职责的权力,同样直接或间接来自于中央政府的授予,中央政府可以通过法定的程序加以改变或撤销,例如改变或撤销某项决定,必要时可以决定解散和重新选举地方政府。中央政府采取这些行动时,无须事先征求地方政府的赞同或认可。这表明,地方政府所拥有的权力并不具有主权性质。

地方政府的这一特征明显地不同于联邦成员政府。联邦成员政府在联邦宪法规定属于其管辖的事务范围内拥有自主权,这种自主权不受联邦政府干预,是一种具有最高、最后决定权性质的权力。联邦政府除非通过修改联邦宪法,否则就无权改变联邦成员政府的权限范围。但联邦宪法的修改,需要获得代表联邦成员单位公民的联邦成员政府的认可。这表明,联邦成员政府在其权限范围内的事务管辖权上所拥有的权力是具有主权性质的。

地方自治体制下的自治社团(即自治体)的建立,需要依法经中央政府或中央政府所授权的地方政府的许可。自治事务的范围由国家立法机关确定。自治的实质是中央政府将自治事务的管理权力委托并授予自治体的成员,由他们按自身意愿选出政府来完成这一管理。因此自治权并非自治团体固有的权力,并不具有主权性质。当中央政府决定是否设置或撤销自治社团,是否调整自治事务的范围时,并不需要取得自治社团的允许、认可。

即使是实行高度自治的地方政府,它拥有的权力也不同于联邦成员单位,也不具有主权性质。

2. 地方政府的权限是局部的

地方政府的权限是局部的,包括两个方面:第一,权限所及的地域范围是局部的;第二,权限所及的事务是局部的。

地方政府是治理国家部分地域的政府,因而其治理权力仅限于它们所管辖的地域范围及其居民。拥有地方立法权的地方政府，可以制定地方法规，但该法规对国家的其他地区不产生效力，因为地方政府治理权限的行使有地域范围的限制。绝大多数国家在地方选举中，常把一定的居住期限作为地方选民的一项资格要求，也是这一特性产生的必然要求。

权限所属事务的局部性表现为两种情况：第一，地方政府所管辖的事务仅是国家全部事务中的一部分；第二，与此同时，在地方政府所辖的地域范围内，还存在管辖本地域某些社会事务的其他政府(中央的或上级的)的机构，即本地域某些公共事务不属该层级地方政府而属另一层级地方政府管辖。

地方政府本系中央政府为分担公共管理而设，但由国家承担公共管理职责的公共事务中，有些必须因地制宜或分地域进行管理，而另一些是因公共事务本身超越地域范围，需要全国统一管理，或其管理成效有可能影响整个国家，因此在这种情况下，这类公共事务就不可能专由地方政府承担。由此可见，地方政府承担管理职责的范围，只可能是那些可以因地制宜、必须分地域进行，其管理成效好坏不致影响整个国家的那一部分公共事务。

除去前述因素外，还存在政治上的考虑：国家作为政治统治的机器，必须保证国家的统一才能有效实施政治统治，因此，为了防止地方政府权力过大，助长地方主义，甚至为地方割据、分裂创造条件，中央政府也不会把全部公共事务交由地方政府管辖。即或在高度自治的情况下，中央仍然保留着某些事务而不交给地方政府管辖，如国防、外交等。

地方政府权限的局部性既出自社会公共管理存在的客观需要，也出自政治上的主观安排，其根源来自于地方政府设置的目的及其在政治生活中所处的地位。

3. 地方政府的职责是完成地方社会管理

当一个国家的地域面积和人口数量达到一定规模时，由一个政府实现整个国家的政治统治是不可能的。因为从形式上看，国家是由一定地域上的居民构成的社会组织，只有在这一社会组织得以维持和存在的前提下，政治统治才可能实现。“政治统治到处都是以执行某种社会职能为基础，而且政治统治只有在它执行了它的这种社会职能时才能保持下去。”①恩格斯所讲的“某种社会职能”正是指国家通过对社会实施公共管理(包括必要的公共服务)，使社会处于一种有秩序的状态，从而使社会组织得以存在下去。在一个面积、人口超过一定规模的国家里，要求一个政府(即国家政府)直接完成对全部公共事务的管理(和服务)，是不可能的。正是基于这一现实，国家才分地域设置地方政府，通过地方政府的活动来完成国家所承担的社会职能，从而实现政治统治的目的。

基于国家本质(政治统治)只能通过国家形式(社会组织)的存在才能得以实现，因而国家职能必须包括实施政治统治(政治职能)和完成社会公共管理(社会职能)两个方面。完成社会公共管理的目的在于实现政治统治。一切国家行为都是实现国家职能，国家职

① 《马克思恩格斯选集》第3卷，人民出版社，1995年版，第523页。

能的两个方面尽管不可分地体现在一切国家行为中,但在不同层级、由不同国家机关进行的国家行为中,政治统治与社会公共管理两者的侧重点并不相同。由于地方政府是国家出于地域面积、人口数量考虑而设置,是为完成对社会公共管理而设置,因而地方政府的主要职责是实现国家的社会职能,特别是那些必须分地域实施管理和服务,但又不致影响整个国家或危及国家统一的社会事务,是地方政府的职责重点。

在多层级的体制下,由于基层地方政府直接面对它所管辖地域的居民,因此,为当地居民创造一个必要的生活环境与生产环境,使当地社会生活处于一种有秩序的状态,成为基层地方政府的主要任务。同当地居民日常生活密切相关的一系列公共事务,成为基层地方政府管理与服务的主要职责。在实行地方自治的国家,人们可明显地观察到地方自治的事务范围,无不是同当地居民日常生活息息相关,而较少甚至几乎不涉及与国家政治生活和国家统一相关的事务。一些涉及国家整体利益的公共事务大都由中央政府承担,或由中央政府委托地方政府,在中央监督下完成。对于不属自治权限范围的事务,自治的地方政府无权作任何决定。

(二)地方行政制度的作用

地方行政制度作为国家政治体制不可缺少的组成部分,不仅在国家政治生活中,而且对于整个社会的发展和进步,都起着重要的作用。

1. 地方行政制度的政治作用

地方行政制度在国家政治生活中的作用,主要表现在以下三个方面:

(1)对国家政治统治的持续和稳定有重要的影响

国家政治统治的稳定与持续,有赖于国家社会秩序的安定和社会矛盾的缓和。当社会处于混乱、矛盾冲突激烈时,就有可能出现改朝换代,由一个新的国家取代旧国家的局面。地方政府,特别是承担直接治理职责的基层地方政府,在形成良好秩序,缓解社会矛盾冲突方面起着关键性的作用。中国古代大规模农民起义中,导致广大起义者揭竿而起的,在很多情况下是由于基层地方官员的不当行为所引起的。"官逼民反"中的"官",在大多数情况下是指那些有不良行为的基层地方官员。当一个地方政府能正常地发挥其作用,对所管辖地域进行有效的治理时,将会在当地形成一种良好的社会秩序和安定团结的氛围。当所有地方政府都能对当地进行有效治理时,整个国家就会处于一种安定的局面。在这种情况下,中央政府就有可能作为全国性政府,集中处理整个国家所面临的需要共同解决的公共事务,从而有助于维护和延续国家的政治统治。

(2)有助于促进民主政治的发展

由于地方政府的活动,特别是基层地方政府的活动,同当地居民日常生活密切相关,因而其工作的结果,以至工作的方式方法,都会对所管辖地域居民的切身利益产生直接影响,进而会影响到公民对国家的态度。在通常情况下。由于"山高皇帝远",人们对中央政府的作为所产生的反应,远不如对自己身边的地方政府的作为那么敏感、直接和强烈。在当代,地方政府是由地方居民选举产生的。地方政府的作为是否反映居民的意愿,代表居民的利益,成为民众关注的焦点。地方政府成为公民参与国家事务管理最直接的场所。如果居民对所在地域的事务管理都难以进行有效监控,则更难以对远离身边的中央政府行使自己的民主权利。公民广泛参与当地事务的管理,不仅能使地方政府按公民的意愿,从维护公民利益出发来处理地方事务,而且有助于提高公民的民主意识和民主素质,进而对提高整个国家政治生活的民主水平有很大的促进作用。

(3)有利于中央政府完成对公共事务的管理

国家对公共事务的管理分别由中央政府和地方政府完成。这些社会事务中必须分地域因地制宜进行,由地方政府根据中央政府制定的相关法律,依法实施;涉及必须统一管理而又须分地域实施的,则由中央政府委托地方政府,依据中央制定的政策,在中央监督下依法实施;少数必须统一集中管理的,则由中央政府直接承担。中央政府为完成社会事务管理而制定的法律、政策,最终要靠地方政府的实践来完成。这些法律、政策是否恰当,是否能达到预期的目的,在相当程度上要靠地方政府通过与民众的直接接触来获得反馈信息。如果地方政府在这方面不能正确发挥它在中央政府与广大民众之间的沟通作用,不仅会影响公共管理的成效,而且会影响中央政府的决策,最后将产生严重的政治后果。同样地,如果地方政府不能广泛、正确地向公民解释、宣传中央政府制定的法律、政策,使公民获得准确的信息,也必然会对公共管理的完成产生不良的后果。

2. 地方行政制度的社会作用

地方政府是国家为协助中央政府完成公共事务管理而设的分支机构,在维护社会安定,促进社会进步方面,地方政府扮演着重要角色。其主要作用表现在以下两方面:

(1)为居民提供一个安定的生活环境和工作环境

地方政府的主要职责,是完成与本地居民日常生活紧密相关的公共事务的管理,如社会治安、城市公共交通秩序等;提供并管理居民日常生活必不可少的公共服务,如供水、供电、电讯等;建设相应的各种公共设施,如市政基础设施、防洪排涝设施、园林、绿化等。地方政府通过一系列具体活动,为当地居民生活提供一个安定的环境。环境保护、社会保障、职业教育也是地方政府的重要职责,这些职责的完成,不仅能提高居民生活的质量,同时也由于这一切所导致的投资环境的改善,为居民的就业和工作,提供了所需的良好环境。一个地域只有当它能不断地吸引人们来此定居,吸引投资者来此创业,这一地域的社会才能保持持续发展的势头。要做到这一点,只能依靠地方政府的有效工作。中央政府尽管在总体上为此做出了努力,但具体的落实和完成,只能由地方政府承担。

(2)有助于形成凝聚地方居民向心力的共同体

地方政府,特别是基层地方政府,直接承担本地域的治理职责。在现代民主国家,地方居民广泛参与本地事务的治理,已成为普遍趋势。当地方政府能真正地从居民的愿望和利益出发从事地方事务的治理时,必然会获得当地居民的支持和拥护。在这种良性互动的情势下,当地居民必然会以地方政府为核心产生一种向心凝聚力,对本地域产生认同感与归属感，从而形成地域性的社会共同体。这种共同体的形成，不仅对地方政府的管理与服务有利，而且也对地方政府在推进地方民主政治、发展经济、提高居民文化素质等各方面的活动形成强大的推动力，从而促进当地社会的发展和进步。

第二节　联邦制和单一制国家的地方行政制度

一、国家结构形式及其分类

国家结构是指在宪法的总体框架下对政府权力所进行的分配方式，它包括中央政权机关与地方政权机关的关系，中央政府与地方政府各个层级的职能与责任的划分，各级政府选拔政府工作人员的方式，中央政府控制地方政府的方式，以及地方政府享有自治的程度等。国家结构形式则是国家结构在特定国家的具体表现形式，主要指国家的整体与部分之间以及中央政权机关与地方政权机关之间相互关系的构成形式。国家结构形式通常分为联邦制和单一制两种类型。

联邦制是指由若干享有相对主权的完整的政治实体(共和国、邦、州、省等)组成的统一国家。作为一种政治制度，联邦制并不涉及立法、行政、司法机构的相互关系，而是界定国家"整体"与"部分"相互关系的一种政治制度。在联邦制下，国家整体与组成部分之间的关系不是中央与地方的关系，而是权限范围不同的中央与中央的关系，它们各自的权限范围由联邦宪法规定，并在规定的范围内享有最高权力，直接行使于公民，彼此之间不得相互干涉。联邦制国家有统一的最高权力机关和联邦政府；有统一的宪法和法律，但各联邦成员还有各自的宪法和法律，联邦法律高于各成员的法律；国民具有统一的国籍；联邦国家除设立作为联邦国家机构的立法、行政、司法等机关外，各成员还设有各自的立法、行政、司法机关；联邦国家与各成员单位之间实行分权，各自的权力由联邦国家宪法规定；在对外关系以及国际事务中，联邦国家以及联邦政府享有主权和外交权，但各联邦成员享有由联邦宪法所规定的一定的独立性。美国、加拿大、澳大利亚和德国等国是实行联邦制的国家。

单一制是指由若干分层级的行政区域或自治区域构成的统一主权国家。在单一制下，全国只有一个最高立法机关和中央政府；国家有统一的宪法和统一的最高权力机关；国民具有统一的国籍；在国家内部按地域划分行政区域，各行政区域的地方政府都受中央政府的统一领导；在对外关系以及国际事务中，中央政权代表国家行使主权，地方政府对外不具有独立性。单一制国家按地方权力大小分为中央集权型单一制和地方自治型单一制两类。在中央集权型单一制国家中，地方政府在中央政府的严格控制下行使职权，中央政府对地方政府实行统一领导，地方政府由中央政府委派官员或由地方选出的官员代表中央管理地方行政事务，地方居民没有自治权或地方虽设有自治机关，但自治机关受中央政府的严格控制，这种中央集权型单一制国家以法国为代表；在地方自治型单一制国家中，中央与地方实行一定程度的分权，地方政府在处理本地区事务中具有自治权，中央有权监督地方政府，但不直接干预地方性事务，这种地方自治型单一制国家以英国为代表。

二、联邦制国家地方行政制度

(一)美国的地方行政制度

美国是一个联邦制国家，由 50 个州组成。州政府体制由州宪法规定，各州的宪法一般都采用类似联邦宪法的形式。大体上分为两部分：公民权利以及州与地方政府组织机构和权力限制的条款。各州政府的组织与联邦政府一样，以立法、行政和司法三个部门的相互“分立”和“制衡”为原则建立。州的行政首脑是州长，由全州普选产生。州长是最有影响力和最有权力的州政府官员。州长的权力一般在州宪法中列举，同总统权力类似，通常包括立法建议权、立法否决权、任免权、赦免权等，州长还是本州国民警卫队的司令官。州立法机关，除内布拉斯加州外，都实行两院制，两院亦分别称参议院和众议院。州议会组织结构与国会的组织结构大体相似，也实行委员会制，州立法程序也同国会大致相同。州立法制度中还包括公民直接立法权和罢免权，这是联邦一级所没有的。

美国实行的是交叉重叠的多层次的地方政府体制，因为根据美国宪法，各州保留的权力一部分是给州的，也有一部分是给予公民的，公民可以自己成立政府，所以各州的地方政府不是划一的，而是多种多样的，在相互关系上不是一级领导一级的垂直领导关系。美国的任何地方政府都不能互相管辖，它们都与州政府发生关系，甚至可以跳过州政府直接同联邦发生关系。美国人认为：“凡是能够收税的都是政府。”这样，在一个地区里就有很多政府，一个政府也可以管很多行政区域，如美国的纽约行政管理局可以管两个州、7 个县，它是个跨行政地域的政府机构，而在纽约大都市中，约有 1500 个政府单位，如学区、专区、特区政府等。因此美国素有“地方政府的实验室”之称。目前，美国城市地区设立的政府称为市政府，市政府共有三种类型：市长制、市政委员会制、市政会议——经理制，其中市政会议——经理制是 1908 年才出现的城市管理形式，现已被越来越多的城市采纳。在这种类型下，由一个小型的民选市政会议制定城市法令和拟订政策，并聘用一名给薪的行政人员执行这些决定，他就是市经理。市经理负责草拟城市预算及监督各部门的工作；他的任期通常不定，只要市政会议满意他的工作，就可以一直留任。县是州政府的代理处，通常是州的再划分区，包括两个或两个以上的镇及数个乡村。县政府受英国的影响，实行“立法和行政”合一的体制，立法、行政、司法三种职能由一个机构行使。县政府的主要职能是征税、借款、拨款、任命官员、建筑和维护公路和桥梁、实施福利计划等，主要官员多数是由民选产生的。美国还有数以千计的地区由于管辖过小而无资格列为市政府，这些自治区域获得州的特许状，定为市镇和乡村，处理的事务严格限于地方性的需要，如铺路、供应饮水、提供警察和消防、安排垃圾处理等。镇、乡政府的政务通常委托一个民选的委员会或乡村议会处理，委员会有一个主席或会长，负责行政首长的职务。这类地方政府有一个特点是"市镇会议"，特别在美国的新英格兰地区极为普遍。市镇会议每年登记选民，公开集会选举官员，辩论地方性问题及通过政府施政的法律，并对税率及市镇的预算作出决定。市镇会议往往被引为美国直接民主制的最纯粹形式。

（二）德国的地方行政制度

德国在联邦以下设置三级行政区，即州、县（市）和乡（镇），州设州政府，市、县、乡、镇各设自己的政府，它们无隶属关系，均属于州管辖，统称地方政府。

关于联邦行政管理权的划分，《基本法》[①]规定，外交、国防、联邦财政、联邦铁路、联邦邮政等归联邦管辖。州的行政管理任务主要有以下几项：①州的立法范围内的任务，主要包括文教、警察、乡镇管理和地区规划；②"受联邦委托执行联邦法律"，如联邦高速公路是由联邦委托州管理的；③"作为自己的事务执行联邦法"，如联邦颁布某一环境保护法，各州须将此作为自己的行政管理事务执行之；④部分经济和财政工作。对于纯属州管辖范围内的事务，联邦无权直接干涉；属于联邦委托于州的事务，联邦主管当局可以向州主管当局下达指示，监督州当局执行；在州将联邦法律作为自己的事务执行时，联邦行使监督权，并有权下达指示；如果某一州不履行某一联邦法律规定的义务，联邦政府可在联邦参议院的同意下，强迫该州履行其义务。

德国州政府体制与联邦政府相似，根据"三权分立"的原则，立法、行政、司法分别由三个机关行使权力。作为立法机关的州议会由选举产生，行政则根据内阁制原则由州议会选举州的总理组成的政府负责。州法院根据法律独立行使司法权。

联邦德国的地方政府主要指州以下的县、市和乡、镇政府。某些州设的行政专区，由州政府任命，并由向州政府负责的专员主持行政事务。行政专区不设立法和司法机构。地方政府机构又分为县级机构和基层机构两部分：县设有县议会，议员按人口比例由选举产生。县议会通过的任何法律和议案，都不得同联邦或州的法律相抵触。县的主要行政官员是县长，其负责领导县政府和管辖在该县范围内的各项行政事务。县长一般由县议会选举产生，并负责任命在其领导下的县政府官员。各州的基层行政自

---

① 《基本法》是德意志联邦共和国的根本大法。1948 年 7 月 1 日，美、英、法三国军事长官向西占区的 11 位州总理递交了《法兰克福文件》，要西占区的政治家们召开"制宪会议"制定"宪法"。但由于当时德国尚处于分裂状况，政治家们建议召开临时性的"议会委员会"，制定一部临时性的《基本法》（而不是"宪法"）。人们的初衷本是以此"给予过渡时期的国家生活一种新的秩序"，为此《基本法》在前言中明确阐明"全体德国人民仍然要求在自由的自决中实现德国的统一和自由"。在《基本法》结尾又声明"本基本法在德国人民根据自由决定所通过的宪法开始生效之日起丧失其效力"。此后，德国的政治家也曾一再强调《基本法》的临时性，以此来表明德国人民要求重新统一的愿望。然而 1990 年德国统一后，《基本法》没有被废除，只是进行了一些修订，仍然是德国的基本大法。

治单位是市或乡、镇，较大的市兼有县的权限，其行政自治单位的政权结构各州不尽相同，但大体上都有一个代议机构和一个行政管理机构。后者一般称市或乡、镇政府。市长或乡、镇长由当地居民直接或间接投票选举产生。一般来说，各级地方政府行政自治权的大小并不一致，它是由各州宪法和其他有关法律规定和授予的。地方自治权主要指有权自行制定不与上级政府法律相抵触的法律；有权管理自己的行政事务；有权自行推选行政官员；在上级政府对该地区作出重大决定时，该地区有权进行复决，等等。事实上。地方拥有真正的自治权是极为有限的，通常只限于公用事业、卫生、社会福利和教育等事务。即使这些有限的自治权。也受联邦政府的严格监督，联邦和州在必要时可以对地方实行干涉。

三、单一制国家地方行政制度

（一）英国的地方行政制度

英国由英格兰、威尔士、苏格兰和北爱尔兰 4 个地区组成。由于历史的原因，各个地区的地方行政制度不尽相同。其中，北爱尔兰的制度与其他地区的制度差别较大，苏格兰和威尔士则差别很小。

根据《1972 年地方政府法》，苏格兰和威尔士均设三级地方机构。英格兰设 39 个郡议会和 6 个郡市议会，以下再划分为郡属区议会和教区议会。威尔士设 6 个郡议会，以下划分为郡属区与社区议会。大伦敦区设伦敦市议会、32 个选区议会和伦敦城（内城有 12 个选区，外城有 20 个选区）。苏格兰设 9 个郡议会和 3 个岛议会，以下分设区议会和社区议会。北爱尔兰设有自己的议会和自治政府，但自 20 世纪 60 年代后期以来，民族矛盾尖锐，英国不得不对其实行“直接统治”。

英国地方政府实行立法和行政相结合的体制。议会每年选举一名主席主持工作，执行行政性和礼仪性的任务，同时议会任命各种委员会作为自己的执行机构，负责某一方面事务的具体管理。地方议会议员任期为 4 年。郡议会、教区议会、社区议会每隔 4 年全部改选，区议会则每年改选 1/3，但郡议会选举年除外。

英国地方政府的职权，一部分是中央政府授权必须执行的，另一方面是自治性质的。英国各级地方政府的职权有所不同，各司其职。郡议会一般负责警务、消防、教育和社会福利等事务。区议会担负住房管理和环境保护的部分事务。教区或社区议会管葬礼、会堂、人行道和体育娱乐等。归结起来，英国地方政府的职责是：①保障社会安全，掌握警务、消防、民防；②市政全面规划和设施的建设、管理、维修，如桥梁、公路、公共场所、图书馆等；③直接为个人服务的项目，包括教育、住房、居民卫生和福利、儿童和老年人照顾等；④环境保护，对工业、农业带来的污染，地方政府有权干预和管理；⑤某些地方政府还从事商业活动，如设立市场，从事交通运输等。

由于地方政府负有执行中央的行政命令的责任，因此，中央有权对地方政府实行监督。英国由环境事务部主管地方政府的行政事务，其对地方政府的监督具体体现在以下几个方面：①立法监督。地方议会的决议必须取得中央有关部的批准，它们创制的法律草案，通常总是先征求有关部的意见，若与中央有关法令抵触则需服从中央。②行政监督。地方政府虽由选举产生，但中央有关部有权宣布地方机构官员没有履行中央委托给他们的责任而接管他们的权力或把此权力转给其他官吏或机构。中央有关部的大臣还通过颁布命令或指示的方式，控制或指挥地方政府。③财政监督。主要有三种形式：一是拨款控制；二是借款权控制，即地方政府发行公债须经中央政府批准；三是账目审查，即地方政府的账目必须受中央政府的审查。

(二)法国的地方行政制度

法国地方政府机构是按等级制原则设置的，同一等级的地方政府机构的组织形式是划一的。法国的地方政府可以分为两个部分阐述：

1. 地方国家行政机关

法国的地方国家行政机关是中央国家行政机关根据管理的需要，为便于公务的执行而在地方设置的，故亦称"驻外机构"或"派驻机构"。它们在特定的区域内根据中央国家行政机关的授权行事。大区驻外机构包括大区长及其附属机构和国家在大区设置的若干个与不同的中央行政部门对口的机构。这些专门权限驻外机构在大区长的统一领导下开展工作。大区长是国家在大区的代表，是地方上的国家行政权威机关，负责执行大区中的国家事务。大区长由大区首府所在地的省长担任，大区首府所在地的省级地方国家行政机关同时也是大区地方国家行政机关。大区长负责在大区内监督国家法律法规的执行，维护国家利益，领导本地区的国家行政管理工作，处理本区域内一切涉及国家利益的事务，管辖中央各部派驻在本地区的机构，监督本区域内的行政和财务管理，促进和协调大区内其他省长的行动。此外，国家在省也设置了若干驻外机构，负责国家在省的事务。这些机构在省长的统一领导下，开展各自的工作。省长是国家和中央政府在省内的代表。掌握省内的全部国家行政权力，省长的地位不具保障，政府可随时任免之。省长由内政部长和总理提名，经部长会议讨论通过，总统颁布法令任命。省长的一般权力与大区长基本相同，负责维护省内的国家利益，监督国家法律法规的执行，领导国家行政管理工作。此外，他还掌有一些专门的职权，如何制定适用于本省全部或部分地区的治安条例及特别治安权等。国家在市镇的主要代表是市镇长，他具有双重身份：既是国家在市镇的公职人员，又是市镇的最高行政长官。

2. 地方政府

法国的地方政府单位是以领土为基础的行政主体，具有独立的公法人资格，享有行政上的自治权力，它们是大区、省、市镇、海外领土。大区是法国新的一级地方领土单位和行政建制。目前，法国共设有 26 个大区，其中本土划分为 22 个大区，另有 4 个海外大区。大区政府由大区议会主席领导，他既是大区权力机关的主席，又是大区的行政首脑。

大区政府负责贯彻国家的经济发展和国土整治政策，推动大区经济、社会、文化、科学、教育、卫生事业的发展。大区议会是大区的自治权力机关，由直接普选产生。它通过商议自由地管理本大区的地方事务，对有关大区的事务拥有决策权。省是法国的一级地方领土单位和行政建制，现法国设有 100 个省，其中法国本土省 96 个，海外省 4 个。1982 年法国中央政府对省的组织结构进行了重大改革，将地方事务管理权由中央代表手中转到了地方民选代表手中，大大增强了省的自治权。此后，省政府由一个审议机构——省议会和一个执行机构——省议会主席组成。省议会是省的自治权力机关，它由省内各区居民以直接普选方式选举产生的议员组成。省议会的职权可分为两大类：一是行政事务，即通过省的预算、批准省的账目；创建公共事业；参与经济和社会事务等。二是不直接涉及省的行政事务，如对国家的某些决定发表意见，以及对国家的政治和行政问题表示自己的愿望等。省议会主席不仅是省权力机关的主席，同时也是省的行政首脑。他领导省议会工作，主持省议会的议事活动，编制省的预算，实施省议会的各项决议，管理省的财产，领导省的行政管理工作等。市镇是法国的基层地方领土单位。它的数量非常之多，据 1990 年的统计约有 36763 个，面积和人口悬殊很大，人口少的不足一二百人，多的则超过数十万人，超过 100 万的只有 3 个市镇，即巴黎、马赛和里昂。市镇政府由市镇议会、市镇长及若干名市镇长助理组成。市镇议会由直接普选产生，它的职权包括：负责市镇管理，设立和整治市镇机构，讨论和表决市镇预算，并监督执行，批准市镇长的账目，决定市镇的财产管理，领导市镇规划，创立和组织市镇的公共事业等。国家对市镇议会的运行行使一定的监督权，当市镇议会无力行使职权时，部长会议可颁布法令，说明缘由，解散市镇议会。市镇长由市镇议会在其成员中选举产生，他具有双重身份：既是国家在市镇的公务人员，又是市镇的最高行政长官。作为国家公务人员，市镇长代表国家履行某些职务，如在中央和省的国家代表的领导下，保证法律和法令的公布和执行，负责维护社会治安等；作为市镇的代表，他又执行市镇的自治公务，如领导市镇的警察和司法工作，领导市镇的工作机构，任免市镇的工作人员，实施市镇议会通过的预算和决议等。

第三节　西方国家地方行政制度改革

一、西方国家地方行政制度改革的内容

20 世纪 80 年代以来，一些国家，特别是西方发达国家，掀起了声势浩大的行政改革运动，地方行政制度改革成为国家行政改革的重要组成部分。在地方行政制度改革浪潮的推动下，西方国家的地方政府出现了新的发展趋势，这种趋势对于发展中国家地方政府未来的发展，具有启示性的意义。

西方国家的这场行政改革运动是从英国开始的。1979 年保守党领袖撒切尔夫人的上台以及她所推动的改革政策,是当代西方行政改革浪潮的起点。英国地方政府在 1979 到 1997 年期间,也经历了历史上最为急剧的变革时期,涵盖了区划重组、职能转变、中央和地方关系调整等诸多方面。其后美、日及欧洲等西方发达国家和地区都先后在地方政府领域推动了许多改革措施,被人们统称为地方行政制度改革。这些国家地方行政制度改革的内容纷繁复杂,主要包括以下几个方面:

(一)放松政府管制

20 世纪 80 年代以来,美国地方行政改革最引人注目之处是放松政府管制。这方面的改革主要涉及三方面内容:(1)削减陈旧规制。美国的许多法律对一项计划或一个规章都规定有一个日期,到了这个日期,除非得到再次批准,否则从此失效,从而迫使人们不得不对各种规制进行定期审查。这种做法被称为"日落立法"。1976 年,科罗拉多州通过了第一个"日落"法,到 1983 年,共有 35 个州通过了此类法律。同时,建立审查委员会,检查政府的规章或活动,剔除过时的内容;(2)改革预算制度。由于经济衰退以及政府财政收入的减少,使得美国的各州及地方政府不得不调整既有的专款专用、明细分类的预算制度,借以提高财政活动的灵活性和资金的使用效率;(3)改革人事制度。一些州和地方政府开始尝试放松对人事管理的过度规制,以增强其灵活性。最引人注目的是佛罗里达州的行动,即限期取消文官制度,同时放手让两个部门去创造一种替代性的制度。1993 年,温特委员会(州与地方政府公共机构委员会)对州与各级地方政府已有的这些放松规制的经验进行了概括总结。该委员会在所提出的报告中,力倡"压平层级",精简规制,使行政主管者、管理者、一线雇员挣脱规制的天罗地网;主张建立"以团队为基础的绩效奖励体制"、平等雇佣和"以结果为本的预算制度"。该委员会还建议职位分类不宜超过 55 个职务,小额采购宜采单人签名制度等。这一报告成为指导各州与地方政府继续放松管制的纲领性报告。

20 世纪后期法国也面临着中央政府权力过分集中,地方政府缺乏积极性和主动性的问题。法国社会党于 1981 年上台后,立即着手拟订权力下放法案。从 1981 年到 1982 年,法国国民议会和参议会先后通过了《权力下放法》,并得到法国宪法委员会的批准,从而改变了法国延续了近两个世纪之久的地方行政管理体制,扩大了地方的自主权。

(二)强化地方政府的自治权

日本自明治维新以来,就开始推行地方自治制度,第二次世界战后也试图进一步推行地方自治和市民自治,但是,由中央政府主导的格局并没有根本改变。中央政府一直通过各种干预形式,强化对地方政府的控制,其触角几乎遍及地方政府的各个职能领域。

20 世纪 80 年代以来,日本开始了以自治化为核心内容的地方行政制度改革。主要包括:(1)减少限制。改革以后,中央政府对地方政府的控制,主要通过国会事前的立法控制以及法院的事后司法控制，直接的行政控制大大减少，地方议会的功能有所强化，有权监督、牵制、批评地方政府长官。地方政府在立法、财政和行政方面获得了更多的自主权限；(2)强化地方政府的自治责任。改革的一大目标是对各级政府的作用、责任范围做出明晰的划分，大大提升条例制定权和自主课税权，推动居民参与地方自治的积极性；(3)建立新型的地方分权体制。改革转变了传统的中央与地方政府间的主从、上下关系，形成对等的协作关系，从法律层面废除机构委任事务制度，缩小现行的中央各部门对地方政府指挥、监督、干预的权限。

英国素有“地方自治之家”的称号。自 1997 年 5 月以来，工党政府积极推行分权改革，将威尔士、苏格兰和北爱尔兰变成一级自治政府。特别是 2000 年新的《地方政府法》的实施，改变了近百年来传统的英国地方议会以委员会为主导的地方制度模式，加强了地方议会执行机关的权力和地方政府首长的权力。

在欧洲其他国家，强化地方政府自治权也成为各国地方行政改革的一项重要内容。1977 年瑞典的地方政府法规定，地方市议会所讨论的某项议题，在做出决定前举行咨询性公民投票。公民投票结果对地方市议会虽然不具约束力，却是地方政府做出重大决定前的重要参考。德国在 20 世纪 90 年代以来，在地方自治方面也进行了改革，主要表现在扩大地方公众复决权。公民复决权制度原来只存在于德国南部，自 90 年代以来，这项制度已经推广到其他各州。另外，同时推广的还有市长和县长的直接选举制度。

(三)转变地方政府职能

西方地方行政制度改革是在所谓的“新公共管理”或“管理主义”以及“治理”等理论的指引下进行的。其基本内容就是打破传统官僚制下地方政府僵化、低效的职能运行模式，对地方政府的职能范围进行重新的定位，从而使地方政府更加有效、灵活和卓越。其基本途径就是通过引入竞争机制以及和市场、社会实现有效分工合作的方式，让地方政府从“全能主义”的模式中解放出来，把原来由政府承担的大量事务还给市场和社会，而把地方政府的主要职能转移到提供地方公共物品上来，逐步完成从传统的地方政府管理向现代的地方政府治理的转变。

在这方面发挥表率作用的是英国。英国通过出售的方式将原来地方政府的部分职能转交给私人和私人企业，或将原来由地方政府提供的某些服务通过市场化的方式承包出去。1980 年英国议会通过了《地方政府计划和土地法》，1988 年又颁布了《地方政府法》。英国在 20 世纪 80 年代和 90 年代，先后将医院的管理、社区卫生服务、教育、住房、城市发展、社会治安从地方政府中剥离出去，分别交由医疗服务信托公司、教育委员会、住房协会、治安管理局、城市发展公司和住宅开发信托公司来承担。

德国从 20 世纪 90 年代开始的地方行政制度改革，推行从荷兰借鉴而来的“地方治理模式”，它与英美等国的“新公共管理”模式十分相似，其特征是：产出与结果控制，项目预算和绩效指标，服务和顾客导向，康采恩式的权责划分，责任委托给商业单位等。

(四)再造地方政府内部体制

自20世纪80年代以来，西方国家的地方政府，尤其是美国的州和地方政府，进行了一场称之为“重塑政府”的行政体制改革运动。它主要涉及五方面内容：(1)确认政府作为组织、协调和管理者而非单一服务提供者的角色，充分利用地区的各种资源，与私人公司、金融机构、非营利组织及基金会等建立伙伴关系；通过多种合作方式，如制定税收政策、财政补贴、特许经营、合同承包、股权投资等，为公众提供有效服务；把有关社区事务的管理授权给社区组织，让社区居民普遍参与社区管理。(2)突破束缚行政效率和导致官僚主义的陈规陋习，简化办事规则及程序，实行全新的预算制度。(3)破除行政机构本位主义的传统思维定势，确立本地区纳税人是政府及各行政机构客户的观念；通过社区调查、客户问卷、联系走访等方式了解公众需求，为公众提供适合其需要或可选择的服务，并在公共事务的管理中适当运用市场机制。(4)实行管理层级扁平化，改革等级分明、层次过多、权力集中的行政管理体制，减少多余的中间层次，把权力下放或分散到直接面对实际问题和直接提供服务的基层机构及主管人员手中，使基层机构、主管人员以及普通公务员，能及时决策并较快处理问题。(5)改变政府及其官员只讲投入不讲产出、不求有功但求无过和只会浪费不会谋利的行为方式，引入企业经营中的成本效益原则，建立企业型政府。

(五)强化对地方政府的监督

这主要体现在加强对地方政府的预算监督，强化对地方政府的绩效评估。通过调整中央政府和地方政府、地方议会和地方行政机关以及地方政府和地方民众之间的关系，使地方政府处在各方面有效的监督之下。20世纪80年代以来，由于中央政府承担了地方政府开支的较大份额，英国中央政府一直致力于控制地方政府开支的总体水平。1984年，英国颁布地方《税法》，给地方政府的预算封顶，在这种体制下，中央政府几乎完全控制了地方政府的开支水平。在地方政府决定其预算之前，中央政府先宣布将来一年的封顶标准。地方政府依据封顶限额来制定预算开支。同时中央政府通过拨款制度和贷款制度为地方政府提供资金，完善地方政府各种费用制度和审计制度，有效地控制了地方政府的行政成本。通过一系列改革，扩大地方政府服务对象的选择权，使地方政府对选民更具有责任心，并被置于必须通过竞争才能争取顾客的境地，迫使地方政府对服务和管理“绩效”做出清晰明确的定义。地方政府被要求将其提供的服务尽可能具体化，并要求提供一系列的绩效指标。英国政府广泛应用所谓的3E(经济、效率和有效性)来衡量地方政府的绩效。

德国为了强化对地方政府的监督，重新厘清了地方议会和地方行政机关之间的关系，地方议会侧重于设定目标和控制结果，在直接选举产生的市长领导下的行政官员则负责实施过程。同时相应的下放预算权,使各部门能根据既定目标配置,提高效率。采用这种模式的地方政府所有活动的目标都被具体化,所有活动都有绩效标准,并将单位产出的成本量化以计算公共服务的费用。地方政府的这些改革,节约了行政成本,提高了服务质量。

当然,除了上述内容外,地方行政改革还涉及其他很多方面,如地方政府组织机构的改革、地方政府区划的重新结合、地方政府与地方民众关系的调整等,这主要取决于各国地方政府的具体实际。20 世纪 80 年代以来,整个行政生态环境的变化,使各国不得不对自身的行政管理体系做出不同程度的改革调整,其中,如何建立有效的、适应新环境的地方政府治理模式,几乎是所有国家行政改革面临的共同问题。从西方国家行政改革所包含的内容看,它实际上是地方政府发展在这些国家的一种新的表现形式。

二、西方国家地方行政制度改革的特点

西方各国地方行政制度改革的表现形式无疑存在一定的差异性,但是,由于面临着相同的宏观行政生态环境和相似的社会问题,因此这些国家的地方行政制度改革又呈现出一些共同的特点。

(一)市场化

市场化包括两方面的内容,一是原先由地方政府承担的公共事业现交由市场调节,如放松政府管制,把公共事务交由私营机构,允许私人企业经营以前由地方政府垄断经营的公共服务事业,或是把国有企业或政府资产卖给私人经营;二是打破传统官僚制的束缚,把私人企业的管理办法越来越多地引入政府管理中来,包括强化地方公营部门与私营企业、团体组织的竞争关系,增强政府内部公务员之间的竞争。地方行政改革市场化趋向,构成西方发达国家、新兴现代化国家地方行政制度改革中的重要内容,目的是为了提高地方政府的效能,减轻地方政府在新的环境中面临的越来越大的压力,实现地方公共管理的良性互动。

(二)分权化

分权化成为所有国家行政改革的一种趋势和一项重要内容。分权改革主要有几种方式:一是将权力由中央转移到地方政府。为了更好地行使职能,中央政府把某些权力连同责任和资源转移给地方,赋予地方政府更大的自主权;二是中央政府在保留责任和权力的同时,把某些职能下放到各地区和地方,包括中央政府各部门把责任分散到本部门的地方机构;三是地方政府把某些职能和职责一起转移到民间,由非政府组织或社会其他组织承担,形成地方政府与市场之间的合理分工。上述三种分权形式都是为了提高地方政府的行政效力,并构建一种中央、地方和民间的合作机制。

(三)服务化

随着公民自主意识的不断提高,地方民众参与地方事务,监督地方行政权力的呼声不断高涨,要求地方政府提供高质量公共物品的愿望日益强烈。地方政府不得不转变观念,强化自身的服务观念和顾客导向,已经成为许多国家地方行政改革的共同选择。这种选择包括拓宽地方民众参加地方公共事务的渠道,强化与地方民众、地方团体组织的合作机制。很多国家地方政府设立了与地方民众沟通的专门机构和部门,有些国家还要求地方政府向公民公布具体的改善服务的措施,其中包括公布政务,让地方公众了解自身面临的问题,动员地方公众和团体依靠自己的力量参与地方事务的管理,与其他人和团体保持平等关系,使地方行政官员接受社会监督,等等。

(四)趋同化

全球化趋势不断发展的今天,各国地方政府的具体实际虽然千差万别,但在"新公共管理"、"治理"理论等共同理念的指引下,各国地方政府在未来的改革方向上显示出较强的趋同性。例如,随着欧洲一体化进程的加快,欧盟成员国的地方制度表现出某种共同的发展趋势,普遍强化地方自治、鼓励多样性、非官僚化等。这些都体现出各国地方行政制度改革中某些理念的共通性。

(五)渐进化

地方行政制度改革总体上是一个充满着复杂性的进程,是一个充满阶段性的循序渐进过程。一般来说,政府改革的进程有三个阶段:第一,形成阶段。在一定的社会环境中新的行政系统开始代替旧的行政系统,逐渐形成一种比较完善的结构功能和行为状态。第二,发展阶段。行政系统功能得到较为完善的发挥,行政效能达到相当的高度。第三,不适阶段。这一阶段行政功能系统结构老化、功能萎缩,逐渐无法适应环境提出的要求,从而开启新一轮的行政改革。地方行政改革意味地方政府内的权力、利益和资源的再分配,从这种意义上说,地方行政改革是一种政治过程。由于任何改革都不可避免地涉及利益结构的调整,既得利益者总是想方设法阻挠改革,保护自己的利益。同时,地方政府行政系统本身具有惰性,不可避免地具有僵硬、保守、墨守成规和动作缓慢的特点。往往会对新制度、新方法无动于衷,而继续沿用老办法办事,缺少改革意识。正是由于上述原因,各国地方行政制度改革基本上都采取了渐进式的路径。

(六)技术性

在知识爆炸的年代,新的技术和手段在地方行政制度改革中被广泛地运用。地方行政制度改革中出现了一大批富有效果的技术创新,新的技术方法和手段的行使在一定程度上改进了制度的微观运行,并对整体体制结构的变革和绩效的提高产生了积极影响。利用技术提高治理水平,推动人类发展正在成为全球化的潮流。地方政府治理改革中的技术创新包括两个内容:直接利用物质技术达到治理改革的目的;利用物质技术调整制度程序的某些环节,间接提高治理绩效的创新。由于计算机网络技术的发展,地方行政制度改革在实现技术上的革新方面具有历史上任何一个政府所无法想象的优越性。技术手段的现代化推动着地方政府的理念、体制、机制和运行方式方法发生许多根本性的变化。各国着力推进的电子政府或电子政务建设,已经日益显露出其成功之处,它突破了时间和空间对地方政府职能履行和权力运作的客观限制,使地方政府有可能发展成真正无所不在和无时不在的政府。这种改革也推进了地方政府政务公开化的实践,并有利于公民和社会组织对地方政府的监督。

三、西方国家地方行政制度改革的启示

回顾地方政府发展的历史,不难发现西方国家 20 世纪末在地方行政制度改革浪潮中所采取的措施及所具有的特点,对其他国家的地方政府发展,无疑具有很大的启示意义,值得重视和借鉴。

地方政府发展有自身的律动性。相比之下,西方国家较早进入现代国家阶段,在地方政府发展水平方面,处于较高层次,这主要表现在地方政府的内部组织体制和运作机制上。但随着人类社会的进步,这些国家地方政府面对辖区居民形成的新的需要,仍必须做出调整,而这种调整所涉及的内容,更多的是同地方政府自身体制以外的因素相关。首先是涉及它同中央政府的关系。因而在中央政府行政改革过程中,出现了地方行政改革运动,而这场运动的侧重点却不在地方政府体制本身。

对于那些正处于发展中的国家来讲,地方政府发展水平相对较为落后,其具体表现正是在地方政府自身的组织与运作机制尚不完善成熟这一点上。因而对发展中国家而言,他们在地方政府发展上,不仅面临着与西方国家地方政府相类似的需要,而且还面临完善地方政府内部体制与机制的需要,在改革中甚至还要将后者作为重点或优先考虑。当然基于不同国家的情况不同,在具体安排行动时会有所不同。

西方国家地方行政制度改革启示人们,地方政府的发展是一种持续不断的过程,在地方政府自身体制相对完善成熟以后,仍需为适应政府活动环境的变化不断做出调整,而这种调整除须进一步完善自身体制时,更须调整它同外界(包括中央政府、辖区公民)的关系。而对发展中国家来讲,首先要在改善自身体制上做出努力,否则很难完成后一种调整。

思考题

1. 什么是地方行政制度? 简述它的类型、特征和作用。
2. 什么是国家结构形式? 它有哪些类型。
3. 简述美国地方政府的组织形式及其拥有的职权。
4. 简述德国地方政府的组织形式及其拥有的职权。

5. 简述地方行政制度改革的内容及其特点。

参考书目

1. 陈嘉陵主编:《各国地方政府比较》,武汉:武汉大学出版社,1991 年版

2. 姜士林、鲁红、刘政主编:《世界政府辞书》,北京:中国法制出版社,1991 年版

3. 丘晓主编:《政治学辞典》,成都:四川人民出版社,1986 年版

4.《布莱克维尔政治学百科全书》,北京:中国政法大学出版社,1992 年版

5.[美]塞缪尔·休姆斯:《地方政治与传统权力:地方政府传统和变革的世界性比较》,耶鲁大学出版社,英文版

6. 张正钊、韩大元主编:《比较行政法》,北京:中国人民大学出版社,1998 年版

7.《马克思恩格斯选集》第 3 卷,北京:人民出版社,1995 年版

8. 张立荣:《中外行政制度比较》,北京:商务印书馆,2002 年版

9. 徐勇、高秉雄主编:《地方政府学》,北京:高等教育出版社,2005 年版

10. 徐红编著:《比较政治制度》,上海:同济大学出版社,2004 年版

第五章

政府行政过程

第一节　政府行政过程概述

任何实际运行中的政府，都不仅是一种制度体系，而且是一个过程。因此，关于行政制度问题的研究，必然要在方法论上突破传统的制度研究和要素分析的范围，而走向一个重要的领域——过程研究。

一、政府行政过程的含义和本质

（一）政府行政过程的含义

近现代国家政府活动的一个突出特点是，它不再像封建王朝政府那样是一个封闭的体系，不再是皇亲国戚一个血缘家族内部的事情。政府终于被置身于社会之中了，政府与社会时时处于一种“能量交换”之中。这一巨大变化的最直接的表现就是，包括竞选制度、公务员制度在内的政党政治的机制在主要西方国家逐步建立起来。通过政党政治的机制，政府之外的人可以“交换”到政府之中去，至少可以“接近”政府；政府中的人也可以相应地“交换”出来；政府之外的统治阶级其他集团的政见，也可以通过社会利益团体的活动，影响统治集团的决策；立法机关、行政机关和司法机关之间可以按照一定的规则相互制约。这一切都使政府行政呈现为开放型的过程状态。

政府行政过程是指行政主体及其他行政参与者（如立法机关、政党、利益集团、大众传媒、公民等）行使各自的权力（或权利），相互影响，相互作用，设定并最终实现政府公共政策目标的活动过程。政府行政过程一般被理解为政府决策的运作过程，主要包括政府的政策制定与执行等功能活动及其权力结构关系，它是公共政策的运作过程，应和一般政策尤其是私人政策区分开来，突出“公共”性质。

政府行政过程的主体除了政府之外，同时还包括其他的行政参与者，如立法机关、政党、利益集团、大众传媒、公民等。政府行政过程的客体是公共事务，包括社会问题、公共项目、公共资源、公共利益等。只有公共事务才能由政府的决策来处理。与公共事务相对应的是私人事务。所谓私人事务，并不仅指个人，而是指成本和收益具有排他性，其利害关系人是特定的个人或较小的社群。在市场经济条件下，私人事务主要依靠市场的机制来解决。政府行政过程不应干涉私人事务、解决私人问题。当然，如果某一事务的成本和收益涉及了整个社会，同时社会中每个成员都感受到这种利害相关性并因而产生了被剥夺感时，这种事务就由私人的转化成了公共问题（比如企业经营造成了环境污染）。与此相对，公共事务是指以整个社会作为利害关系人的事务。这里的社会不仅指整个国家，也可以下指一个地区，上达整个人类。公共事务有以下突出特点：一是整体性。它关系到所有社会成员的利益，由所有社会成员作为一个整体提出。二是集中性。它要由整个社会的代表，即国家权力机构统一组织、集中解决。三是政治强制性。公共事务的处理总是依托政治权力、动用强制性的手段，即公共政策手段。简言之，公共事务就是不能通过市场来满足的社会需要来处理的社会问题。

政府行政过程的目标取向是政治。政府行政过程的政治目标取向就是要维持整个社会的稳定、促进整个社会的发展。这是政府行政过程的本质特征之一。尽管政府行政过程要处理的问题包括经济、政治、文化甚至社会生活，但政府在制定和推行公共政策时，其出发点和归宿总是政治目标和政治理想。

政府行政过程是一个过程，即制定政策和实施政策的过程。它是政府为实现某一特定时期的政治目标所进行的一系列政治行为，包括体察民意、确定政策议题、制定政策、建立组织、推行政策实施、进行政策监控、评估政策效果等环节。

最后，政府行政过程的结果表现为政府正式颁布的各类政策规定，包括法规、方针、策略、部署、方法等行为准则和行为规范，也体现在领导人的谋略、指示、讲话之中。作为行为准则，它规定对象应当做什么，不应当做什么，应当怎样做，不应当怎样做，哪些行为应被提倡，哪些行为应被禁止。作为国家意志的象征，这些政策规定一般具有强制性。

(二)政府行政过程的本质特征

政府行政过程的本质是指最能体现其内涵的根本性质，它隐藏在政府政策之中，通过人们的抽象思维才能把握。其特征是指政府行政过程与别的社会现象比较中所体现出来的特殊性。本质和特征是互为表里，不可分割。政府行政过程的本质特征可以归纳为以下几个方面：统治性、手段性、政治性、公共性、资源性、规范性。

1. 统治性

在政府行政过程中的制定公共政策主要是统治集团意志和利益的集中体现与表达。这是政府行政过程的核心本质。政府行政过程与国家政权和政治统治密不可分，随着国家及政治的产生而产生。对于统治集团及其执政党来说，他们代表国家主导政府行政过程、制定政策、处理公共事务、解决社会问题时，其出发点总是如何通过问题的解决更加有利于自己的统治，有效地达到对被统治者的控制和整个社会的稳定有序。而对于被统治者及其政党来说，他们也要针对各种社会问题提出自己的政策主张，针对执政者提出的政策采取自己的对策，以达到其生存、发展、推翻统治阶级，最后使自己上升为统治者的目的。

必须说明，政府行政过程代表的不是统治集团的局部或暂时利益，而是整体的、长远的根本利益。统治集团或政党在制定政策（尤其是基本政策或总政策）时，不应仅为某个阶层或利益集团的局部利益、某个历史时期的暂短利益所左右，而应着眼于整个统治集团的根本利益，为了这种利益，甚至可以牺牲局部或眼前利益。同时，统治集团作为“国家的管理者”在制定政策时，不能不考虑社会的其他阶层。他们往往会在局部或暂时的利益上向其他阶层甚至敌对者做出某种妥协和让步，以求“公正身份”的维护，社会秩序的稳定，自身统治的巩固。政府行政过程在一定程度上成为社会各阶层力量对比的“晴雨表”。

2. 手段性

政府行政过程既体现了某个阶级的意志和利益，同时又是统治阶级管理国家、控制社会，实现阶级意志、维护阶级利益的手段。国家要履行两大职能：作为阶级统治工具的政治职能，作为社会管理机关的社会管理职能。包括调整本阶级内部各成员、各层次、各派别以及本阶级和同盟者阶级之间的关系，以维护本阶级和同盟者阶级的共同利益，免得因内部矛盾而使其阶级利益受损害；调整其他各种社会关系，如不同地区之间的关系、不同部门之间的关系、不同民族之间的关系以及家庭关系、社会成员之间的各种纠纷等，以保持社会秩序的安定和保障各种社会活动的正常进行；组织领导社会生产活动和科学文化教育事业，这项任务在社会化大生产的国家里尤其重要。

而国家行使政治职能和社会管理职能大都是通过政府制定和推行包括制度、法规、路线、方针在内的公共政策来实现的。

3. 政治性

政治性指政策主要是由国家政权和政党制定和推行的，政治是公共政策的出发点，一切政策的制定都要从政治上加以考虑；政治是公共政策的归宿，一切政策都是为了实现一定的政治目标。什么是政治？人们可以从不同角度加以说明。从发生学意义上说，随着“居民第一次划分为两大阶级”和“城市的出现”，需要有行政机关、警察、赋税等，一句话，就需要有公共的政治机构，也就是说需要政治。从社会结构的角度分析，政治是上层建筑的核心部分，即国家政权。政治是经济的集中表现，对经济有极大的反作用，对思想文化有极大的制约性。它规定了一个社会经济文化的发展方向。从内容上考察，政治是一个阶级或社会集团为了维护其根本利益，夺取或巩固国家政权的一切活动，政治就是各阶级之间的斗争。它处理的是阶级、政党、民族、国家、公民之间的关系。

公共政策是一种政治措施，是政府在各种涉及全局利害关系方面的问题上制定和实施的各项措施、准则。政策的政治本质对于像外交政策、干部政策等是容易理解的。但对于经济政策、社会政策、文化政策来说，往往不好理解。虽然此类政策其内容是非政治的，但政府在制定和推行这些政策时，主要着眼于政治，服务于政治目标。

4. 公共性

政府行政过程是制定和实施公共政策的过程。公共政策的内容是对社会公共事务的管理，包括维护社会稳定、组织经济活动、发展科学文化、促进社会进步。政策的公共性与政策的阶级性、政治性是互为表里的。马克思主义虽然强调国家是阶级统治的工具，但并不否认国家管理整个社会的职能。相反，国家只有通过“公正”全面地履行对社会公共事务的管理才能实现其阶级性和政治性的本质。作为国家管理的基本手段的公共政策必然也就具有公共性的特点。有些政策看起来是针对某个地区或某部分社会成员的，但都关系到社会整体的利益，也是社会公共事务。公共政策和企业政策的显著区别就在于公共政策的公共性。即公共政策的内容特征是处理社会公共事务，关系的是社会公共利益。而企业管理的本质是追求某一群体的共同利益，即利润最大化。而其共同利益并不等于公共利益，它们之间的根本差别就在一个“公”字上。即使有些企业也部分地承担着为社会提供公共产品、公共服务的责任，即使它们在决策中也要考虑到事关社会全局的国家政策目标，但总体上企业的政策还是属于“私人政策”范畴。是否以营利为目的，是否以谋求社会的公共利益为宗旨是区分企业政策与公共政策的标准。

5. 资源性

政府行政过程处理公共事务、解决公共利益问题，是以提供和调节资源，使人们受益或受损，从而引导、控制、管理人们的行为。这是公共政策发挥功能的机制。这里的资源不仅包括实物、资金、技术、知识，还包括机会、权力、荣誉和服务等社会中一切有价值的、可给人们带来利益的东西。资源和价值、利益紧密相关，有时可以互相通用。资源分为自然资源和社会资源、私人资源和公共资源。公共政策所提供和调节的资源一般属于社会资源和公共资源。虽然，在现代社会中，随着人与自然分离鸿沟的日益弥合，自然资源和社会资源有融合的趋势，譬如在传统社会中，阳光是纯粹的自然资源，政府的政策无法实现对阳光的调节。但在法制完备的现代社会中，政府可以通过保护公民的住宅采光权，实现对阳光的分配调节。然而，这种分配又是不完全的，任何公共政策都无法给阳光清晰地划定产权，使得一部分人拥有阳光，而另一部分人却付之阙如。同样，公共政策在调节公共资源时，不但影响私人资源的配置，有时甚至直接配置私人资源。这在专制国家和战时政府体制中曾屡见不鲜。不过在现代市场经济国家，私人资源和公共资源的配置应该加以分开。私人资源一般由私人通过市场机制来配置，公共资源由国家通过政策机制来配置。

政府行政过程对资源的提供和调节包括公共资源的生产、交换、分配和消费。公共资源的生产是资源提供的前提。比如政府通过直接投资、国家控股等政策，直接创造公共物品和公共服务，这种公共政策的生产功能在政府主导型的后发展国家尤为突出。有人将政策本身就当作一种资源，甚至是“元资源”，认为政府的功能就是生产和提供这种“元资源”的。政府还要遵循比较优势原则，通过谈判和执行政府间的各种协议，互相交换各种资源。政策的资源分配机制，人们的感受更加深切。像物价政策、货币政策、工资政策、税收政策、地区倾斜和产业倾斜等政策优惠都是政府通过政策对公共资源的分配调节。政策对资源消费的调节既有直接的，也有间接的。通过制定扩大内需等政策，鼓励民众消费社会资源就是直接的，而上述的分配政策就是间接地调节消费。

6. 规范性

政府行政过程的本质特征从外在表现来看，体现为一系列公共政策的制定和执行。任何一项政策，都规定社会中某一部分或全部成员的行为方向和准则，告诉人们怎样活动、遵循什么路线、达到什么目标，应该做什么、不应该做什么，提倡做什么、禁止做什么，有什么利益、受什么惩罚。

政策的规范性不同于道德的规范性、习惯的规范性。道德的规范诉诸人们的良心自省和道德自律。习惯规范诉诸人们的下意识甚至无意识。政策的规范性则依赖于其自身的权威性以至强制性。公共政策的权威性是指作为对社会、团体、个人行为的规范和指导，政策必须得到所涉对象的认可、接受，不管是出于自愿还是被迫；否则，政策就没有约束力，难以取得所期望的效果。政策权威性的取得，或是经过特定的法律程序，或是依据一套习惯性程序，或是遵照领袖人物的指示。许多时候，一项政策并不总是符合所有人的利益，有时需要部分对象为了全体的利益做出牺牲去满足少数人的利益。这种政策的实施对于那些非自愿做出牺牲的对象而言，就具有了强制性。政策的强制性往往同一些惩罚性的措施相联系，若缺乏惩罚性措施，有些政策就会失去其权威性，无法贯彻执行。当然，为了维护政策的权威性而使用的强制措施是有限度的，如果政策过分损害了大部分人的利益，则可能招致大部分人的抵制而导致政策执行者和相对人之间的紧张关系或冲突，政策也就失去了权威性。

二、政府行政过程学说的演变

政府行政过程是现代政府学的一个重要概念，它是现代政治科学中一种重要的研究方法——功能和行为研究方法长期发展的产物，其特征是对政治活动特别是政府活动的行为、运转、程序以及各构成要素，特别是各政治利益团体（群体）之间，以及它们与政府之间的交互关系进行实证性地分析、研究和阐述。这种过程研究，对于传统的制度研究、要素分析和法理说明是一个极为重要的补充和丰富，把人们对于政治、政府问题的研究推向了一个新的阶段。从此，国家与政府理论研究摆脱了“纯理论”和抽象设计的地位，进入了“学以致用”，更直接地参与政府决策、政府实践的学科大发展时期。

19 世纪中期，随着民主政府在英、美、法等主要西方国家的基本完备和西方政党政治的完全建立，现代经济学、社会学、心理学等学科的发展，在英、美等西方主要国家的政治学界，对政府的动态研究、实证分析开始时兴起来，并逐步向正规的过程研究发展。过程化的政府刺激了对政府过程的研究；反过来，与现代科学方法密切结合在一起的有意义的政府过程研究，又促进了政府建设本身。西方政府过程方法与理论的发展经历了这样几个重要的阶段：

（一）政府行政过程思想和方法的萌芽阶段

这一阶段基本特点是开始自觉地引进社会学、经济学和某些自然科学的方法研究政府活动过程，但尚未提出“过程”的概念；注重研究和揭示政府的过程——政府活动的实际状况与政府的实际功能；注重说明作为社会之中的一个要素的政府的地位以及社会和政府之间交换过程，开阔了政府学研究的广泛视野，丰富了政府研究的内容。白芝浩、威尔逊和布赖斯是这一阶段的代表人物。

瓦尔特·白芝浩(Walter Bagehet)在 1867 年出版《英国宪法》一书,不像一般法学家那样从法律条文的角度来描述,而是根据自己亲眼看到的实际情况来加以描述,摆脱了专门研究政治学的倾向,摒弃了一套形而上学的方法论成见,试图研究英国政府的实际机能,对英国政治生活的基本情况和活动方式描写得很生动,说明了英国内阁制的工作原理和下议院(平民院)作为国家行政活动控制机构的职能。1869 年白芝浩另一部重要著作《物理学和政治学》集中探讨了方法论问题,提倡"以科学观察的态度"来研究政治生活,影响了当时研究的"风气"。

曾任美国总统的托马斯·威尔逊(Thomas Wilson)在霍普金斯大学攻读政府学和历史学博士学位期间发表的《国会政府:美国政治研究》一书是政府行政过程初期研究中具有奠基性意义的重要著作。该书重点说明了国会提出、讨论、通过议案或搁置议案的过程,描写了某些代表地区利益的团体(压力团体)在国会内的活动,并把英、美两国立法机关与行政机关的关系做了比较研究。

英国法学家、政治学家詹姆斯·布赖斯(Bryce James)出版了《美利坚共和政体》、《现代民主国家》等著作。他在研究中,不是依赖钻研书本和考察书面文件,而是依靠对各类制度的职能进行直接观察,他还尝试运用社会学的方法直接探讨政治生活中人的因素和政党、团体等组织的活动。

(二)"过程"概念的提出和政府行政过程学说的形成及发展阶段

1908 年,美国著名政治活动家和哲学家亚瑟·本特利(Arthur Fisher Bentley)在《政府的过程:社会压力研究》一书中以其关于政府过程和压力团体研究,大大将白芝浩、威尔逊和布赖斯开始的研究工作思路向前推进了一步。本特利以其对政府过程理论的开拓性研究和较之威尔逊等三人更为系统化的新的方法,以其对"集团"、"行为"、"利益"、"压力"、"过程"等环节的强烈关注,而被公认为是西方政治学行为主义理论的奠基人。

与政府行政过程理论有密切关系的是,梅里亚姆(Chartes Edward Merriaim)和拉斯韦尔(Harold Dwight Lasswdl)这两位芝加哥学派的最主要的阐述者。梅里亚姆所做的主要工作是,表述出权力是怎样取得的,同时研究权力本身,当权者的技巧,对擅权的防止,以及权力的消耗等问题。拉斯韦尔所做的主要工作是,把政治解释为一种"如何取得最多"的"策略",他的这本书的标题,也被一些人当作政治学的一条标准定义。

在 20 世纪二三十年代,卡斯内尔(Gosnell Harold)等人在选举行为、控制方法、政府工作程序等领域的研究工作,也都在某些侧面和一定程度上呼应、支持或者说丰富了本特利对政府过程的研究。

总之,到本特利时期,政府过程理论已经形成。30 年代前后,即梅里亚姆—拉斯韦尔时期,政府过程理论已经较为丰富了,表现为:"团体"这一核心概念已经形成;团体、利益和压力三者围绕政府的相互作用和这三个概念在理论上的相互规定的逻辑体系形成;行为主义方法论已经形成并逐步稳定下来,将政府活动放到社会环境中去考察,动态分析与静态分析相结合，重视数量分析与数据的运用，重视调查研究工作，重视对政府活动中人的行为做社会心理分析。

（三）政府行政过程理论的稳定发展和普及阶段

1945 年第二次世界大战结束后，一批学者进入了政界。政治实践使他们切身感到纯理论的制度研究法在决策中的作用很有限，从而促进了政治学理论与政府实践的结合。西方政治学界开始从“过程”的角度研究和表述政治和政府活动的各个方面。不仅行为主义注重过程研究方法，而且非行为主义，甚至不赞成行为主义的学者也都普遍把政治和政府看作过程。持有不同意识形态的各方面学者，在把政府和政治活动看作一个过程方面，似乎保持着惊人的一致。

政府行政过程理论的稳定发展，突出地表现为它的基本方法论——行为主义在 20 世纪 50—60 年代地位的不断升高和巩固。尽管对行为主义从来没有一个精确的界限，但大多数人还是认为，它是强调运用科学的方法和观点来研究政治和政府行为的一种思维方式，它重视团体和个人的实际行为，力求学术上的严密和系统，力求通过对资料的定量和测量来达到精确性，主张理论应由相应的实际行动来验证，而对实际的研究也要有理论来指导。行为主义的这些特点与政府过程理论在方法论上是一致的。

这一时期，在西方诸国，特别是在美国，人们比以往更重视制度、政府结构、政府程序和控制等问题，还很重视对压力集团和院外集团，对公开统治幕后的“看不见的政府”对官僚政治过程、行政程序和政党活动，对选举行为中种族因素的影响等问题的研究，相应地出现了一批重要著作。1951 年，美国哥伦比亚大学政府学教授戴维 · 杜鲁门（Truman David）出版了一部重要著作——《政府过程——公共利益与舆论》论述了利益集团，利益集团与政府的关系；利益集团的组织与领导地位、领导的性质和领导的技巧；舆论、宣传工具、政党、选举活动；政府结构、立法过程、政府行政；“接近”、利益集团与国家的关系等问题。杜鲁门不仅更为直接地使用“利益集团”的概念，而且更重要的是，他认为利益集团除非“接近”政府，否则它们就无法影响决策；所以，“接近”变成了政治利益集团实现目标的手段，“接近”成功与否是利益集团政治地位如何的基本标准，那些社会地位较高的利益集团由于获得了社会的普遍尊敬，其主张容易被社会所接受，所以能顺利地“接近”或“深入”到政府中去，也就是说，杜鲁门比本特利更为重视利益集团本身。

政府行政过程学说在这一阶段所获得的最显赫的地位，是在阿尔蒙德（Almond Gabrlal）的比较政治学与“结构—功能主义”分析中得到了成功的应用和发展。在《比较政治学：体系、过程和政策》一书中，更多地、更自觉地给予过程研究以方法论的地位，运用结构—功能主义的体系方法去分析政治体系的实际运动过程，把过程看作政治体系执行功能的一个层次，并分析了过程文化、政治过程结构、政治交流的过程结果和过程功能，并重点分析了决策过程和过程产品问题。该书扩大了过程研究方法的影响，推动和丰富了政治过程学说的发展。

应当说,政府过程的研究不是学者思想的产物,它是有实践根基的,在它创立和发展的过程中,理论与实践之间,传统政治学与新兴政治学之间的融合起了重要的作用。20世纪60年代后期,行为主义方法遇到了挑战,因为它忽视对意识形态、价值等倾向性问题的主动判断。行为主义一开始就是与多元主义、"价值中立"交织在一起的。这为它的研究带来了某些方便,使研究回避了某些"难题",但重大的政治、政府问题必然要涉及伦理价值、规范等是非问题,不可能在所有问题上都"中立",不可能没有某些隐含着的价值前提。所谓"后行为主义"就是在这种背景下出现的。后行为主义仍然是一种行为主义,只不过是它力图丰富和补充行为主义而已。这时,行为主义在政府研究中的应用的产物——政府行政过程学说已经成为一种较为成熟的方法论。

三、利益集团对政府行政过程的影响

政府行政过程并不是一个由行政主体操纵的井然有序的过程,而是一个充满矛盾、异常复杂的过程,影响政府行政过程的因素主要有体制化结构和人格化结构这两种因素,体制化结构因素是静态层面的,而人格化结构则是动态的因素,在一个法制健全的国家,应该是体制化结构对政府行政过程的影响远远大于人格化结构对政府行政过程的影响,其中尤以利益集团的影响最大。当某个群体提出一项政治要求时,政府行政过程就开始了。这种提出要求的过程称为利益表达,利益表达的主体称为利益集团。

(一)利益集团的含义

西方理论界对利益集团含义的界定存在着差异,如阿尔蒙德认为"所谓利益集团,是指因兴趣或利益而联系在一起,并意识到这些共同利益的人的组合"。① 戴维·杜鲁门给出的利益集团的定义为"利益集团是一个持有共同态度、向社会其他集团提出要求的集团,如果它向政府机构提出要求,它就变成一个政治性的利益集团"。② 这些差异大致可归纳为三个方面:一是把利益集团看成是共同利益的简单组合体。二是认为利益集团是通过各种途径影响公共政策来实现集团利益的组织。第三种看法则是把前两种结合起来,认为利益集团既有共同的态度,又要采取行动满足自身的利益要求。虽然歧见纷呈,但是他们的分析亦有共同之处:第一,利益集团具有组织性。不论其规模大小,存在是长期的还是暂时的,结构是松散的还是严密的,利益集团都以组织形式出现。第二,利益集团具有鲜明目的性,利益集团是为寻求共同利益目标而形成的,它必须以追求集团的整体利益为目的。由此可以认为,利益集团是有着共同利益目标的一群人、某个组织组成的以影响政府公共政策来实现自己利益和目标的团体。

按照政策活动者不同可分为官方利益集团和非官方利益集团,前者主要存在于立法

---

① [美]阿尔蒙德,鲍威尔:《比较政治学:体系、过程和政策》,上海译文出版社,1987年版,第206页

② [美]戴维·杜鲁门:《政治过程——公共利益与舆论》,天津人民出版社,2005年版,第37页

机关、政党、政府行政机构和司法机构之中，其组织基础为其提供了许多资源和接近权力中心的机会，具有强有力的特征。后者主要存在于政治体制外的、不直接行使公共权力的政策过程的参与者之中，如公民、大众传播媒介和公司组织等。

（二）利益集团的利益表达

利益集团的目的是向国家公共权力机构施加影响以维护自身利益。当一个集团确定了自己的要求后，就要把这种要求传达到政策中心，对公共政策的立法过程施加影响。因此，利益集团问题的核心是一定的利益主体如何表达利益的问题；而如何表达利益的问题，实际上就是一个社会的政治参与的问题。政治参与是社会公众为实现或扩展自身利益而通过各种途径和方式对政治制度施加影响的活动。在现代社会，政治参与不仅是公民的宪法权利，也是政治制度得以有效运作的重要条件。有效的政治参与能使政治制度获得公众的感情支持，促进政治的稳定。如果一个社会的政治制度无法给公众提供政治参与的渠道，随着社会利益分化的增长，社会群体的政治行为就有可能冲破社会秩序，给社会带来不稳定。因此，一个合理的政治制度设计，必须安排一定的利益表达渠道并以兼顾社会各方面的利益为基本前提。

事实上，任何社会结构都可能会提供一些交流和表达倾向的模式，导致其中的个别人组成利益集团。但是有些社会结构比其他社会结构更容易适合于利益表达，政治制度安排中存在着各种不同机会导致了各种各样的政治参与方式。在人类的政治制度发展史上，美国的利益集团政治是最为突出的。利益集团通过游说、公开运动、和平示威、影响选举、停止合作等各种方式和途径对美国政府与政治发生着影响力，进而使政府部门在政策的制定和执行中不得不考虑到各种利益集团之间的协调与平衡，通过幕后协商、谈判、妥协来平衡各利益集团之间的差异。在这过程中，政府充当着“调停人”的角色。美国利益集团数量之众，影响力之大，涉及范围之广是其他任何国家所无法比拟的。利益集团的活动可以改变美国大选的结果，可以影响政策的制定和执行，可以影响政府的决策方式。虽然利益集团只代表着利益相同的成员，但就整个美国社会而言，各种利益集团在进行利益竞争时基本上都遵循着一个根本的原则，即自由必须服从法律。政府在平衡社会各种利益的思想指导下来实现自己的行政政策。因此，美国的政治制度设计就是一个利益聚合与利益表达的利益集团政治。一方面，利益集团政治是对以普选制、代议制和政党政治为主要内容的传统民主政治制度的补充，它使不同阶级、阶层集团、派别等对于政治权力和政府决策的重视程度大大地提高了，促进了国家权力运作的合理性；另一方面，利益集团对团体成员的利益起到了增进的作用。利益集团是团体成员利益的综合体现，集团利益的实现同时也是团体成员利益要求的完成。

利益表达可以由许多不同的社会结构以不同的方式进行。在一个现代化的政治体系中，尽管利益表达也可由非专业化的机构来进行，但是存在着主要是为促进利益表达而组织起来的社团。现代国家与传统国家的最大区别是，人民在大规模的政治组织中参与政治并受其影响的广泛程度。现代化意味着各种新和旧、现代和传统的集团越来越意识到自己是作为一个集团而存在;意识到自己在与其他集团关系中的利益和要求。

如何解决现代化过程中随着社会利益分化而来的集团参政问题,即“集团化的”或“有组织的”参政问题,是一个社会不可回避的政治发展问题。美国是各个利益集团通过议会斗争实现利益的表达与综合。欧洲一些国家通过政府行政部门与职能社团的功能性联系,满足社会集团的参政要求。而一些拉美国家则通过政党组织与职能社团的“合二为一”解决集团化参政问题。无疑,随着经济的发展和教育的普及,公民有组织的参政是社会发展的必然,任何力量都不能抗拒。因此,开放“公开行政领域”,提供公民及利益集团表达自己利益的合法渠道,使政治过程程序化、规则化,是一个社会政治成熟的体现。

(三)利益集团对政府行政过程的积极影响

利益集团在政府行政过程中处于一种不容忽视的重要地位,其影响的大小也就决定公共政策目标的实现程度,这种影响包括积极方面也包括消极方面。利益集团对政府行政过程的积极影响主要表现在以下几个方面:

1. 集中各种利益

利益集团是政府行政过程中的目标群体为了共同的政策利益而结合在一起的,共同的政策利益会促使具有共同态度的目标群体得以组织并统一行动,从而使利益集团能集中代表目标群体个人的利益愿望与要求,就能增加与政府讨价还价的声势和压力。同时利益集团通过向这些不太高兴的公民(感到被政府所遗忘或歧视的被疏离的人们)提供一种“安全阀”——发泄抱怨和挫折的合法渠道,从而有助于维护社会的稳定。[①] 利益集团集中各种利益能对公共政策执行主体形成很大的作用力,因而更有能力通过一定方式与公共政策执行主体进行谈判与沟通,通过公共政策执行主体与各种利益集团之间的协调与合作,从而可以实现公共政策执行中目标群体的利益维护和意志表达,有利于促进公共政策执行的公平与公正,促进公共政策执行的民主化。

2. 提高政府绩效

利益集团有助于提高政府绩效主要表现在以下几个方面:第一,利益集团能给公共政策执行主体提供政策执行的实际情况,包括政策问题的数量、性质、特征和各种影响因素等以及目标群体的实际情况包括传统习俗、价值观念、经济收入、生活困难等相关信息,这些信息的及时反馈有利于公共政策执行主体采取更有效的政策执行计划或措施,能有效地解决实际政策问题,从而提高政府绩效;第二,利益集团能为公共政策执行主体提供有关公共政策执行的有效方案和技术性服务。利益集团来自于群众之中,代表部分群众的实际利益,也代表部分群众的知识、经验、技术等文化水平。因而利益集团在与公

---

① [美]迈克尔·罗斯金等:《政治科学》,华夏出版社,2001年版,第210页

共政策执行主体的互动中可以提出自己的合理性建议和意见，群策群力，从而有效地为公共政策执行主体提供更为实际的方案或改变传统执行技术，起到“政府助手”的作用；第三，利益集团拥有一定的财力、物力、人力和时间等政策资源，通过沟通与协调，公共政策执行主体可以利用利益集团的部分资源来推进公共政策的执行工作，甚至于可以通过合同签约引入市场化竞争机制或“聘用”社会优秀人才等改进公共政策执行系统，从而提高政策绩效；第四，利益集团是公共政策执行中最大的对象性制约因素，如果能获得这些利益集团的支持、理解和帮助，显然有利于公共政策执行的有效推进，消除公共政策执行中的政策对象障碍，公共政策执行主体也必须通过各种措施以获得利益集团的遵从与支持才可能最有效地执行有关政策。

3. 强化政策监督

传统的公共政策执行在某种程度上是政府部门的单独行动和充满神秘色彩进行“暗箱操作”的管制过程，目标群体只有服从、依附、忍受，而没有自由选择、监督、评价的实际权力和有效机会。随着利益多元化和民主社会的到来，利益主体意识的增强和利益集团的形成与发展，可以有效地提高或增强更多利益主体表达意志的渠道和实现愿望的机会。利益集团除了能集中政策对象的政策利益与要求之外，还能通过集体力量有效地影响公共政策执行过程，加强对公共政策执行主体行为的监督与制约，一方面，利益集团与公共政策执行主体内部存在着多多少少的联系，从而能获得关于公共政策执行主体内部行为的“灰色”信息；另一方面，利益集团在与公共政策执行主体的实际互动活动中获得关于公共政策执行主体行为的各种信息，通过各种信息的搜集与统计分析，及时发现公共政策执行中的不良行为，因利益集团共同政策利益的存在，反对腐败的呼声和压力就会更加强烈和有效，更能有力地监督公共政策执行，防止公共政策执行主体的权力异化和腐败的发生。

（四）利益集团对政府行政过程的消极影响

利益集团更多的是代表目标群体的利益要求，是与公共政策执行主体进行政策博弈的竞争对手，因此不免在与公共政策执行主体互动中产生一定的负面效应，利益的排他性与扩张性就可能对公共政策执行产生一定的消极影响，妨碍公共政策问题的解决和目标的实现，利益集团对公共政策执行的消极影响主要表现在以下几个方面：

1. 削弱政府权威

一定的权威是公共政策执行中不可或缺的政策资源。由于利益集团的影响，公共政策执行主体如果受制于利益集团的行动与反应，则会处于被动地位，失去应有的政府权威，从而难以保证公共政策在目标群体中得以顺利实施。利益集团无视政府存在及其政策行为的严肃性和权威性，使政府权威受到削弱也就影响政府对社会的治理与调控职能的发挥，影响政治稳定和社会秩序。利益集团凭借其内部雄厚的物质资源或其他资源并以此作为政策上讨价还价的“砝码”，甚至出现施蒂格勒提出的“俘虏理论”中认为的，一些政府管制部门往往和相关利益集团存在合作关系，并可能会被管制对象的利益集团所俘虏，并受其控制，则可能导致更坏的结果，打破政策利益的平衡机制，操纵政治行为，使政治生活更加分裂，最终影响公共政策执行的全面实施和权威推进，影响公共政策执行的公平性、公正性和有效性。

2. 加大执行成本

政策执行成本是指在公共政策执行过程中所消耗的财力、物力、人力、信息和时间等资源的总和，它既包括直接的实际耗费，也包括间接的财富损失，既包括物质财富损失，也包括政治、文化、社会等非经济性资源的投入或损耗。利益集团为了追求自身利益的最大化，在政策不利于自己利益时，会用各种手段抵制和削弱政策执行及其效率，加大了政策执行成本。利益集团因政策利益矛盾或政策本身的不协调性也常常通过各种方式与公共政策执行主体或其他利益集团发生政策摩擦，造成政策效益的损失和社会价值的浪费。利益集团也甚至于为了获得自身利益最大化而进行寻租活动。布坎南认为，由于政府的各项经济决策往往以某种公共利益需要为解释而为某些利益集团服务，特殊的利益集团为谋求政府保护，逃避市场竞争，实现高额垄断利润，往往进行各种“寻租活动”，于是便会产生政府的寻租行为①。不同的利益集团之间还会出现寻租竞争。利益集团的寻租行为直接导致执行受阻或效率低下，或执行的不彻底、不公平、不公正，而寻租竞争又增加公共政策执行的交易成本和摩擦成本，造成社会政策资源的无谓浪费。

3. 导致执行偏差

政策执行偏差是政策执行主体在执行某项具体的政策过程中，由于各种因素影响而导致的政策执行效果与政策目标的偏离并产生了不良后果的政策现象。利益集团从本集团利益出发对公共政策执行行为进行预期估计，并对这种预期的结果与自己的实际行动结合起来，若政府执行不符合自己的利益需求，就不给予接受和支持，并且这种预期与实际利益差距越大，则对于公共政策执行的阻碍就越大，即所谓的“有利就执行，无利就变形”、“上有政策，下有对策”，也就反映了作为目标群体的利益集团对公共政策执行主体的行为反应。由于利益集团势力强大，利益需求强烈，目标一致，行动同步，则对公共政策执行的影响力或压力就更大，更容易导致政策执行偏差。

4. 忽视弱势群体

利益集团与公共政策执行主体之间的竞争与互动集中了较大多数社会主体的利益要求，使公共政策制定及其执行明里或暗里在利益问题上偏向那些组织严密、成员众多、资金充沛、领导有方的利益集团，难以对处于社会弱势的群体和个人进行公平性对待与必要的政策扶助，因而有悖于公共政策执行的公平原则。公共政策的核心价值是维护社会公平，应该将公共政策更多地偏向于需要政策扶持的社会弱势群体，然而由于面对强势利益群体的压力、利益群体之间的利益矛盾与冲突，以及政策矛盾与对抗的公开化和

① 丁煌：《西方行政学说史》（修订版），武汉大学出版社，2004年版，第347页。

尖锐化，公共政策制定及其执行难以做到真正意义上的公平与公正，从而使公共政策执行制定及其执行陷入“两难抉择”之中，而为了维系社会的和谐和政治稳定，尽可能避免和减缓利益集团之间存在的利益冲突，又不得对公平原则和民主要求进行“妥协”和“折中”处理，从而又使公共政策陷入“悲剧性抉择”之中，最终导致社会整体利益的损害和弱势群体利益的忽视。

第二节　分权型政府行政过程

一、分权型政府行政过程的含义及内容

根据政府行政过程中决策权力在不同层次的分配状态，政府行政过程可分为分权型与集权型两类。分权型政府行政过程是指各级政府机关在各自管辖的范围内享有公共政策的决策权，上级机关不干预下级机关在自己职责范围内的决策活动。这种体制在联邦制国家中较为普遍。

不同形式的分权可以在同一个国家，甚至在各个部门之间实现共存。而不同部门会有不同形式的分权：第一，非集中制，这是分权最有限（也是最普通）的形式。当中央政府将责任和权力分放给地方的分支机构时，就会出现非集中制。第二，代理，指的是中央政府将公共职能管理责任移交给地方政府或半自治的机构。地方政府或半自治机构只在部分上受控于中央政府，但是要对其承担应负责任。第三，授权，这是分权的一种更加普遍的形式。在这里，中央政府将决策、财政和管理权力移交给拥有明确合法的司法机构的地方政府。地方政府通过这些司法机构行使权力、发挥公共职能，并对其选民负责。

分权型地方行政机构把有关中央政策及地方政策的管理权限均交给地方行政机构，如英国的郡和区，联邦德国的州、行政区和县。实行分权型的中央行政当局，可以向地方派驻代表机构，但不能代表中央行政当局行使一切权力，特别是财政、外交权力。因此，英国文官中有 3/4 在伦敦以外的地方行政机构中工作，白金汉宫只占中央政府文官总数的 4%。联邦德国联邦政府下属的国防部、内务部和税收部门的行政官员也都分散在地方工作。英国、联邦德国把中央政府的行政管理权限下放给地方行政当局，但对后者施加了种种限制，使之处于严格的附属地位。联邦德国的州政府对行政区、县贯彻其决策情况进行严格的等级监督。因而，联邦德国实际上是在联邦制的框架中实行中央行政集权制。英国地方政府在执行政策上的自主权十分有限，中央政府单方面地给地方政府施加种种约束和限制。联邦德国的州政府按宪法规定负责执行联邦政府有关本州的立法权；联邦政府对州政府也进行监督，但一般通过谈判、协商解决，不是靠等级制管理。

美国的联邦政府和各州政府在行政管理方面各司其职。尽管 20 世纪 70 年代联邦

政府、特别是派驻地方机构的人员有所增加，地方行政管理任务主要还是由州、县、市承担的。美国有83%的行政官员属于州政府或地方行政机构，在州一级工作的达400万人（主要是在教育和卫生部门），在地方行政机构中工作的达960万人（其中一半在县级教育部门）。实际上，联邦政府与地方政府的行政分工并不十分明确，但基本原则是：联邦政府的行政官员负责执行联邦政府的决策；地方政府的行政官员负责执行同级政府做出的决策。

二、分权型政府行政过程的优缺点

分权制的优点是各级决策机构能因地制宜地制定政策，政策针对性强；缺点是同级决策机关的政策难以协调，易产生冲突。分权本身无所谓好坏。如果设计完善，它可以使公民更进一步地参与决策并改进政府管理，其中包括效率和服务质量。但如果设计不恰当，或者地方上的参与和负责程度不够，分权的影响就可能是消极的。关键的问题在于平衡职权和责任及资源的关系，过度的分权主要弊端在于：

第一，地方过度分权容易导致地方割据，不利于国家的统一和社会的安定，是导致国家衰亡的重要原因之一。

在现代社会，这方面的例证最典型的是前南斯拉夫。在20世纪80年代，前南斯拉夫的地方分权越走越远，到1989年，前南斯拉夫联盟中央只能支配国内生产总值的4%和财政总收支的20%，跌出了公认的财政分权的底线。难怪一年以后，这个国家就分崩离析了。

第二，地方过度分权容易造成尾大不掉，使中央政令不通，导致管理混乱。

一个国家，如果中央与地方的关系正常，那么，中央的法律、法令和政令对地方就具有较强的约束力和控制力，中央对地方，如同心之使手，手之使指，运用自如。然而，如果地方权力过大，就会出现反常现象，即中央号令不灵。地方各自为政，形成尾大不掉之势，导致国家机器运转失灵和管理混乱。在这种情况之下，不仅中央从社会经济中动员财力的汲取能力大为降低，而且其指导社会经济发展的调控能力也会大大削弱，久而久之，就必然会削弱国家的合法化能力。这就使国家的发展潜伏着巨大的隐患，使国家的生存面临着严重的危机。

第三，在市场经济发展过程中，地方过度分权不仅会导致严重的地方保护主义，阻碍和破坏国内统一市场的形成，增加生产和交易的成本，而且还会使外国资本乘虚而入，压制和打击民族工业的成长和进步。

例如，在美国的邦联时代，由于当时邦联中央没有规定商业权，所以各州自订关税。各州对他州货物都是重课关税。互相竞争。如纽约、康涅狄格、新泽西之间，关税竞争都非常剧烈。甚至新泽西州的农民渡过赫德森河去纽约出售蔬菜，也要付很高的关税。更严重的是，各州对西欧各国货物进口，有的征很高的关税，有的则不征关税，开放自由港。所以西欧各国商人多乘机将货物从自由港运入，然后再运往美国各地倾销，使13州自己的工业受到重大打击。此外，地方权力过大，中央无权或只有很少的权力，那么，就会使国家在国际社会没有威望。这对国家利用国际社会的资源来发展、壮大自己,显得十分不利。美国在邦联时代,邦联中央由于自己没有财政权,在国际上毫无信用可言。当时邦联中央要向法国借外债,法国政府却不愿将债款交给邦联中央,而愿交给华盛顿本人。

总而言之,无论是在统一的民族国家形成过程中,还是在统一的民族国家形成以后,地方过度分权,都隐藏着极大的弊害。它或者阻碍经济的发展和民族国家的形成,或者妨碍国内统一市场的形成和建立,甚至导致民族国家的衰亡。

第三节　集权型政府行政过程

一、集权型政府行政过程的含义及内容

集权型政府行政过程是指公共政策的决策权集中于上级政策机关,上级机关包揽较多的决策事务,下级机关只能依上级指令行事的决策体制。

法国是这类政府行政过程的典型代表。法国的地方行政机构实行严格的等级制,近似一种准军事组织形式,通过专门机构把中央政府的指示,信息传达到基层。法国中央地方关系是典型单一集权模式,其特点在于:第一,中央与地方的权力关系是一种委托一代理关系。地方政府权力是中央让与的权力,其性质是不具有中央权力性质的一种地方自治权;第二,中央通过行政监督和司法监督的方式对地方代议机关和地方行政长官实施控制和影响,保证国家的一体化,从而显示出明显的中央集权特征;第三,地方政府的法律地位、行政地位和财政地位呈现出一种不断提高的发展趋势。这意味着地方分权在法国进入不断调整时期。比利时、意大利和西班牙曾在不同时期仿效过法国这种行政机构模式。法国地方行政机构的核心是省长,他代表国家并负责协调国家驻地方的机构。有人把这种地方行政机构比作布局严密的蛛网,实际情况远非如此。意大利省长的权力向来不如法国省长权力大,他们无力控制国家派驻地方的机构,只是负责组织地方选举和维持地方治安。党派政治对中央与地方关系的影响更大。法国省长的权力相对较大,地方行政机构主要靠省长同地方名流协商并达成妥协来开展工作。20 世纪 60 年代以前,法国中央政府派驻地方的机构在贯彻中央政策和制定地方政策方面有巨大影响,这一点与其他西方国家不同。随着都市化规模的扩大,地方行政机构发生很大变化,纯属地方性事务已下放给地方行政当局。

中央集权制与中央高度集权制是两种完全不同的体制,二者具有本质上的区别。前者是民主政体的必然要求,后者是专制政体的重要表现。它们的主要区别是:

第一,中央集权制具有普遍性,而中央高度集权制则不具有普遍性。恩格斯在《集权和自由》一文中指出:“集权是国家的本质、国家的生命基础,而集权之不无道理正在于

此。每个国家必然要力求实现集权，每个国家，从专制君主政体起到共和政体止，都是集权的。美国是这样，俄国也是这样。没有一个国家可以不要集权，联邦制国家需要集权，丝毫也不亚于已经发达的集权国家。只要存在着国家，每个国家就会有自己的中央，每个公民只是因为有集权才履行自己的公民职责。”①可见，中央集权制具有普遍性。而中央高度集权制则不具有普遍性，它只存在于一些国家或一些国家的历史上。例如，美国就没有实行过中央高度集权制。在英、法、德等西方国家，中央高度集权制已经是过去的历史，而在今天，这些国家都不再实行这种体制。

第二，中央集权制主要是将国家的权力集中于中央，而不是集中于中央的某个人。而中央高度集权制则是天下大权集于中央，中央大权高度集中于最高统治者一人之手。对此。恩格斯明确指出：“国家集权的实质并不意味着某个孤家寡人就是国家的中心，就像在专制君主政体下那样，而只意味着有一个人位于中心，就像共和国中的总统那样。就是说，别忘记这里主要的不是身居中央的个人，而是中央本身。”②

第三，在中央集权制下，中央集权是有一定范围的，不是把一切权力都集中于中央；而在中央高度集权制下，中央集权则没有什么范围可言，它把一切权力都集中在中央手里。恩格斯指出：“既然集权是集中在一个中心，既然这里的一切都是汇集在一个点上，那么，集权的活动必然应当是有普遍意义的，它的管辖范围和职权就应当包括一切被认为是有普遍意义的事情，而涉及这个或那个人的事情则不在内。由此就产生了国家的中央政权有权颁布法律，统率管理机关，任命国家官吏，等等；同时也就产生了这样一条原则：司法权绝不应当同中央发生关系，而应当属于人民，属于陪审法庭，而且，如上所述，公共事务不能纳入中央政权的管辖范围，等等。”③当然，由于社会历史的发展变化，中央政府管辖的事务范围也会发生一定的变化。但有一点是确定无疑的，即在中央集权制下，中央集权是有一定范围和一定限度的，而不是将一切权力都囊括其中。与此不同，在中央高度集权制下，中央集权是不受限制的，不仅如此，它的本性和内在机制驱使中央的权力不断地扩张和无限地膨胀。

第四，中央集权制不与官僚制度相结合，而中央高度集权制则是与官僚制度相伴而生、相互依存的。马克思在《路易·波拿巴的雾月十八日》中指出：“现代社会所需要的国家中央集权制，只能在和封建制度斗争中锻炼出来的军事官僚政府机器的废墟上建立起来。”④该书在1852年的版本中没有这两句话，作为本段的结束语是：“打碎国家机器也不会危及中央集权制。官僚政治不过是中央集权制还受其对立物即封建制度累赘时的低级和粗糙形态。”⑤可见，马克思所肯定的中央集权制是不与官僚制度为伍的。而中央高

① 《马克思恩格斯全集》第41卷，人民出版社1982年版，第396页。
② 同上书，第397页。
③ 同上书，第396页。
④ 《马克思恩格斯选集》第1卷，人民出版社，1972年版，第699页。
⑤ 《马克思恩格斯选集》第1卷，人民出版社，1972年版，第699页。

度集权制则是以官僚制度为基础的。没有官僚制度，中央高度集权制不仅不能运行，而且一天也不能存在下去。

第五，中央集权制与地方自治水乳交融，密不可分，而中央高度集权制则根本否定地方自治。马克思、恩格斯在《中央委员会告共产主义者同盟书》中指出："也如1793年在法国那样，目前在德国实行最严格的中央集权制是真正革命党的任务。"[①]通过恩格斯在该书1885年版对这段话所加的注释中可知，马克思、恩格斯所肯定的中央集权制，不是拿破仑式的中央高度集权制，而是从法国大革命后至1798年雾月18日政变前的那种法国中央集权制。其特点是，各省、各区和各乡镇都享有美国式的自治权，即地方行政长官是由人民自己选出，而不是由中央任命。恩格斯写道："在整个革命时期，直到雾月18日政变时止，各省、各区和各乡镇的管理机构都是由人民自己选出而可以在全国法律范围内完全自由行动的政权机关组成的；这种和美国类似的地方和省区自治制，正是革命的最强有力的杠杆，所以拿破仑在雾月18日政变以后，立刻就把这种自治制取消而代之以地方行政长官管理制，这种地方行政长官管理制现在还保存着，自始就纯粹是反动势力的工具。但是，地方的和省区的自治制虽然不与政治的和民族的中央集权制相抵触，然而它也并不一定与狭隘的县区的或乡镇的利己主义联在一起"。[②] 恩格斯进一步写道："需要单一的共和国。但并不是像现在法兰西共和国那样的共和国，现在的法兰西共和国同1798年建立的没有皇帝的帝国没有什么不同。从1792年到1798年，法国的每个省，每个市镇，都有美国式的完全的自治权，这是我们也应该有的。至于应当怎样组织自治和怎样才可以不要官僚制，这已经由美国和法兰西第一共和国给我们证明了，而现在又有澳大利亚、加拿大以及英国的其他殖民地给我们证明了。这种省的和市镇的自治是比例如瑞士的联邦制更自由得多的制度。在瑞士的联邦制中，州对联邦而言固然有很大的独立性，但它对专区和市镇也具有独立性。州政府任命专区区长和市镇长官，这在讲英语的国家里是绝对少有的。而我们将来也应该断然消除这种现象，就像消除普鲁士的县长和参政官那样。"[③]根据这一思想，恩格斯建议把1891年社会民主党纲领草案关于自治问题的条文表述如下："省、专区和市镇通过由普选权选出的官吏实行完全的自治。取消由国家任命的一切地方的和省的政权机关。"[④]

第六，中央集权制维护地方的合法利益，而中央高度集权制则无情地剥夺地方利益。恩格斯说："为了中央而牺牲各省并且建立丝毫也不比门阀贵族和金融贵族统治更公正、更合理的寡头统治，一个地区的贵族的统治，那它自然就在制造不公正。"[⑤]在中央集权制下，中央所代表的国家利益与地方所代表的地方利益是统一的和相容的，因此，在这一体

① 《马克思恩格斯全集》第7卷，人民出版社，1959年版，第298页。

② 同上书，第298页。

③ 《马克思恩格斯全集》第22卷，人民出版社，1965年版，第276页。

④ 同上书，第276—277页。

⑤ 《马克思恩格斯全集》第41卷，人民出版社，1982年版，第394页。

制之下，中央不会也不可能牺牲地方的利益；而在中央高度集权制下，无论是在思想意识上，还是在体制上，都奉行中央绝对至上主义，这样，中央往往以国家的名义，牺牲、侵吞和剥夺地方利益，使地方利益丝毫得不到法律和制度上的保障。

从以上分析中可以看出，马克思主义经典作家承认和肯定中央集权制的历史合理性，而否定以个人高度集权为特征的中央高度集权制，特别是君主专制式的中央高度集权制。在马克思、恩格斯看来，中央集权制和中央高度集权制代表着两种截然不同的政治体制，前者是民主共和政体的客观要求，后者则是专制体制的必然产物。

在世界各国，高度集权体制的历史命运是极不相同的。在早发现代化国家，这一体制早已被送进历史博物馆。而在一些后发现代化国家，这一体制仍然矗立在政治、经济、文化比较落后的基础之上。然而，随着时代的发展和社会的进步，高度集权体制所赖以存在的基础和条件正在消失，这一金字塔式的权力大厦开始摇摇欲坠，其被分权式的权力结构所取代已是大势所趋。

二、集权型政府行政过程的优缺点

集权制的优点是公共政策的制定更具全局性，更能统筹兼顾；缺点是政策适应性差，不能因地制宜，往往搞“一刀切”，并容易导致上级政策机关的独断专行，压抑下层的积极性，容易趋于墨守成规、不敢创新。总的来看，过度的集权有如下弊端：

首先，在集权型政府间体制下，下级政府缺乏应有的自主性和创新精神。将权威分散于不同的政府层级，是与集权型政权或绝对主义相对立的。在集权型政府体系中，中央政府必须不断努力防止国家机器的任何组成部分和政府体系的任何层级发展自己的利益，防止它们在政府管理或地方治理中产生一定程度的自主性，集权型政治的“理想”或逻辑，就是建立单一的、自上而下的、层层控制的、无所不包的政府体系。也就是说，这种政治的基础是建立在单一的控制或支配之上的。同时，政府领导人的影响力比较单向，同时，政策主要由层级和命令来达成。

由于下级政府缺乏应有的自主性，它更不可能具有创新精神。下级政府最保险（也是唯一）的做法是，静等上级政府发号施令，或者亦步亦趋地跟随上级政府的指挥棒转；一旦遇到新情况，最好是首先层层请示上级政府，然后遵照上级政府的指示行事。这也就暗示人们，上级政府必须是全知全能的，否则它怎能指挥下级政府处理各种完全不同的问题呢？

其次，在集权型政府间体制下，政府从整体上而言既是强大的又是弱小的。一方面，集权型政府体系是“铁板一块”，谁也无法与之为敌。它的权力是无所不能的。在这种政治中，政府总是高高在上，凌驾于一切之上。同时，在另一方面，在这样的政府中，下级事必躬亲，其办事效率之低下不难想见；而上级则惯于开会和层层向下发文件，其文牍主义和官僚作风必然泛滥。

第三，在集权型政府间体制下，政府间的关系往往沦为“庇护—附庸”关系。上级政府之所以要庇护下级，是因为它们是一体的，庇护下级也就等于庇护自己。而下级政府之所以依附于上级政府，因为它的权力是自上而下授予的。特别是下级政府的负责人，他的升迁、荣辱、名誉、地位和利益直接掌握在他的上司手中，他必须唯上级之命是从，以上级好恶为好恶，对上级极尽阿谀奉承之所能，而不是相反地去取悦选民。就这样，一切庸俗的裙带关系、人身依附、唯命是从、个人崇拜等现象由此滋生、蔓延。要想彻底摧毁这些丑恶现象，只能依赖政府间的分权和自下而上的民主选举。

第四，在集权型政府间体制下，下级政府相对于它的上级政府讲是不完全的政府。因为在这种政府间体制下，决策权似乎始终掌握在上级政府手中，"上级决策，下级执行"是这种政府间关系体制的一条通则。从这个意义上说，每一下级政府相对于它的上级政府都是一种不完全的政府，因为它自己没有实质的决策权，它的决策权被上级所侵占——相对于它的上级政府而言，它是上级政府的一个行政单位，而不是一个完全的政府组织；即便如此，上级政府往往还通过它设置在下级政府中的派出部门，来分割、肢解或架空它的下级政府的行政权，以致下级政府相对于它的上级政府而言与其说是它的一个行政单位，毋宁说是它的派出机构。

第五，在集权型政府间体制下，上下级政府机构的设置趋于"同构"，这不单有利于上下级政府之间的"沟通"，更主要地是为了便于上级政府支配、驾驭下级政府。由于这种"同构"，使下级政府的每一次机构改革必须首先仰赖上级政府的机构改革，下级政府的改革几乎无一例外地套用上级政府的制度设计，一点也不能反映本级或本地方的特色。

第四节　民主型政府行政过程

一、民主与民主型政府行政过程

（一）民主的内涵

民主从其字面上来看，代表着由人民统治。至于民主的统治方法，以及其"人民"的构成范围则有许多不同的定义，但一般的原则是由多数进行统治。民主通常被人与寡头政治和独裁政治相比较，在这两种制度下政治权力高度集中于少数人手上，而没有如民主政治一般由广大人民控制。民主一词经常被使用于描述国家的政治，但民主的原则也适用于其他有着统治行为存在的领域。

在政治理论家之间一直有许多不同的可实施民主概念，这些概念差异也经常是争论的话题。其中一种理论是由约瑟夫·熊彼特（Joseph Alois Schumpeter）在《资本主义、社会主义与民主》一书里所提出，他认为民主制度只不过是一种由人们定期选出政治领导进行统治的制度。依据这种概念，一般的公民没有能力、也不应该进行“统治”，因为在大多数议题上这些平民都没有明确的概念，而且也不够聪明。

第二种理论是称为民主的集合概念。宣称政府所颁布的法案和政策应该接近于中间派选民的观点——使其“左”派和右派都能得到一半的权力。这种理论是由安东尼·唐斯(Anthony Downs)在1957年所提出的。

第三种理论是以上提及的代议政制。而第四种理论则是被称为审议民主的制度，主张公民应该直接地参与立法和决策过程，而不是透过他们的代表，直接民主制的支持者提出许多不同的理由来支持这种制度，政治活动本身便是具有价值的，它将能教育和社会化参与其中的公民，而群众的参与能够对掌权的精英进行监督。最重要的是，他们认为除非由公民直接参与立法和决策，否则这便算不上是公民自治的制度。

另一种理论则强调所有公民之间的政治平等。典型的现代民主制度是依赖于多数派的投票者能代表大多数民意的假设上，而非多数派能统治全部人口。这个理论也被用于主张参与政治的义务，例如将投票规定为公民的义务之一，或是限制富有阶层的影响力，例如在选战中的金融限制。

这些民主的理论都是围绕于一个民主制度应该变成怎样的问题上。另一种相当不同的理论则被称为公共选择理论，主张民主所发挥的功能是让创造它的团体和个人能在制度里扮演其“角色”，这种理论认为占据这些职位并运行这些功能的人都是出于其私利的。这种理论是由经济学家所创造，有时候也被称为经济学的民主理论。公共选择学派的阿罗不可能定理便指出由于排序制投票制度的先天缺陷，透过民主制度产生的集体决策不可能反映出完整的“集体偏好”。一些公共选择学派的学者也因此认为应该以共和立宪制取代民主立宪制，才能更有效保障少数派的权利。

还有一种民主理论则是根基于多数决定的基础上，认为多数决定最能符合功利的目的。这种理论认为如此一来大多数的人口都能满足现行的政府统治。而缺点则是少数派将生活在多数派的统治下，这有时也被称为多数暴政或暴民政治。如果多数派没有受到宪法和法律制度的限制，也可能会造成很大一部分的人口遭到边缘化。

(二)民主型政府行政过程的含义与内容

民主型政府行政过程指行政主体在制定和实施公共政策时能与政党、利益集团、大众传媒、公民等其他行政参与者积极有序地互动，设定并最终实现政府公共政策目标的活动过程。随着民主政治的发展，分权型或集权型的政府行政过程都会逐渐演变为民主型的政府行政过程。

政府的公共政策是社会配置资源的一种方式，而由政策所决定的一定的资源配置结构，又在很大程度上决定着社会利益结构和人们利益实现的状况。对于人们的生存、发展和幸福具有重要影响的公共政策的制定和执行过程，各种社会利益主体不可能是无动于衷的。在任何政治体制中，都不可避免地存在着社会主体以一定的方式对政府管理活动的参与，政府决策也必然是对社会要求和社会状况做出某种反应，因此，政府决策过程中存在着政府和社会之间的基本的互动。可以说，即使最专制的政府，其政策也不可能完全违背社会的愿望，不顾社会的普遍要求和社会的基本状况而一意孤行，政府的政策不过是政府对社会过程的一种回应。

任何政府的决策都蕴涵着一个基本的社会过程。民主政治与传统政治的基本区别就在于决策的社会过程的特质发生了重要的变化：一是民主国家的所有公民都有充分的自由和权利，提出自己的要求，发表自己对一定问题的看法，对政府决策提出意见、建议，对政府的政策和有关管理措施进行批评，直至反抗政府。民主国家的宪法和法律规定了广泛的公民政治权利。二是民主社会具有一整套完备的制度安排，在政府和社会之间配备了各种通畅的渠道，现代民主国家政府决策的社会过程，就是在一系列的制度化的渠道内实现的。在法律允许的范围内，民主国家的公民有充分的反映意见和要求，施加政治影响和压力的机会。民主政府和社会之间有一系列中介组织结构，政党、利益集团、大众传播媒体、思想库的存在和发挥作用，是民主政策过程的基本特点。同时，民主政治有效地限制了社会主体对政府政策制定或执行的特权垄断和非法影响。三是民主政府对社会意见和要求，有着良好的敏感性。正如达尔所说，民主的一个关键特征是政府对公民的偏好持续不断地做出反应。民主政府与专制政府基本的区别就在于它不仅不压制社会的呼声，而且把社会呼声与民意作为制定政策的基本依据，对社会要求保持良好的敏感性和反应能力。民主政府决策的社会过程是决策程序的基本环节，社会主体就政府职能范围内的一切公共问题。提出自己的意见和偏好，它的本质是广泛而自由的社会讨论、说服和合法斗争，并要求政府及时做出反应。

二、民主型政府行政过程的特点

民主型政府行政过程的最重要的特点之一，就在于它是各种相互冲突的利益、意见和观点相互影响、相互作用的互动过程，是利益、意见和观点相互调整和自我校正的过程。每个个人和集团都有自己对问题的理解和原刚，并可以相信自己的见解是正确的；民主模式的特点就在于没有人可以将自己认为正确的价值强加于他人；任何一种看法和意见，都可以经过交流，充分地表达出来；任何人要使他人接受自己的意见和看法，都必须通过有效的说服和沟通过程。这样一种相互调整的决策过程，对于发现决策问题的本质，对于解决因隔绝和封闭所形成的片面的看法，克服偏听偏信现象，对于在求同存异基础上达成一致，形成利益均衡的政策等，都是至关重要的。

作为相互冲突利益的制度化的竞争过程，民主过程的结果是不确定的，是不可以事先了解的，没有人可以事先预知竞争的结果。因为最后的结果取决于民主过程中相互竞争的参与者的共同作用，所有的社会利益主体必须反复不断地为他们的利益的实现，在一个开放的、规范的政治过程中进行竞争。没有人可以享有特权，其利益天然地得到特殊的保护，没有一种利益可以获得垄断的地位，所有的利益都必须遵循特定的程序，与其他利益进行竞争。从这个意义上说,民主政治过程与经济市场过程的本质是完全一致的。

民主决策的社会过程和政府过程一起,构成现代政府决策的完整过程。政府过程是政府决策者运用所掌握的决策权力,根据决策同题的轻重缓急和问题的性质,确定政府决策的对象,制定权威性的政策。民主决策的社会过程没有也不可能替代政府过程。在一个现代大规模民主国家里,积极国家广泛的政府职能要求强有力的政府权威,要求决策过程的统一的领导,要求政府能够及时地做出反应,迅速地采取行动。现代政府决策者最主要的功能就是代表普通公民对国家事务进行决策,确定社会经济政治发展的目标,为民主社会的运作指引方向。他们必须在充分均衡地体现各种相互冲突的利益要求和愿望的基础上,能够超越冲突利益主体的束缚,自主地采取行动。

现代国家发展过程中充满着危险和挑战。如果没有政治家坚定而明确的指引,任由各种分散的、模糊不清的、相互冲突的意见与看法和利益要求主导着政府行政过程,各种政治势力为了特殊利益的尖锐斗争取代了政治家的明确的、坚强的权威,如果政府陷于宗派主义的斗争,行动迟缓,甚至不能采取行动,那么,社会将陷入一片混乱之中。政府在政策方向上模糊不清和左右摇摆,是十分危险的。所以,在一个完整的现代政府决策过程中,各种社会力量充分参与和施加影响,提出决策问题,建立政策议程的社会过程和政府决策者运用自主的决策权威,在多个可供选择的方案之间进行选择、拍板定案的政府行政过程,是两个既相互矛盾,又相互依存的不可或缺的决策环节,它们共同构成现代民主政府决策完整的决策程序。

思考题

1. 什么是政府行政过程？其本质特征是什么？
2. 分权型政府行政过程的含义是什么？
3. 集权型政府行政过程的含义是什么？
4. 民主型政府行政过程的特点是什么？

参考书目

1. 曹沛霖,刘玉萼:《外国政治制度》,北京:高等教育出版社,1992 年版
2. 刘玉萼,石永义:《西方政治制度》,北京:中国人民大学出版社,2002 年版
3. 宋锦洲:《公共政策:概念、模型与应用》,北京:东华大学出版社,2005 年版
4. 王佃利、曹现强:《公共决策导论》,北京:中国人民大学出版社,2003 年版
5. 胡伟:《政府过程》,杭州:浙江人民出版社,1998 年版

第六章

政府人事制度

第一节　政府人事制度概述

在西方,国家公务员制度是现代政府人事制度的主要存在和表现形式。公务员制度对于国家选用各方面的精英人才,强化政府职能,提高政府工作效率,保持国家政权乃至整个社会的稳定都起到了重要作用。

一、公务员与公务员制度的含义

(一)公务员的含义

"公务员"一词,最初译自英文的 Civil Servant,但是,在不同的国家,其称谓有所不同。在英美以及英联邦国家,称作"文官"。在法国和瑞士等国,称作"公务员"或"公职人员",在德国,称作"联邦公务员"。日本在第二次世界大战前称作"文官",第二次世界大战后称作"公务员"。

在国外,关于公务员的概念有大有小,范围也不尽相同,但主要有三种类型:

一是将公务员限定在行政系统内,并排除选举职和任命职。按照这一划定,公务员一般是指政府中事务次官以下的所有工作人员,有的国家称之为"常任文官"或"事务官"。这一类型以英国最为典型。在英国,文官是指那些不与内阁共进退、经过公开竞争考试、无过失即可长期任职的文职人员,其范围上自常务次官,下至清洁工。

二是将公务员范围扩大到整个行政系统的所有工作人员,包括经选举产生和政治任命的政务官在内。美国、德国属于这一类型。美国是实行"三权分立"较为典型的国家,行政部门的文职官员统称"政府雇员"(公务员),包括部长、副部长、助理部长、独立机构的长官等政治任命官员和行政部门的其他文职人员,而立法部门的参议员和众议员、国会雇用的职员以及司法部门的法官均不属于文官。

三是将所有国家机关,包括立法、行政、司法三大系统的工作人员以及公共企事业单位的人员(如邮局职工、公共汽车司机、教师等)统称为公务员。法国、日本属于这一类型。在法国,公务员包括中央、大区、省、市镇及其公务法人的行政组织中的文职人员、议会工作人员和司法部门的法官、军事人员以及工商业性的国家管理部门、公用事业和公立公益机构的人员。这些人员又分为两大类:一类是不适用公务员法的公务员,主要指议会工作人员和司法部门的法官,军事人员,以及工商业领域的国家管理、公用事业和公立公益机构的人员;一类是适用公务员法的公务员,指的是在中央政府以及其所属的驻外机构或公立公益机构的各级部门中担任正式专职的人员。如中央各机关从事国家管理的常任官员,其范围基本上同英国的"常任官"相同。

综上所述，我们认为在西方国家，所谓公务员指的是依法行使国家行政权力、代表国家从事社会公共事务管理、履行国家公务的公职人员。

（二）公务员制度的含义与内容

在西方国家，公务员制度指的是对行使国家行政权力、执行国家公务的人员等依法进行科学管理的一系列法规体系和管理体制的总称，它是现代民主政治发展和行政管理科学化、专业化、法制化、高效化的基本要求和重要保障。作为国家政治与行政制度的重要组成部分，公务员制度包括对公务员义务与权利、分类管理、考试录用、培训、考核、任免与升降、工资、福利与保险、辞职、辞退与退休、申诉、控告与仲裁等一系列具体的制度安排。

二、西方国家公务员制度的发展历程

西方现代公务员制度创立于 19 世纪中叶的英国。它在形成的过程中，吸收了中国古代官吏制度（特别是科举制）和普鲁士的考试制度的经验。它的建立实现了全体公民进入政府工作和担任官职的权利，它的成功运作开辟了行政管理法制化的新时代。

在西方，随着君主制的发展，西方的文职官员阶层逐渐形成。封建时代的英国，在 14 世纪末以前，官吏全部是教士和贵族。16 世纪的法国和 17 世纪中叶以前的德国，由封建诸侯直接统治人民。14 世纪末以后，随着城市手工业、商业、金融的发展和文艺复兴运动的兴起，出现了统一的君主国家。这些国家的管理职能得到发展，开始出现了由君主直接任命和指挥的、效忠并协助君主统治和管理国家的职业公务员。他们之中既有原来的贵族、教士，也有平民。这是公务员制度萌芽的初期，即所谓的“恩赐制时期”。这一时期的西方公务员，类似于中国封建时代的官员，是君主的家臣或奴仆。他们的官职及薪俸，皆赖于君主的恩赐。职业文职官员阶层的出现，是西方公务员制度产生的前提。

16 世纪以后，西方公务员经历了第二个发展时期。英国在 1688 年“光荣革命”以后，形成了君主立宪政体。重要官员的任免权逐渐由国会所掌握，一般官员的任免仍受国王和枢密院控制。这种任免官员的“双轨”体制，加上制度化程度不足，使得任用私人和卖官鬻爵之风盛行，政府的官职常常成了个人赡恩徇私、相互赠授的礼品。这一时期被称为“个人赡徇制时期”。

进入 19 世纪以后，两党制在英、美两国逐渐形成。由于执政党的更迭，经常会引起政府人员的大换班。新上台的执政党往往把政府职位作为战利品，分封给党内同僚。这同样带来了营私舞弊、买官求职等现象，给政府工作的稳定性带来威胁。这是西方公务员发展的第三个时期，即所谓的“政党分肥制时期”。它造成了政府内大量的腐败和贪污等现象；一些才能平庸的官僚充斥了政府部门，造成了政府的行政效率低下；这种周期性的政治震荡，常常因执政党的换马而引起整个国内政局的不稳。

19 世纪中叶，西方各国先后完成了工业革命，经济出现了前所未有的发展。经济的迅速发展对国家的管理职能提出了新的要求。为此，提出了建立廉洁高效的政府、更广泛地公开招揽优秀人才、保持政府部门工作人员的稳定性和连续性等客观要求。这是西方公务员制度得以产生的最深刻的社会原因。

1853年，英国的诺思科特和屈维廉两位爵士受政府委托，提出了“关于建立常任公务员制度的报告”（又称“诺思科特——屈维廉报告”），提出了通过公开考试选拔行政人员，根据功绩提升，统一管理各部人员，以及区分“智力工作”和“机械工作”等四点根本性的主要建议，这些奠定了英国近代公务员制度的基础。此后，英国政府先后于1855年和1870年两次颁布枢密院令，对贯彻上述四项基本原则作了较具体的规定。至此，英国近代公务员制度正式确立。英国常任公务员制度的确立，很快为西方各国所仿效和采用。加拿大和美国在英国的影响下，分别于1882年和1883年建立了自己的公务员制度。法国和德国由于长期保留封建官僚制度，直到第二次世界大战后才仿效英国建立了现代公务员制度。日本和意大利第二次世界大战前实行法西斯统治，直到第二次世界大战后才确立现代公务员制度。俄罗斯的公务员制度则是在20世纪90年代苏联解体后，在废除前苏联的干部制度的基础上建立起来的。

三、西方国家公务员制度的地位和功能①

无论是实行三权分立的国家，还是实行议行合一的国家，都把公务员制度作为国家政治制度的组成部分，它在整个国家政治制度体系中有着特殊的地位和功能。

（一）西方国家公务员制度的政治地位

公务员制度在现代国家一系列基本政治制度中处于一种从属地位。现代国家政治制度涉及的内容很多，从大的方面来看，有政党制度、选举制度、议会制度、首脑制度、司法制度、军事制度等。这些制度反映国体性质，决定国家政体架构。公务员制度是一项具体的政治制度，在这些重大政治制度中，公务员制度只是一种从属性的政治制度。

1. 公务员制度服从和服务于国家主要政治制度

各国公务员制度的实质，就是把国家主要政治制度通过公务员制度得以实现和具体化，国家元首或国家行政首脑的意志往往要通过公务员系统的逐级执行，才能得以实现。以美国为例，美国管理公务员的机构是美国联邦人事总署（即以前的文官委员会），根据《美国文官法》规定，总统可以解雇任何一名文官委员，如果委员职位有空缺则由总统决定填补。显然，美国文官制度是总统制度的从属性制度，是保证总统权力行使的具体制度。《日本公务员法》规定，人事院总裁由内阁从人事官中任命；人事院必须每年向国会和内阁报告工作；人事管理官担任人事部、局的部长或局长，他必须协助其机关的首长掌管人事工作。这就保证了公务员系统必须服从和服务于政府首脑。实行公务员制度的

① 本部分的撰写参考了姜海如的《中外公务员制度比较》的相关内容。

西方其他国家，都有类似的法律法规，以确保行政长官的意志执行。

2. 公务员制度是政府为克服封建人事制度和政党人事制度弊端的制度创新

从西方公务员制度的演进历史可以看出，资产阶级取得政权的初期，国家行政人事制度一方面继续沿用封建恩赐制度，特别是实行二元制的国家，继续实行国家元首任命政府重要行政官员，如英国资产阶级革命后一直保留着封建制度残余，直到19世纪中叶以前，政府重要官员均由国王任免，并没有形成新的人事制度；另一方面把政党分肥制度在行政系统中推广，即把政府中的官员职务作为战利品分赐给本党和助选有功的人员担任。美国、法国、加拿大、澳大利亚等国家都经历过这个阶段。西方国家公务员制度的建立，是对政府官员的任命封建恩赐制和政党分肥制的否定，是一种制度创新。

3. 公务员制度是政府管理公共事务执行者的制度

从决策上讲，政党、总统（元首）、议会、内阁是国家重大政治事件和政治行为的决策者，公务员则只是执行者的角色，大范围划分公务员制度的国家，许多公务员只是社会公共服务的提供者。从国体意义上讲，政党制度、总统（元首）制度、议会制度、内阁制度是反映国家性质的核心政治制度。公务员制度侧重的是行政执行，是政府对行政执行人的管理。公务员制度既存在反映国家性质的内容，也存在反映非国家性质内容的部分。

4. 公务员制度是国家政权建设制度的具体内容

政府体制是国家政权和政治机构的组织形式，任何社会组织形式最终都是由一定的人员根据一定的组织原则建立形成的，国家政权组织也是如此。任何一个国家为了维护其阶级统治和本阶级的利益，都需要通过一定的行政手段来贯彻和执行本阶级的意志和政策，这就必须解决在国家权力机关、政府机关选什么人、用什么人、如何用人的问题。西方国家公务员制度，重点是关于如何选拔、如何使用、如何管理国家行政机关人员的制度。

5. 公务员制度是国家行政管理的重要内容

政府是国家权力的执行机关，是管理国家公共事务的重要机构。政府机关只是政府运行的组织载体，政府机构作用的最终发挥还是取决于其中的人员。国家行政管理的范围十分广泛，但无论哪方面的行政活动，都需要行政人员去实施或执行。各国公务员都是实现政府职能的主体，他们不仅是各项政策的执行者，而且还能够影响政府的决策。国家执政水平、国家行政机关的形象和国家行政机关的工作效率，都是通过具体的公务员体现出来的。由于社会经济的迅速发展，政府机构越来越多，其工作人员也不断增加，要组织管理好这支庞大的公务员队伍，本身就是政府行政管理的一项重要内容。

（二）西方国家公务员制度的功能

公务员制度是现代国家发展的时代产物，是国家政治现代化进程的历史选择。它在现代国家和社会制度中有着特殊的功能。

1. 有利于国家政治和行政秩序的长期稳定

由于西方国家政党制度和选举因素的作用，一批政务官员必然随执政党的更迭而进退，国家的政治统治和社会秩序的连续性和稳定性也将因此可能受到影响。实行公务员制度，就可能避免这种影响的出现或者降低这种影响可能造成的不良后果。特别是政党林立，政局不稳定的国家，政府时刻面临着危机，更需要有稳定的公务员制度。如日本政府，从1970年至1996年，26年间先后更换内阁总理15人，平均任职不到两年，进入20世纪90年代则任期更短。意大利也是如此，从1980年至1996年，16年先后更换总理达14位，有的组阁甚至还没有完成就被更换。如果不实行公务员制度，政府工作的日常运行是不可想象的。

西方各国公务员制度，对公务员管理有一套严格而系统的管理办法，使公务员队伍能够保持长期稳定。实行选举制的西方国家，业务类公务员不与政务类的官员共进退，个人无过失可以在政府机关长期任职，政府机构能够保持正常运行，不会因为选举和政府组成人员更换而影响国家政治和社会秩序，不会影响国家政局稳定和政权稳定。西方国家选举中谁当选不当选，反映的是国家中不同利益集团的执政更迭，但国家和政府的运行制度是保持相对稳定的。公务员制度不仅有利于行政机关工作的正常运行，而且能始终保持国家政策的连续贯彻执行，国家行政机关工作运行不会因政务类人员的变更而发生变化。

2. 有利于防止和避免政府的吏治腐败

西方国家公务员制度的产生是在克服"封建恩赐"制和"政党分肥"制弊端而产生和发展起来的。18—19世纪上半叶，西方新的国家政权建立初期，官员制度存在着许多问题，官场上的封建人身依附，权钱交易，买官卖官，凭关系用人等现象普遍存在。为了克服封建恩赐和政党分肥的弊端，英国首先创立公务员制度，对文官实行常任制，使事务官员依附于国家，而不依附于一党一派，或某个人，公务员的责任是捍卫正义，捍卫国家利益，为国民服务。公务员能否在政府长期任职取决于是否履行其职责和遵守政务纪律，而不取决于人际关系和党派关系，特别是对常任文官录用实行公开考试，择优录用，有效地控制了买官卖官的权钱交易。从英国创立公务员制度近150年来，公务员制度已经成为世界大多数国家和地区政府普遍采用的人事管理制度，在有效防止和避免吏治腐败方面发挥了重要作用。

3. 有利于促进社会公平和政府机关选用优秀人才

坚持社会公平、公正和正义是人们普遍接受的合法政府的象征，其中政府选用人才和使用人才的原则与方法，是公民判断政府是否公平、公正和正义的一个重要参考标志。实行公务员制度，坚持公开招考录用公务员，为社会符合条件的所有人员进入公务员队伍，参加国家行政管理提供平等机会，体现了政府公平。同时也开阔了政府人才录用视野，有利于吸收优秀人才进入公务员队伍。如美国每年参加考试人员多达170多万人，资格考试通过率可能达到60%，但录用率却很低。因为竞争一个岗位要推荐7个具有资格的人候选，这不仅确保了录用公务员的素质，而且能有效防止不公正的人才录用。如此大范围的考试和选拔人才,既体现了社会公平,又能从更广泛范围吸引优秀人才进入政府部门工作,保证了政府公务员的整体素质不断提高。

4. 有利于政府提高行政管理水平和工作效率

提高政府行政管理水平和工作效率,是社会经济发展对政府工作提出的客观要求,而政府行政管理水平和工作效率能否提高,公务员就是其中最重要的影响因素。公务员制度通过科学规范管理公务员队伍,以考试录用吸收优秀人才把好公务员入口关,以较高的政治荣誉和物质待遇激励公务员献身公务,以经常性的知识和技术培训不断提高公务员水平,以严格的纪律约束和惩处措施防止公务员损害公共利益和政府形象,以严谨的工作制度和秩序保证公务员工作的运行畅通。公务员制度的这些作用,为政府不断提高行政管理水平和工作效率提供了人才保障。

5. 有利于政府为社会提供规范性的公共服务

西方国家公务员制度对公务员接受公民监督,为公民服务,都要向社会公众公开,公务员如果不能按规范要求服务社会公众,轻则受罚,重则可能丢职。从这个意义理解,公务员制度实际上,也是公民在承认公务员地位和作用的同时,监督公务员行为的制度。在西方国家政府纳税人意识很强,公民是纳税人,公务员是纳税人供养的,公务员为纳税人服务是理所当然的,纳税人对公务员的服务要求也很高、很具体。公务员制度对公务员为社会提供公共服务起到了规范性的作用。

四、西方国家公务员制度的特点

现代公务员制度从产生至今已有 100 多年的历史。由于西方国家公务员制度的产生有其相似的经济、政治、文化背景,并且各国相互吸收和效仿,因此,各国公务员制度尽管有许多细微差别,但都具有以下共同特色,体现了现代西方宪政的理念和行政管理的法治要求。

(一)秉持政治中立

西方国家既要坚持“政党轮流执政”,又要避免“政党分赃”的腐败现象,因而特别强调业务类公务员得保持政治中立:必须忠于政府,不得带有党派倾向和其他政治倾向,不得参与党派活动,同时其管理也不受政党干预。英国在公务员的内部纪律中规定,公务员“不得参加政党和担任政党机构的官员,或为政党从事政治活动”,“不得发表政治言论,表明自己的政治观点,不得发表批评政府的政策和措施的意见”等。美国在 1883 年施行的《公务员制度法》(亦称《彭德尔顿法》)中规定:“公务员在政治上必须采取中立态度,禁止参加竞选等政治活动,禁止进行金钱授受”,“公务员须忠实于政府,对现行政体和政治组织,不得产生怀疑。”日本国家公务员法规定:“公务员不得为政党和政治目的谋求接受捐款及其他利益,或者不得以任何方式参与这些行为”,“公务员不得作政党或政治团体的负责人、政治顾问或有同等作用的成员。”

(二)实行分类管理

西方国家公务员制度普遍实行“两官分途”,“两官”即将公务员分为政务类公务员和事务类公务员,或称政务官和事务官。政务类公务员由选举或政府任命产生,他们都是由执政党直接或间接推选出来的,代表执政党领导参与政府的工作,对选民和执政党负责。他们实行严格的任期制,与政党共进退。执政党下台,他们即退出政府官员队伍。因此,他们一般不以官员为终身职业。政务类公务员不适用于公务员法。事务类公务员则通过竞争性考试进入公务员队伍,实行职务常任,非法定事由不被解职,他们对行政首长负责,实行“政治中立”,不与政党共进退,一般以担任公务员为终身职业。对他们按照公务员法进行管理。政务类公务员和事务类公务员在产生方式、任用条件、职责范围和管理办法等方面属于两种不同的类型,互相之间不能交替任职,因之,称为“两官分途”。这样一种制度安排,是与西方国家的政治体制和政党制度相适应的,既适应了多党竞争轮流执政的需要,又保证了国家和社会事务管理的连续性和稳定性。

分类管理是公务员制度中的一种科学的管理方法,也是实行公务员制度的国家共同遵循的基本原则。从各国公务员制度的分类情况看,主要有两种类型:一是因事而分的职位分类,分类的主要依据是职位的工作性质、责任轻重、难易程度和所需的资格条件。二是因人而分的品位分类,即主要依据公务员的个人条件如学历、资历、能力等进行的分类。职位分类和品位分类各有优缺点。从目前各国情况来看,实际上每个国家的公务员都不完全是纯粹地按照职位或品位进行分类的,而是以其中一种分类制度为主,兼顾另一种分类制度的因素,这是各国公务员分类管理制度发展的共同趋势。

(三)公开、平等、竞争、择优录用

公开、平等、竞争、择优原则源于近代西方国家民主宪政的思想文化基础,也是在公务员制度中落实宪法规定的公民权的基本要求。作为国家人事管理的一项重要制度,在公务员制度的各个环节上都体现了该原则。只有在公务员的录用、任职、考核、晋升、奖励、惩戒、竞争上岗、辞职辞退等管理环节真正体现出公开、平等、竞争、择优这一基本精神,才能为公民所认同。“平等”主要表现在不能有“与生俱有”的差别歧视,如家庭出身、性别、种族、政治信仰等,但对一定职位所需的技能、资历、学识等资格条件,得普遍作出一定的要求,从而保证平等与竞争的有机结合。美国 1979 年施行的《公务员制度改革法》规定:“保证人人机会均等,经过公开的竞争性考试,只根据能力、知识、技能来决定录用和提升。”日本《国家公务员法》规定:“一切官职都对考试成绩优秀者敞开大门”,“国民不分民族、信仰、性别、社会身份、家庭出身、政治见解和政治所属关系,在本法面前一律平等。”

(四)实行功绩制

西方国家的公务员制度关于公务员任用的原则,表现为功绩制原则。功绩制强调的是实实在在的工作成绩，而不是年资高低、亲疏关系、党派关系等其他因素。它要求必须按照公开考试的成绩录用公务员，它以公务员工作实绩作为考核、评价公务员的主要依据。公务员的晋升要根据其工作实绩择优晋升，把公务员的工作实绩与其职务升降、工资待遇、奖惩联系起来。功绩制体现了“任人唯能”和“奖优罚劣”的思想，实现了担任政府职位“机会均等”的原则。有利于最大限度地调动公务员的积极性。因此各国都把它作为一种常用的激励手段。应该说，注重功绩是公平竞争的一种延伸。德国《公务员资历条例》规定：“公务员的录用、任用、授职、提职、晋升，只能依据公务员的资格、胜任工作的能力和工作成绩来决定”，“工作成绩就是按照工作要求对公务员的劳动成果所作的评定”。美国《公务员制度改革法》规定：“工作成绩良好者继续任职，工作成绩不好者必须改进，工作达不到标准者予以解职。”日本《国家公务员法》规定：“公务员的任用，依照本法和人事院规则的规定，根据考试成绩、工作成绩或者其他能力的考核结果进行”，“政府机关首长必须对所属公务员的工作进行定期评定，并根据评定结果采取适当措施。”功绩制能够激励公务员努力工作，提高工作效率，同时强化竞争机制，促使公务员不断争先创优。

（五）保障公务员权益

西方国家公务员制度都很重视保障公务员的合法权益。公务员除享有一般公民的权利以外，还享有保障公务员身份的特殊权利，主要包括：就职平等权、合理报酬权、职业培训权、带薪休假权、辞职权、申诉权等。为保障公务员的合法权利，各国一般都在公务员制度的有关规定中对公务员的权利和义务进行明确规定，并设立专门的机构受理侵犯公务员权利的事宜，如英国设有“功绩制保护委员会”、日本设有“公平审查委员会”、法国设有“对等委员会”等。此外，许多西方国家还建立了公务员工会，充当公务员的利益代言人，就公务员的权益问题与政府谈判，如美国的联邦公务员，就有三家工会组织。西方国家通过这种权利保障制度，有效地防止了行政长官滥用职权处分公务员的行为，维护了公务员的合法权利。

第二节　英国的文官制度

英国的文官是指中央政府行政部门中除去“政治人员”（政务官）以外的所有工作人员。文官不包括由选举产生或政治任命产生的议员、首相、大臣、国务大臣、政务次官、政治秘书和专门委员等政务官，也不包括法官和军人，还不包括政府企事业单位的工作人员和地方当局工作人员。可见，与大多数推行文官制度的国家相比，英国文官在政府工作人员中所占的比例很小，其适用范围也很狭窄。

一、英国文官制度的形成

英国文官制度的形成经历了以下三个阶段：

(一)准备阶段

19 世纪中叶，英国已完成了工业革命。但是，自“光荣革命”后，受封建官僚制影响而形成的“恩赐官僚制”和“政党分肥制”，仍然在整个官场大行其道。封建色彩浓厚的官吏制度，加上两党轮流执政，致使政府行政人员大规模换班，新上台的执政党把官职作为“战利品”合法地、公开地分赃，甚至买卖官职。一些趋炎附势的才能平庸的官僚，常常通过金钱与血缘编织的关系网，垄断权力，以致造成政府腐败，行政效率低下。显然，这样的官僚制度与经济发展不相适应，违背了文艺复兴后所追求的自由、民主、平等的精神，与建立代议制政府的基本原则相违背。因此，变革官吏制度成了经济与社会发展的紧迫要求。从 19 世纪初到 30 年代，为避免新旧内阁更替时所引起的政局动荡，把优秀的人才引进到政府部门，英国几个主要的部相继设立常务次官。职业文官的出现，为文官制度的形成奠定了基础。从此，政府官员分为政务官和业务官。于是，适应“最高限度的行政效率，最低限度开支的功利原则”的文官制度在英国应运而生。

(二)正式确立阶段

英国文官制度的正式确立是从改革东印度公司职员任用制度开始的。1853 年英国议会组织委员会专门调查东印度公司的职员任用制度。该委员会起草了《关于建立英国常任文官制度的报告》，该报告批评了当时官吏制度中的弊病，比较系统地提出了建立文官制度的建议。1855 年 5 月，枢密院发布第一个关于改革官吏制度的命令，决定成立三人文官委员会，负责文官考选事宜。1870 年又发布第二个命令，确立公开竞争的考试录用制度。从此，文官制度正式确立。

(三)改革和完善阶段

随着经济的进一步发展和行政管理技术的日新月异，政府工作也日益科学化、专门化。英国政府再次面临文官制度的改革。在 1968 年专门委员会的报告中(《富尔顿报告》)提出了改革文官制度的具体内容：(1)成立以首相直接领导的文官部，大幅度地调整人事行政机关的组织和职权，打破等级森严的层级制；(2)调整考试录用的原则和方法，以口试为主代替笔试为主的方式，内容带有综合考查的性质，扩大录用范围；(3)重视专家和科技人员的作用，增加技术官僚在文官中的比重，加强文官的培训。

在这一期间的 1859 年和 1931 年，英国曾经两次对文官进行了界定，但都没能准确地反映文官的内涵。1977 年，英国内阁应下议院的要求，重新对文官的外延与内涵作了界定，指出，文官是指那些在中央政府各部门任职的文职人员，他们不与内阁共进退，一般须经公开竞争考试，择优录用，一经录取，如无过失即可长期任职，又称常任文官，也称事务官。文官最显著的特征是代表国家处理国事，凡在法律上无国家工作人员身份的便不是文官。政治人员、司法人员和部队、王室及其公务人员，凡服务条件有别于文官的，均不在此列。政务官、议员、法官、军警、公营企事业单位的文职人员和地方自治人员，不属于文官。文官仅指内政和外交部门的行政部门的工作人员。

二、英国文官制度的特点

(一)贵族化色彩浓厚

英国是君主立宪制国家，封建时代的贵族身份等级制度在国家文官制度中仍有遗迹。比如，英国将除了政务官以外的普通行政人员实行品位分类，划分出四个等级，即行政级、执行级、文书级、助理文书级。这四个等级的职务、地位均有严格的规定，出身与考选的要求亦不相同，次一等级的人员很难晋升到高一等级中去。在这样的制度下，报考不同等级文官的人受到严格的教育资格及年龄限制，如行政级人员的应考资格必须为大学毕业，年龄须在 24 岁以下。未受过良好的正规学校教育，即使有真才实学也不能报考。实际上往往只有上流社会出身的人才具备报考高级文官的资格。另外，男女文官的待遇亦不平等。凡此种种，均表明英国政府机关中弥漫着贵族化的身份和地位的观念。高级文官往往来自于名门望族，他们享有较高的声誉、地位和待遇，明显表现出等级特权的痕迹。

(二)没有正式的文官法

这是与其“不成文法”的法律文化联系在一起的。它决定了英国文官制度的法律基础是历届内阁以枢密院令形式发布的决定、命令及惯例。这使英国行政及其价值缺乏宪政(无成文宪法)和司法(无行政总法)及高度发达的行政法体制保护。

(三)重视通才

英国选拔、任用文官，特别是高级文官，十分重视通才，提倡非专家化。文官考试制度以通才为标准，考试科目注重一般教育程度及一般知识，故录取者多为牛津、剑桥等综合性大学的优秀毕业生。这种通才结构，使专才者在文官队伍中地位低下，导致专业人才对不愿意置身文官队伍，反过来专业人才的缺乏增加了政府决策时对外部组织的依赖，特别是自由职业者(如医生、工程师、教师、律师)等的依赖，导致这些外部组织对政府决策有很大的影响，进而形成政治上的压力集团。1968 年的行政改革后，这一局面虽有所改观，但无法从根本上改变传统。考试录用制度注重一般教育程度及学识，而不重视特殊的或专门的技术经验和能力。受传统的观念影响，他们认为，高级文官应该具备高度的文化素质和广博的知识结构，仅有狭窄的专门知识是不行的。牛津、剑桥以及其他一些综合性大学素以培养通才著称，其毕业生在高级文官中占有相当大的比重。

(四)人事制度采用分权制

长期以来英国形成了分权管理的人事管理体制。在人事任免方面。英国长期以来实行地方自治,地方官吏多由当地绅士义务兼任,不由中央政府直接任免。在人事法规方面,英国依从普通法系,以不成文惯例法为主体,以各种单项法规为依托,中央与地方的人事制度不完全相同,各地方政府也不尽一致,各具特色。这种独特而又半自治性的地方行政格局使得中央行政对地方的渗透能力相对软弱。中央政府的地域行政总体上较弱小,有些领域甚至是空白。如内政部没有供其使用的警察。

三、英国文官制度的主要内容

(一)分类制度

英国的人事分类属于品位分类,所谓品位分类是指以人的职务高低、资历深浅和获得报酬的多少为标准进行分类的制度。它着眼于人,尤其是着眼于人的官阶,它代表等级、地位和资历等。英国的品位分类模式考虑的是文官的外在三大要素:学历(文官的受教育程度)、资历(文官的经验)、职位(文官的任职)。

1920 年,英国全国惠特利委员会第一次进行了文职人员的分类定位,当时的文官级别有四等:行政级、执行级、文书级与助理文书级。1931 年增加了两个级别:科学官员与科学助理。1945 年,全国文官重新统一计划分为两大类。一类是一般行政人员,包括行政、执行、文书、助理文书四种级别的文官。另一类是专业技术人员。

通过 1968 年的改革,英国文官结构被简化为职类、职组与职等三个层次。全国文官以职务性质为依据,统一分成 10 个部类 19 个职组,每个职组则依所需工作成果、工作的重要程度、承担的工作责任及相应的资格条件分为若干等。10 个部类依次是:综合类、科学类、法律类、研究类、警察类、训练类、秘书类、专业技术类、社会安全类、资料处理类。以综合类为例,它包括行政、经济学家、情报官员、统计官员职组。综合部类中最重要的职组是行政职组,一般行政人员即属于行政职组,它主要由以前的行政、执行、文书、助理文书合并而成。原来这四个等级互相封闭,等级森严,且中、低级文官无法晋升到行政级职位。统一为一个职组后,打破了原来的封闭,使之成为连续的等级结构,这使工作人员只要升到本职等的最高薪俸级时,即可晋升到较高一职等或职位。结果使一些有才干的执行级文官有望升迁到行政级系列,这就在一定程度上调动了下层文官的积极性。

英国 1968 年改革对文官类别的等级重新划分实际上是对职位分类长处的吸收,它在一定程度上体现了职位分类的原则:即按工作的不同性质、难易程度、责任轻重进行分类,并据此因事设职,简化职级,从而有利于打破文官队伍内部严格的等级限制,削弱了过分强调学历、资格等“品位分类”的消极因素。

(二)录用制度

英国从 1918 年开始,全面执行公开考试制度,所有新录用的人员,不论职位高低,必须经过一定的考试程序。从那以后直至今天，基本上没有大的变化。

英国文官录用考试有四种类型：公开竞争性考试，凡符合条件的人员均可报考；有限竞争考试，只适用于部内人员职务晋升，限部内某类或某级人员参加；鉴定考试，主要是对应试人员的体格、性格进行鉴定考察，并进行合格考试；特种考试，是对一些已获得专业学历或专业资格的人员，进行的任用考试。

考试的资格要求因不同级别而异。1968 年改革以前的情况是：行政级，法定报考年龄 22～24 岁，大学毕业程度；执行级，年龄 18～20 岁，中等学校毕业程度；事务级，年龄 16～18 岁，初级中等学校毕业程度；勤杂人员级，年龄一般在 20 岁以下，须为各种职业学校的毕业生。1968 年改革后，根据新的行政人员等级，一般也是根据其所受教育的程度，在公开竞争考试的基础上（不同等级有不同的考试要求），按择优录用原则进行。

为了在社会上搜罗那些有真才实学但却超过报考年限的人参加常任文官队伍，从 1968 年改革以后，英国政府一再放宽应考者的年龄限制，从最初只收应届毕业生，放宽到以后的 24 岁，目前对 28～30 岁者也可以有选择地接受报考。对应考者学历也不像过去那么死板，只要合格，即使没有上过正规大学的亦可录用。

英国文官考试分为三个步骤，即统测，应考者从政治、经济、社会、文化为主的若干考题中选其一作论文选题；专业考核，应考者根据自己的专业，选择 2～3 个题目作答；口试答辩，在书面考试的基础上进行。英国文官录用的考查考核项目比较多、范围比较广。考查包括检查个人记录、进行智力测验、直觉测验、个别测验，实际练习、互评和面试。每项考查、考核都有比较具体的内容和目的，如进行智力测验，需要测试应试人精神器官的效率，思维能力和知识的广博程度等；又如应试人员互评，目的在于通过互评考查应试人对他人的客观认识能力。

英国文官录用程序比较严格，在进行笔试和面试，以及各种考查以后，考选委员会还要进行终选面试，最后评定分数，并分为 7 个等级，即杰出、平均以上、可以接受、接近失败、未达接受水平、远未达接受水平和不予考虑。只有在可以接受以上的三个等级，才可能被录用。

（三）考绩与晋升制度

英国文官的考核分为两种，一种是日常的考勤考绩。按照规定，英国文官每周工作时间是 5 天共 41.25 小时，低级文官超过 42 小时的，可以领取额外工资。各单位都有签到簿或公钟，文官上班、离岗和休息时间都有具体的管理规定。在政府各机构，每个工作人员每天的工作情况都有记载。考勤不仅与晋升相联系，而且是工资支付的重要依据，无论职务高低，凡病假在 1 年中超过 6 个月的，则扣除半年工资，4 年内若有 12 个月的病假，则停发工资。英国文官考核的另一种是年终的综合考绩。综合考绩内容共有 10 项，即工作知识、工作态度、人格情况、判断能力、创造能力、监督能力、责任心、可靠性、适应性、个人道德。每项考核内容分为 5 个等级，最后进行综合考评。考绩分为 5 个等次，即特别优异为A等;良好为B等;满意为C等;尚可为D等;不良为E等。由考绩委员会组织考评,由部长审定,考核结果不公布,成绩不良者则由机关通知本人。英国文官的考核结果与晋级、晋职挂钩,以80分或70分为晋级标准。

英国文官制度建立之初,文官晋升主要凭资历。1968年改革后,采用了重表现、看才能的"功绩制",并建立了所谓的"公开结构"。这样,在一定程度上打破了过于依赖上级的主观判断,从而发挥了个人的首创精神。晋升的原则一般要根据现职年资和服务成绩等而定。对主管以上的高级文官比较注意功绩,对于低级文官比较注重年资。但是,各部也未尽相同。一般情况是任职4～6年提升一级,升迁由各部临时组成的升迁委员会负责,其成员要根据晋升职位的不同而有所差异。目前在英国晋升最快的是行政学员出身的文官,他们晋升到文官的顶峰如果顺利只需要十六年时间。如果不是文官学院毕业的行政学员其晋升速度就要慢得多了。1968年英国文官制度的改革虽然使"论功行赏"的原则在文官晋升问题上得到了进一步贯彻,但是等级森严的传统做法仍然占主导地位。

(四)培训制度

英国文官培训有很长的历史,1968年改革后,英国开始对文官进行大规模的培训,主要方式有集中在文官学院培训、部门培训和利用外单位培训等三种形式。

英国文官培训分为三类:(1)职前培训,职前培训包括对新进入政府机构工作1年以上的文官进行培训;对调任工作岗位的文官进行新职位工作的培训;对具有学历的文官,进行将要从事的专业性工作培训。(2)在职培训,主要是深造性培训,以提高文官的理论水平和组织管理能力。(3)后备培训,主要是为培养高级文官而进行的综合素质培训,对一些有发展前途、综合素质高、能力强的文官通过后备培训,为进入高级文官队伍进行素质准备。英国非常重视在岗培训,要求成年文官都应利用业余时间学习,鼓励资深文官利用业余时间申请专题研究,并可申请财政资助;允许文官报考各种学位;对年龄在30～40岁的文官,有针对性地安排短期培训。

英国文官培训分三个层次:(1)行政实习员培训,是对新进入文官队伍的文官,在工作实习1～2年后,安排到文官学院进行两期约20周的文官相关知识培训,如政策、经济、法律、行政、统计、财务、人事管理等;(2)高等执行文官培训,是对已经晋升为高等级的执行文官进行较高层次的知识培训;(3)最高级文官培训,主要是对副司一级的高级文官进行培训,开设研究生班课程,对有的文官是为晋升正司长进行知识准备。

(五)工资、福利制度

英国文官的工资待遇比较优厚,一般文官的薪金略高于企业职工的工资,其工资制度主要强调四项原则:第一,比较平衡原则。是指政府文官的工资要同文官系统以外的职员工资有一个公正的比例,同其他行业或私营企业职工的工资保持大体平衡或略高。

英国政府认为,这是保持文官队伍稳定的必要条件之一。第二,适应物价原则。就是文官的工资必须随着物价上涨而相应提高,以保证文官的实际收入不因物价上涨而下降。第三,同工同酬原则。主要是指妇女同男子在公职岗位上做相同的工作,必须给予相同的报酬,不得歧视妇女。第四,定期提薪原则。各级文官每年都按照工资等级表逐级提薪。

在英国,对高级文官实行年薪工资制度,对低级文官实行周薪工资制度。英国文官实行每周五天的工作制,每周的标准办公时间是 41～42 小时,如工作需要加班,则领取相当于平时工资一倍半的加班费。

英国实行多种福利保障制度,文官可以享受各种津贴,如地区生活津贴、职务技能津贴,各类津贴要占文官工资收入的 25%。文官可以享受各种休假福利,如病假、事假、年休假、产假等,各种假在规定的范围内都不影响工资待遇,如文官病休假在 6 个月内有全额工资,超过 6 个月,只有半额工资,但个人另外可以享受国家保险救济金,国家规定二者加在一起不能超过在职时的全额工资。文官可以享受各种社会保障和保险,如养老、失业、医疗、生育、伤残和丧葬等社会保障和保险。文官即使没有参加社会保险,对生活没有来源者,单身每周可以领取一定数额的补充救济。

(六)纪律与奖惩制度

英国文官必须遵守《荣誉法典》的规定。凡是文官,必须忠于国家。无论何时,只要国家需要,即应为国家效劳。政府要求文官忠实可靠,像司法官员那样,给人以公正不阿的印象,以免使政府威信受到损失。保密是英国文官的法定义务。凡利用职权泄露国家机密者,根据《国家机密法》应予严惩。这项规定不仅适用于文官任职期间,也适用于文官职务终止之后。英国政府还规定文官一律不准经商,不准从事与本部门业务有关的任何赢利事业。在文官纪律中,英国特别强调文官不准参加政治活动,不准发表批评政策与措施的意见,任何时候都必须对政治问题保持缄默。

公职人员违反纪律,犯有过失,部门首长可以给予警告处分,也可以呈报上级给予停职或撤职处分。英国文官法规定,文官出现以下 10 种行为将要受到惩处,即不合格、不诚实、不请假而缺勤、不服从命令、破产、赌博、泄露情报、重大失误、违反纪律等。英国文官惩处的种类有:警告、申诫、停止或延期晋升、停职、免职等。文官被逮捕或遇有民事案件,则应给予停职。英国公职人员纪律处分权属于国王,但由大臣负责行使,各部大臣可以单独或者集中给予警告等处分,也可以呈报上级给予停职或撤职处分。但根据"公正原则"的要求,任何长官在对公职人员行使撤职处分时,必须做到下列两点:(1)应将处分的理由和事实用书面告知被处分者;(2)公职人员有权向有关部门提出申诉。在复审时,被处分者可以请友人、律师、工会代表等为自己辩护。如果事实证明处分不当,处分者将要受到相应的处分。

英国实行的是年度考核奖励的方法,根据年度考核结果实施奖励。对文官的奖励设立有荣誉奖、物质奖和晋升奖。

(七)退休制度

英国是最早建立文官退休制度的国家之一。英国现行的退休法，是在 1965 年颁布的退休法基础上，经过 1972 年、1978 年和 1992 年不断修改和完善而形成的。

英国文官退休年龄各部不尽一致。工作年限满 10 年，年满 60 岁应退休，经过大臣批准的可超过 60 岁退休，但不得超过 65 岁；年满 50 岁的也可自愿退休，年满或未满 50 岁因工作能力不适应可被命令退休。满 60 岁时才能领取文官退休金。为鼓励文官和企业之间的人才交流，英国规定文官未达到退休年龄 60 岁以前，离职到私营企业的文官退休资格可保留，到满 60 岁时，领取相应工作年限的退休金。

关于退休金。(1)工龄满 5 年的公职人员，可以领取退休年金。其数额为本人最后 3 年工作期间最高年薪的八十分之一再乘以工龄。(2)工龄满 10 年或超过 10 年的公职人员，退休后可领取的退休金不少于本人工资的六分之一，工龄满 40 年的，不少于本人工资的六分之四。退休者也可以领取一笔一次性的退休补贴。补贴的数额是退休金的 3 倍。同在职公务人员一样，退休年金的数额也随物价上涨指数相应进行调整。(3)由于健康情况不佳而退休。服务不满 10 年，因为身体原因不能胜任职务者，按其服务年数发给退休金，每服务一年发给相当于一个月工资的退职金。(4)由于机关撤销或精简机构而离职者，酌情发给退职金。其数额一般不得超过因身体情况而退休的退休金。(5)亡故公职人员，工作 5 年以上死亡或不满 5 年因公亡故者，发给一次性抚恤金。(6)女公职人员，工作 6 年以上因结婚、料理家务和生孩子而退职，发给退职金。其数额为工作一年，发给一个月工资，累计增加，但是不能超过 12 个月薪金的总和。英国文官年老退休后允许到社会企业与事业单位任职。

第三节　美国的公务员制度

美国的公务员分为政治任命官员和职业公务员两大类。因此，美国的公务员可分为广义与狭义两种。广义的公务员指的是和军人相区别的所有政府雇员。包括总统、州长、市长等民选人员，部长、副部长、助理部长、独立机构的长官等政治任命官员和行政部门的其他所有文职人员。立法部门的参议员和众议员、司法部门的人员和法官以及国会雇用的人员不属于公务员。狭义的公务员，是指经选举和政治任命产生的高级官员以外的政府部门的文职人员，即职业公务员。职业公务员属于业务类的公务员，担任政府日常业务工作，其身份受公务员法规保护，无重大过失可常任。美国的职业公务员范围较英国公务员的范围广泛，涵盖了公共事业单位、国营企业单位的管理人员。

一、美国公务员制度的发展过程

(一)美国公务员制度的形成

美国在建国后的五十年左右的时间里,历任总统用人均以党籍及私人关系为标准。1829 年以后,杰克逊总统倡导“官职轮换说”,其认为做官应属于选举的胜利者,这就是所谓分赃制度。1866 年以后,分赃制度弊端明显暴露出来,任人唯亲、浪费公款、政党互相倾轧、明争暗斗,以致造成政治的不安。于是人们呼吁进行吏治革新,主张考试用人,限制长官的任免权,限制争逐官爵,并于 1867 年,由国会推定代表,组织联合委员会,考察吏治,研究改进措施,同时并通过官吏任期法。至 1871 年,又通过授权法案,授权总统颁布法令,规定公务员被任用时的年龄、身体、知识、能力、品德等必要条件,格兰特总统委派人筹划考试制度的推行。1872 年大选时,各党都倡导“功绩制”,反对“分赃制”。在这个时期,政府的职位,仍可公开买卖,人们为了获取工作就必须花钱财找门路,在这种情形之下,政治当然腐败,行政效率低下,目睹这种情况,人们要求改革人事制度的呼声日渐高涨。1881 年 9 月加菲尔德总统被一名求职不成者暗杀之后,人民对文官制度改革的要求日益迫切,主张立即实施“功绩制”,消灭“分赃制”。亚瑟总统就任以后,终于在 1883 年,通过了文官法即《彭德尔顿法》。该法确立了功绩制的基本原则,强调公开竞争考试,择优录用,规定公务员必须保持政治中立,实行公务员的职业保障,以及不得利用官职作为竞选的许诺等。《彭德尔顿法》是美国公务员制度的基本法,它的出台,标志着美国公务员制度的形成。

《彭德尔顿法》付诸实施的第一个行动,就是组成文官委员会。按《彭德尔顿法》的规定,文官委员会的三名成员中不得有两名以上来自同一党派,其工作要独立于行政部门与国会的影响之外,尽量实现非政治化。

《彭德尔顿法》的通过只是美国现代文官制度形成的开端。联邦文官系统的完善经历了相当长的时间。在该法颁布后的一段时期内,考绩制与分赃制并存。法案生效后的 20 余年后,美国的现代文官制度方才完全确立。

(二)美国公务员制度的改革与完善

《彭德尔顿法》的最大成果就是打破了政党分肥的格局,确立了体现平等原则的考试录用文官的制度。但是,《彭德尔顿法》本身也有局限性,随着时间的推移和政府机构人员的增加,美国文官制度的诸多弊端日益显露出来,概括起来,主要是:

第一,保护性条款成了僵化的保护伞。1883 年《彭德尔顿法》规定了一系列保护性条款,如怎样才能使政府工作人员免遭辞退等。但实践表明,保护雇员条款的多少同行政效率往往成反比,当时的美国文官制度就是偏向于保护而忽视了效率。上级如果想提升一个人,往往要八九个月时间才能办完手续,而且因为对文官有许多保护性措施,人员调动不灵,奖惩赏罚不明,往往造成许多纠纷和效率低下,并导致文官不思上进。

第二，行政负责人同人事管理人员互相扯皮。政府行政部门的负责人要求下属工作人员有高效率，而从事人事管理的文官事务委员会却把保证人事规章制度的实施作为自己的主要任务。这就在行政管理人员同人事管理人员之间形成了对立情绪，常导致相关人员工作无所适从，或有理由保持低效率。

第三，工资体制上存在着严重的论资排辈现象。美国当时的工资体制属于保护性的，在工资、定级、晋升等问题上行政单位无权控制，因而文官一旦定了级别，凭年资熬年头就可以自动增加工资，这使得工资待遇与劳动成果脱了钩。这暗示着文官只要四平八稳、混日子就行。

对此，美国早就有提出改革的建议，但总的来说，当时这种呼声只是到了 20 世纪 70 年代才日渐高涨，改革的目的和要求也明确起来。

吉米·卡特总统顺应民心和时代的需要，于 1978 年 3 月 12 日向国会提出改革文官制度的计划，他试图通过改革，使政府在推进功绩制、调动文职人员的工作积极性和解雇文职人员等方面能有较大的灵活性。1978 年 10 月国会通过了《文官制度改革法》。

1. 改革的原则

《文官制度改革法》，对联邦的人事制度进行了重大改革。其核心是推进按工作表现付酬的功绩制，以提高政府工作的质量和效率。它第一次确定了联邦政府人事制度应遵循的九条功绩制原则。这九条原则与以往的法律大致相同，但是，也提出了两点新的内容：一是强调利用报酬来鼓励政府雇员工作的积极性；二是保护揭发政府工作缺点和弊病的人。这反映了历史的进步和体现了“保护少数”的原则。

2. 改革的主要举措

(1)设立高级行政文官职位

美国文职人员的工资级别过去一向是随职务而定的，文官本人没有级别。他做什么工作就领该工作所属的等级的工资。因此，美国文官的等级具有职位属性，而没有人身属性。工资随职务而定，有按劳付酬的好处，能避免苦乐不均。但弊病是造成人员流动性差。因为调动工作工资也可能变动。这容易形成“能上不能下，能进不能出”的局面。文官调动较难，尤其是高级文官，使国家工作遭受相当的损失。

1978 年改革法最主要的一项内容是把大约 8000 名司、局长以上的常任文官单独组成高级文官班子。他们的工资从整个文官职务工资体制中分离出来，变成级别随人的工资，从而打破了过去由于工资随职务而定所造成的人员位置僵化、调动困难的局面，这样做有三大好处：一是在使用人员方面可以有更大的灵活性；二是明确这些官员是同政治任命人员有区别的，有助于提高他们的积极性，保持常任高级文官队伍的稳定，因为政治任命人员的工资也不是随人的；三是可以使那些有行政管理才干和经验的职业文官被吸收到高级行政文官队伍中来，发挥他们的长处。

设立高级行政文官的真实目的显然是为了给予政府首脑和各部部长以用人的机动权，使文官队伍的上层分子在一定范围内受到执政党和政务官的控制。

(2)修改处分程序

处分是实行人事管理的必要手段之一,而在改革之前,由于美国法律规定的程序十分繁杂,所以要对工作人员进行处分是极难做到的,这是美国文官制度传统保护原则僵化的反映,1978 年的人事制度改革对这种规定作了修正,使处分成功的可能性相应增大。

(3)推行绩效工资制

以往,大多数文官增加工资都是熬年头,而不是工作实绩。这种情况严重地压抑了政府雇员的工作积极性,降低了行政效率。改革法规定,对部分中上级官员实行绩效工资制,即实行按工作表现付酬,以鼓励和酬劳优异的工作表现。这些人包括"高级行政官职位"者以及从 GS 第 13～15 等的文官,新的功绩工资从 1981 年开始正式实行。

(4)改革考核内容

过去传统的考核办法,要求主管人员考核其部属的,是主动性、成熟性、判断力、忠诚和其他与工作要求并不一定有直接关系的品性,这方面的评语也难免武断和主观,人事决定很少同考核相联系。

改革法则规定,联邦机构各单位的主管人员必须在 1981 年 10 月 1 日前书面地提出每项职务的关键内容以及工作表现的客观标准。今后将以雇员工作的关键内容,而不是按照笼统的考核表格评价他们的工作。在考核的基础上,各单位作出培训、奖励、提升、降级、留用、重新委派工作、开除等人事决定。但要免职或降级,需要首先给予雇员合理的时间和机会改进其工作表现以后,方可实施。

(5)改组人事管理机构

1978 年改革之前,直属总统的独立机构文官事务委员会,总揽对文官的管理和受理文官申诉两方面的事务。这种管理体制职能不清,也是造成行政效率低下的重要原因之一。1978 年改革中,该机构被撤销,其职能分别由新设立的几个机构行使。

二、美国公务员制度的特点

美国公务员制度的建立虽然晚于英国,但其建制更为科学,更为完善。主要表现如下:

(一)强调职位分类

美国打破了英国品位分类的等级观念,实行职位分类,强调责任与职位的统一。这是美国公务员制度最鲜明的特色。职位分类标准客观,管理科学,便于因事择人,量才使用。职位分类适应了行政工作专业化的趋势,有利于提高行政效率。它是公务员制度的一个重大发展,被称为"全部人事制度的基础和起点",并为许多国家所采用。

(二)公务员法规严密规范

美国公务员的管理严格地运转在法制的轨道上。公务员的各项管理工作有法可依,有章可循，保持了公务员队伍的良好素质和相对的稳定。成功、有效的法律，应该既具有科学性，又符合实际需要，经得起理论的论证和实践的检验。因此，美国每一项事关公务员的立法，都要经过严格的论证和反复的试验。有的甚至历经数年。这种严谨的立法精神，使得美国公务员制度的法律与法规相当严密，且颇有实效。

（三）比较重视专才

虽然美国公务员的职前培训中也有通才教育，但是，在考选公务员时，选择的标准是注重专门的知识与职务所需的特殊技术，重视专业技能在职务中的实际应用，重用专才型的人员，在就职后的在职培训中，也偏重于与所任职务相关的知识和技能的培养。这一点与英国的重视通才教育正好相反。

（四）具有政治化倾向

美国由于受“政党分肥制”的影响，在公务员的任用方面，至今仍具较浓厚的政治化倾向。除了选任的政府官员外，其他具有秘密性、专门性、技术性或临时性的官员，均不由考试任命，不受有关考试制度的法规限制。此类人员在公务员人数中所占比例较大，约有 15%，其任免进退主要为政治势力所左右，受政党政治的支配。

（五）录用比较公平

美国除了选任的官吏、秘密或技术性的职位外，绝大多数职位都向社会开放，通过考试公开选拔；而且，对于应考资格、年龄等均限制不严，颇富有弹性，权利平等，体现了人人平等精神，这点是绝大多数国家做不到的。

三、美国公务员制度的主要内容

（一）分类制度

美国在分类上实行的是职位分类制度。职位分类就是按职位的性质把各种职位分成若干类，在类之下再按职位的责任大小、工作繁简、所需的教育程度、技术精粗划分若干等级，职位分类方案是制订工资方案和实施同工同酬、进行公务员考试，实施考核的基础。

职位分类的过程是：首先要厘清所有公务员的职务责任是什么，然后再依据职务的性质和责任的轻重分别确定为若干门类和等级，给予以一定的职称和级别。

美国公务员的职位划分为两大类。一类为一般类，简称为 GS，包括专门、科学、书记、行政、财务类；一类为技艺保管类，简称为 CPC，包括手艺保管、灯塔储藏类职位。前者分为十八等，后者分为十等。至于邮务、外交、教育、警察、消防、医务人员的分级与待遇均另行规定。

美国实施职位分类的目的是要实现“适才适所”和“同工同酬”。但是，人们对它的批评也颇多，认为它过于繁杂、僵化，阻碍了人力资本的自由流动，从而达不到最佳配置人才资源的效果。美国也一直在寻找完善职位分类的办法，1978 年增设的高级公务员系列就是其中的重要举措，合并、简化和淡化职位分类标准也渐成趋势。

（二）录用制度

1883 年，美国开始实行公开考试录用公务员。通过竞争性考试录用的公务员占 85％，有 15％的政务官员、民选官员、专家、技术人员、16～18 级的高级行政官员、具有博士学位的人员和首长亲自委任的“例外人员”（包括机密、勤杂、临时人员）等公务员则不需参加竞争性考试。一般地，美国公务员的考试与任用要经过招考、考试、推荐和选用四个程序。

1. 招考。招考是用人单位把招收人员的职务、资格和考试日期等事项向公众公布，公开征求报考者参加选拔考试的用人方法。它面向全社会，凡合乎条件的人都可以报考。

2. 考试。公务员录用考试是功绩制的一个基本内容，体现着公平、公开原则。美国公务员的考试历来注重实际，考试内容也与职务密切联系。考试有两种形式：(1)集合考试，是考核一个人是否具备相应职位所要求的能力，包括笔试、口试和操作考试（如不搞操作考试，笔试成绩占 70％，口试成绩占 30％）；(2)非集合考试，是针对取得国家已经颁发专业资格证的专业类和管理类人员，如录用为相同专业类的公务员时，则只进行全面考察和评价，对专业不再进行重新考试。在美国，公务员考试合格，只说明取得了可以被录用的资格。

3. 推荐和选用。长期以来，美国考试合格者进入备用名单人数要比实际录用人数多两倍，以便挑选。用人机构先要求公务员委员会推荐考试合格者的名单，经过调查和约见候选人后，从三人中选用一人，其余二人仍退回公务员委员会。如果认为推荐的三人都不满意，可以全部退回，请求另行推荐。

4. 试用。美国政府考试录用的有关法规规定，候选者一经录用，都要经过一段时间试用，试用期有两种，凡从“职业雇员”录用的人，试用期为一年。从有条件的职业雇员录用的人，试用期为三年。用人单位要对试用人员进行定期考核，考核成绩不好的，或辞职或被免职，但免职须依一定程序办理。试用人员或正式雇员不得因行使宪法赋予公民的权利而被开除，也不得因受歧视而被开除。

（三）考绩和晋升制度

美国是最早实行公务员功绩考核制的国家之一。目前，美国实行的是工作考绩制度。工作考绩法的主要特点为：(1)考核内容即工作数量、工作质量和工作适应能力三个方面。主要有工作完成情况的总结报告、鉴定潜在能力、描述具体工作职责、对完成的工作结果进行评价，对工作内容和工作效率进行数量和质量分析，其中数量分析内容有：工作时间多少、任务多少、错误多少等；质量分析内容有：工作精度如何、质量好坏、协调能力和思考能力如何等。(2)采取综合考核方法，主要有公务员个人进行工作小结，公务员互相考评，局外专家或团体考评，低级别公务员对监督人员的考评结果进行鉴定。实行周年考绩法，每年进行一次，以 3 月 31 日为截止日期。(3)考核结果分等，一般分为优等、满意和不满意。考核结果与晋级和任用相联系，考核结果为"优异"者，提薪一级；"不满意"者酌情给予减薪、降级或免职处分。

美国考绩制还实行一种提前警告的办法，即对于工作成绩不佳的人，各单位主管人必须提前在正式考绩前 3 个月向他提出警告，为其提供改进机会，应告知如不改进，考绩时将被评为"不满意"。美国公务员考绩结果满意者占 98%，"不满意"者极少。美国公务员考核对激励工作虽有明显效果，但同样存在缺乏客观标准的问题，主管官员、监督官员和考核人员的主观性和随机性对公务员考核结果有较大影响，人事管理署对此仍然感到是一个难题。但公务员感到考核结果不公正时，可以向考绩委员会或复审委员会提出申诉。

美国比较重视对公务员平时的工作考核。根据《工作考绩法》规定，公务员日常考勤被纳入公务员考绩范围，公务员在 8 小时的工作时间内(上、下午分别休息 15 分钟除外)不准看报纸、谈天、会客、吸烟、写私人信件等。检查人将随时检查工作人员是否有违规行为。每天公务员对自己所做的工作内容和工作数量要进行详细记录，并作为周年考绩依据。

根据美国《文官法》细则规定，公务员晋升一般需要经过考试，但实际上政府各部门公务员晋升存在多种情况：(1)委任晋升，由行政长官通过委任的办法提升公务员的职务或职位；(2)工资级别晋升，按公务员工作年限确定，满一定年限，只要没有过失，就能够自然晋升；(3)考试晋升，分为部内考试晋升和部外考试晋升，部内晋升的范围是在一个机关内部的人员参加晋升竞争，部外晋升则允许有其他部门的人员参加晋升考试，成绩是优秀者即可提升。(4)混合方法晋升，一般综合考虑工龄、工作成绩，或考试考核情况。政府各部门举行晋升考试时，上级人事管理机构均派人监督。上级人事部门管理机构也可以单独组织晋升考试。根据公开、公平、公正原则，公务员个人感到晋升职务不公时，可以进行申诉。

(四)培训制度

美国政府一直都很重视公务员的培训，专门就公务员的培训，颁布了培训法，使公务员培训制度化、法律化。美国公务员培训目的明确，培训内容与公务员工作或事业有关，通过培训挖掘公务员潜在能力，既有利于提高工作效率，又有利于公务员个人发展。

美国公务员培训由人事管理总署统一管理，具体实施采取的是统一和分散相结合，高级文官在联邦高级管理培训中心进行，住宿培训，时间一般为 4 周；中级文官在中级管理培训机构培训，每次培训时间为两周；特殊培训和专业培训，由各业务部门提出计划，同人事管理总署协商，经审批后，并提供经费，具体由各部门或单位组织实施。

美国培训的组织形式多种多样：部内培训，即由各机关组织的培训，联邦政府有70%的培训都是由各机关组织的；部际培训，即有文官委员会组织的培训，以培训公共课为主；大学进修，这是由文官委员会或各部与各大学合作，选送或选派在职公务员离岗或在岗用业余时间，到大学参加学习或培训；各种协会组织培训，美国有许多官方机构组织的协会和机构，这些机构组织多种形式的培训，如美国城市财政官员协会，国际人事管理协会等；交流培训，在政府部门之间、联邦与州之间、政府与私营部门之间进行交流，以扩大公务员的知识面。

美国公务员培训主要有：(1)职前培训。职前培训与大学正规教育有密切关系，即由各大学负责培训政府机关未来的行政人才。各大学的课程中，均设有专门为行政机关培训行政管理人员的课程，而各种基金会也给予财力的支援，支持这种培训的费用。(2)见习培训。见习培训亦称实习培训，实习培训的目的，在使一位新任命的行政人员在从事其指派的工作之前，首先了解他工作的性质、范围及与其他行政人员之间的关系。美国政府一般行政机关都有一项规定，任何行政人员离职时，须提前三个月通知机关主管或人事单位主管。在这三个月期间，机关可以从容地招聘新的接替人员，同时亦可要求即将离职人员陪同新进人员，从事一段实习的培训。(3)委托培训。即委托大学等机构施以短期的技术培训或选修几门指定的课程。委托培训的费用，完全由行政机关负担，包括接受培训人员的薪水、膳宿、旅费、学费等。

(五)工资、福利制度

美国公务员实行的是分类工资制。确定工资的基本原则与英国大体相同。美国宪法规定，公务员工资由国会决定，总统每年要向国会就公务员工资问题进行报告。报告附有私人企业工资比较和公务员工会对工资的意见。只有经过国会批准以后，报告才能生效。

联邦文职人员基本上实行多等级的职务工资制。文职人员的工资主要有以下几个类别：(1)一般行政人员工资，是按1949年职位分类法制定的适用于“白领”雇员的工资方案。(2)“蓝领”工资，按雇员工作所在地流行的工资率予以确定。(3)邮政工资。适用以上三类工资的雇员，占联邦文职人员总数的98%以上。(4)人数不多的其他人员的工资，如国务院驻外人员、情报机构人员、退伍军人局的医务人员等，另有其工资方案。此外还有行政长官工资方案。以上各类别的工资方案，除“蓝领”工人的工资外，都是由法律规定的。

各类雇员工资都有各自的工资等级表，每一类别的工资又分为若干等，一等之内又往往分为若干级。按照职位分类规定，每个职位都定一个等，等内可再分级。但亦有不再分级者，如行政长官的工资方案。因此，美国的公务员的工资都是与职位分类相联系的。

一般行政工资方案(简称 GS)适用于一半以上的联邦文职人员,一般行政工资表共 18 等。美国公务员的工资体制有这样几个特点:第一,每等之间有固定的增长率或绝对增加额;第二,每级中最高等的工资比最低等高出 30%;第三,每级中各等之间都有不同的比例的差别;第四,等级间是交叉的,每级中的第 4 等到第 7 等的工资大约相当于上级的第 1 等的工资。

按规定,适用一般行政工资方案的雇员升一级需要工作至少一年,而且工作要得到"满意"的评语。然而,多少年来,这一规定也是流于形式,实际上许多机构的人员都是按年自动升级。为了改变这种情况,以鼓励雇员更好地工作,1978 年《公务员制度改革法》规定,实行功绩工资制和改革考核办法。

美国公务员有多种形式的福利保障。美国公务员福利保障一方面体现在小额优惠上,另一方面体现在退休保障上。社会保险津贴和医疗保险分别由个人和单位各交占工资的 1%、1.45%。公务员在受雇以后 6～12 月开始,就有资格参加储蓄,储蓄最高可占工资的 10%,政府也按公务员个人存款额配额存人,到退休时属于公务员个人所有。

(六)纪律与奖惩制度

美国公务员制度的纪律规定,主要包括:(1)政治纪律。公务员不得参加政治竞选活动,不得担任政党的候选人,不得与劳动工人联合组织团体或采取共同的集体行动,不得为政治目的而进行金钱或有价值物质的授受等。(2)工作纪律。公务员必须遵守服务规程,服从长官命令和指挥,不得虚报成绩,不得弄虚作假欺骗上级等。(3)廉政纪律。《美国行政部门工作人员的道德行为准则》(以下简称《准则》)规定,政府工作人员不得持有与执行公务相冲突的经济利益;不得利用不公开的政府信息来进行金融交易以牟取私利;不得因职务关系而收受礼物;不得假公济私;不得从事任何与政府公务职责有冲突的兼职或活动等。其中对礼物还有专门的解释和定义,包括馈赠、照顾、折扣、娱乐、接待、贷款、延缓清偿债务或其他有金钱价值的表示,对公务员利用职务机会发表演讲、著书等获取职务外收入,该《准则》也有具体规定。

美国公务员惩处的主要做法:(1)把对公务员的惩处分为司法惩处和行政惩处,司法惩处由司法机关进行审判,根据审判结果行政机关再作惩处决定。行政惩处由各行政机关负责执行。(2)设立不同的处罚种类,主要有申斥、警告、调换工作、记过、扣薪、停止晋升、停薪、降级、免职等 9 种。(3)有明确的程序规定,根据美国文官细则规定,对于参加禁止性政治活动的文官惩戒有"调查、通信调查、起诉、申诉、定案、处罚和重新处理"等程序。对于犯有其他过失而应撤职、停职与降级的惩处程序为:先给当事人发指控通知(通知内容有具体规定)、由当事人答复或申诉并宣誓、复议、最后作定案决定。同时规定,在通知期间内,雇员一般应保持现职地位。(4)对惩戒权限有约束,主要受平等原则约束,即惩处不得因宗教见解或教派、婚姻状况、种族、政治见解或党派而加以歧视,除非法律另有规定;受公正原则约束,惩处必须是同样过失受同样惩处,不得因同样过失而受不同惩处或有的被惩处而有的不被惩处；因法律规定不得被撤职、停职或降职的雇员，一般不能给予相应惩处。(5)对试用期、考察期和暂任雇员，程序比较简单，单位对其工作不满可以随时通知离职或辞退。

在美国，公务员通过提建议或者具有突出的工作表现，对政府工作具有重大贡献的，将给予精神的或物质的奖励。美国公务员的奖励：(1)设立有不同的奖励种类，主要有特殊成绩奖、质量优秀奖、节约奖、建议奖。美国每年有5%的人员获总统授予的"优秀行政官员奖"，1%获总统授予的"卓越行政官员奖"。(2)各部门设立工作奖励委员会，具体组成人员由政府各部门领导人指定，该组织负责选拔和提出成绩优秀人员人选，各部部长审批后进行奖励。(3)由联邦预算局控制规划，因为涉及政府奖励支出，联邦预算局每年向国会报告奖励实施结果，以及奖励工作建议。(4)规定政府各部门对每项工作必须进行经常性检查和评估，并且与公务员发挥的作用评价结合起来，使公务员奖励有比较扎实的成绩基础。美国公务员奖励，对激发公务员的工作积极性和创造性发挥了较好的作用。

(七)退休制度

美国公务员的退休制度是由1920年国会通过的公务员退休法和年金法开始的，这两个法律经过多次修改，扩大了适用范围，公务员的退休待遇也逐步提高。

美国公务员退休制度主要规定较烦琐，我们仅摘其要点而述之：

1. 美国联邦行政、立法、司法三个部门的任命和选举的官员、雇员，除由法律和条例排除在外的人，都参加公务员退休系统。

2. 除少数几种官员外，法律没有为联邦雇员规定强制退休的年龄，凡符合以下三种年龄和工龄者可以自愿退休：(1)年满62岁、已服务5年；(2)年满60岁、已服务20年；(3)年满55岁、已服务30年。

3. 退休基金由在职雇员(包括官员，下同)和政府共同提供。雇员交纳其基本工资的7%，从工资中扣除。政府交纳的金额同雇员交纳的金额相等。

4. 雇员服务公务员职务必须满5年，退休后才有资格领取退休年金。

5. 退休年金的多寡，决定于雇员的服务年限和基本工资。基本工资是指退休以前工资最高的三年的平均年基本工资。年金最高不超过这三年平均基本工资的80%，最少不得低于社会保险的最小基本保险额。

6. 年金按消费者物价指数在每年3月1日，9月1日各调整一次，

第四节　法国的公务员制度

在法国，凡机关工作人员皆称为"公务员"。公务员分为两大类：一类是不适用公务

员法的公务员，主要指议会工作人员、司法部门的法官、军事人员，以及工商业领域的国家管理、公用事业和公立公益机构的人员；另一类是适用公务员法的公务员，指在中央政府及其所属的驻外机构或在公立公益机构的各级部门中担任专职的人员，如中央各机关从事国家管理的常任官员，其范围基本上同英国的“常任公务员”相同，也被称为国家公务员。法国政府1984年1月11日颁布的国家公务员地位法规定，国家公务员是指“被任命以全部时间在国家中央行政机关，所属派驻机构或国家公共机构的某一个等级中担任某个常设性职务，并正式任职者”。法国公务员或公务员的范围比英国、美国都大。

一、法国公务员制度的形成过程

法国公务员制度的建立经历了长期、曲折、复杂的发展过程。法国由于长期保留了封建官僚制度，采用现代公务员制度的时间较晚。法国1789年的大革命胜利后，使法国官吏制度发生了根本性的变化，从此出现法国现代公务员制度的雏形。在拿破仑执政时期，公务员制度的一些主要轮廓已被勾画出来，并带有鲜明的军事色彩，其主要特点是：(1)建立等级制度。1809年依据公务员进入行政部门任职时间长短、在行政部门中的地位和过去在行政部门以外的工作经历划分等级，并在等级同薪金之间建立了联系；(2)实行严格的纪律。如要求下级绝对服从上级等，违犯者要受到制裁；(3)建立一些单项管理规章制度。主要有确立统一培训原则，统一行政部门工作方法，建立行政法院，创办培训官员的专门学校等。在此期间，法国政府官员的素质有了明显提高，这主要得力于拿破仑注重对官员的纪律约束和专业技术训练。

19世纪至20世纪前半期，法国政局一直动荡不定，封建君主制的复辟和资产阶级反复辟的斗争激烈尖锐，使公务员制度建立受到严重影响，导致政府在官员任用上交替使用“恩赐官职制”和“政党分肥制”，造成官场营私舞弊、行贿受贿等现象层出不穷，政府部门工作效率低下，国家机器运转不灵，危及到法国资产阶级的根本利益和统治地位，因而法国一些议员提出了一些有关公务员的法律草案，要求对公务员加强管理。在此期间制定了许多单项法规，例如1923年的内政部公务员法，1924年的退休法等。

法国的现代公务员制度是在第二次世界大战后改造旧的公务员制度的基础上建立起来的。1946年10月，法国颁布了统一的公务员法。1959年2月，新的公务员法的颁布，标志着现代意义上的法国公务员制度正式建立。

二、法国公务员制度的特点

(一)“官僚制”色彩较浓

法国公务员在任职期间受国家保护，官职等级按年晋升，职务可以调任，官职分立，同类同职级人员可在不同地区、不同机关间调任，从而形成终身雇用的封闭官僚系统。

在法国，公务员受到国家的严格控制，其所做所为直接向上级负责，缺乏积极进取精神，办事注重形式，程序复杂，各种文书法规，档案资料汗牛充栋。

（二）高级公务员专家化

法国公务员制度的最大特点是高级公务员大都是“技术专家”和“行政专家”。所以，在公务员队伍中专家和专业人才的比例较高。这与法国的传统和现行的公务员培训制度是密不可分的。早在1945年开始重建公务员制度时，法国就着手对录用和培训制度进行了改革。以前，考试后不经培训即可直接录用；改革后，考试合格者还须经过培训、考察才加以正式录用。高级公务员一般都得经过2～3年的培训后才可以任用。

（三）公务员的民主权利较为广泛

法国近代以来崇尚自由、民主与平等，公务员的民主权利也较其他国家更为广泛。比如，公务员享有信仰自由，有参加政党组织和政治活动的权利，有组织和参加工会的权利等。

（四）瞻循化的默许规则

瞻循化的默许规则即机关行政首长可直接以红包形式奖励下属，此类“红包”系非法定给予，故以个别、秘密方式交付，双方秘而不宣，但预算上承认该项开支。

（五）具有民主参与机制

公务员可通过人事管理协议会直接参与人事行政，并以此调节行政机关与公务员的双方利益。

三、法国公务员制度的主要内容

（一）分类制度

法国公务员系统属于品位分类模式，但它又与英国的品位分类有所不同。首先，法国分类系统在类别上虽也有等级划分，但等级之间相对开放，不像英国那么闭锁。其次，法国的分类系统更多地引入了职位分类的因素，从这个角度而言，它应被视为品位分类与职位分类的混合型。

按法律规定，法国公务员分为A、B、C、D四大类。A类：高级公务员集团，承担拟定政策、起草法规、组织管理等工作，A类公务员必须具有正式的高等教育毕业文凭。B类：中级公务员，承担执行性质的工作，具体在A类公务员领导下工作，进入B类的公务员必须持有初级高等教育（相当于我国的大专）或高中教育文凭。C类：初级公务员，承担具体工作，在AB类领导下负责执行法规、具体方案的实施，C类公务员至少要持有初中毕业文凭并经过特定的职业教育。D类：低级公务员，承担非专业性的最简单性质的工作（如勤杂事务），D类公务员具有初中或小学毕业文凭即可。目前法国政府正在实行改革，通过教育和培训逐步将D类公务员并入C类。

除了上述四大类外，法国还设有特别职类(A)，此职类约有500个职位，由担任高级行政职务的公务员组成，如中央各部的司局长、中央行政机关的负责人、大区长、省长、大使、行政监察部长官以及大学校长等。

(二)录用制度

法国公务员采取考试录用制。这种制度强调两个基本原则：一是平等原则。即对报考者一视同仁，不论性别、家庭出身、住所远近、政治面貌和倾向，也不论其信仰和哲学观点，主要以品行和文化作为衡量标准。年龄一般限制在25～35岁之间。但平等原则在执行过程中受到很大的限制。例如，虽然规定对不同政治倾向和信仰的报考者一视同仁，但是，如果报考者不接受“保留义务”(即不能公开发表与政府不同的政见)，则被视为拒绝参加报考。二是考试择优录取原则。考试公开进行。考前，由有关部门发布招收简章，规定招收名额和条件、报名手续、考试日期和考试科目。报考者按要求呈递大学、中学或小学毕业证书。报名截止后，由有关部门进行严格审查，如考生没有法国国籍、不享有公民权、患有肺病、癣症、神经病等重病或没有按法律规定服兵役等，则将被取消报考资格。经审查合格后编出考生名单。再由有关部门成立的考试委员会按考试大纲出题，制定考试规则。

考试分两轮进行，第一轮是笔试，选中的对象叫可接受候选人，然后进行第二轮多科目的口试。考试期间，考试委员会全体委员要出席监考，并成立主考小组负责评分(由考试委员会的一些委员组成)，考试委员会要对所评的考生各科分数进行审议，在取得一致的意见后，确定录取名单。司法机关监督招收、考试和录取的全部过程，并受理出现的舞弊问题。法国公务员的考试竞争相当激烈。报考者与录取者的比例，A类高级文官是3∶1，B类公务员是4∶1～10∶1，C类和D类公务员是10∶1。

被录取人员还要进行一段时间的见习或业务训练，方能被正式录用。

(三)培训制度

法国公务员培训有非常健全的法规和制度，国家从法律、机构、投资、设施和措施等方面对公务员培训提供了配套性保证，而且根据经济和社会发展，以及知识迅速扩展的要求，经常调整和加强公务员培训。

1971年法国国民议会通过了继续教育法案，1985年法国政府在法律上进一步规定，各行政机关可以要求公务员进行继续培训；公务员有权利要求进行继续培训；公务员每3年至少要接受一次培训。为鼓励公务员参加培训，还规定公务员为参加晋升考试，每年可享受8天考试假；在公务员职业生涯中，每个人还可以申请1～3年脱产培训，培训期间不影响职务晋升，第二年第三年则停发工资和奖金。

法国公务员培训管理由公职部负责，具体由各部门制订培训计划。一般每年有55%的人接受继续培训，时间长短不一，平均每次每人有6天，当培训与工作发生矛盾时，一般服从工作,但第三次安排不能参加的,则要在档案中注明。

法国公务员培训有3所国家院校,5所地方行政学院,70所专门技术院校,28个培训中心,这些机构基本能满足公务员培训计划要求,全年培训经费超过1亿法郎。法国国立行政学院,是法国公务员培训最有名的高级公务员培训基地,全法处长以上文官有80%毕业于此院,该组织的考试特别严格,最后要公布分数,排列名次,政府文官若有缺位,则严格按名次递补,使培训与晋升紧密挂钩。这是法国公务员培训最有特色的方面之一。

法国公务员培训有三种主要方式:职业学校培训,根据公务员工作需要,有的安排到行政学院培训,有的要安排到工程技术学校培训;岗位培训与进修,主要在部门办的培训中心进行培训;在私人企业进行培训,法国政府认为,最先进的技术和经验往往首先在私营企业产生,因此每年都要选定一些中高级人员到私营企业进修。

组织培训评估,是法国公务员培训的又一特点。为了提高培训水平,法国政府很重视培训效果评估。有的要当即评估,当一个培训班结束时,由学员填表发表意见;有的通过测试进行评估,要求参加培训人员根据培训学习到的新知识进行应用,如进行方案设计;有的要作长远评估,一般公务员在回岗位工作6个月后进行评估。

(四)考绩与晋升制度

法国公务员考绩的形式是年终鉴定。法国政府每年给每个公务员进行总评定,写出鉴定,以表明他的业务才能。鉴定由行政长官亲自主持。鉴定分两个步骤进行。首先进行分项评分,即把专门知识、身体状况、值班守时、整洁状况、合作精神、工作能力、工作效率、工作方法、工作积极性、服务精神、思维能力、组织能力、监督能力、考察能力等专业项目,逐项打分。对不同类别的公务员考核项数不同,A类考核项目较多,但不是全部项目,D类较少,最低不少于6项。最低为0分,最优为20分。评价取分一般以15分向上打分或向下打分,总分标准分为100,优异为140~126分,优良为125~86分,劣等为85~61分,低劣为60分以下。为了避免各部门评分的差别,由对等行政委员会做综合平衡,报上级批准通过。评分应告知本人和对等行政委员会。行政长官根据各项分数,对公务员一年的工作做出总的评语。总评只通知对等行政委员会,不告知本人。如果某个公务员认为有知道的必要,可以通过对等委员会,要求本单位行政长官把总评告诉本人,如果某个公务员认为总评不公,可以通过对等委员会,要求本单位行政长官修改总评。公务员的鉴定好坏直接关系到公务员的晋升,特别是选拔晋升。

在法国,公务员晋升包括晋职和晋级,晋职是指职务或职务类别的提升,晋级是指工资的提升。按照法国公务员总法规定,两种晋升都采取阶梯式逐级式提升。法国公务员晋升有三条重要原则:(1)公开,对公务员晋升的职位、时间、条件、方式、程序等各部门都要向公务员公开,具备基本条件的都可能有提升机会。(2)公平,统一考试考核标准,最后依据考试成绩或考核结果而晋升。(3)逐级,即不准越级晋升职务。

法国公务员晋升有三种主要方式:(1)考试晋升,这种考试是内部的竞争性考试,适用于公务员类别等级晋升，各地区和各部门每年都要组织一次考试，由考官团主持考试，最后根据考试成绩，由部长决定职务任用。(2)考核晋升，它适用于公务员职务晋升和类别晋升，主要由各部部长或部长授权的司长根据公务员近3年考核结果决定，晋升时要考虑资历、学历和资望等因素。其操作程序是由行政部门负责人决定提职的名额，并根据公务员近3年的鉴定，从中挑选出比提职名额多一倍的公务员名单。然后，由对等行政委员会按名单逐个审议，根据公务员的鉴定，参考其业务水平和资历提出意见。行政部门负责人在征得对等行政委员会同意后，正式确定提职名单，并在当年12月15日以前公布。(3)年功晋升，主要适用于级别工资升级，年度考核符合标准的，都可以晋升一级工资。

法国公务员晋升有四个主要程序：(1)作晋升计划，提出晋升职位和名额，晋升事先要做充分准备；(2)确定晋升名单，并进行评议和分析，行政对等委员会进行复审，也有权修改；(3)公布晋升结果；(4)晋升诉讼，对不公正的晋升，公务员有权向法院提出讼诉，法院有最后裁定权。

(五)工资和福利制度

法国公务员的报酬主要由基本工资、住房津贴、家庭津贴以及其他法律和法规文件规定的补助、津贴组成。法国政府在规定公务员工资时，兼顾国家的支付能力，同时参考私人企业职工的工资水平，以保证公务员的实际收入。

公务员的工资分为普通工资(即全部B、C、D类公务员和大部分A类高级官员的工资)和特级工资(即总统、政府成员、部长会议任命的高级文武官员和司、局长以上的A类高级官员的工资，人数约2.9万人)两种。

法国公务员实行指数工资制。公务员的工资水平和工资晋升，表现为工资指数的变动，工资指数的单位值(即每个指数点)则根据当年物价水平确定，公务员工资增长幅度一般高于或等于物价幅度。目前，普通工资等级指数表的最低等级指数是225，最高指数是1015，特级工资指数表的最低指数是1075，最高指数是1920。每个指数确定月工资的法郎数目。

公务员工资实行补贴工资与基本工资同比的制度。法国公务员补贴工资是公务员收入的重要部分，一般要占本人基本工资的10%～30%。其补贴工资，同公务员基本工资同比增加，即工资高的公务员补贴工资也高。其中住房补贴，根据地区不同，分别占公务员总工资的5%～8%；安家补贴，主要是对刚参加工作的公务员，给予安家补贴；家庭补贴，根据孩子数进行补贴，孩子多补贴多；出差补贴，国内国外出差都实行经费包干，多不退少不再补；加班补贴，以小时计，也有的实行按次计。同时，各部还有部内奖金，根据各部委经济状况，由各部委给公务员发一些奖金，公务员退休后就被取消。

法国公务员福利除在补贴性收入中体现外，还通过设立托儿所、办机关食堂、提供社会和医疗保险等为公务员提供福利，以及为公务员提供住房、制服、交通工具。其中休假是最主要的福利制度，其带薪假有年休假、工伤假、一般病假、产假、哺育假、受教育假，即每个公务员有1个月年休假；病假6个月内工资照发，超过6个月的，按50%领取工资；妇女产假有16周，产前6周，产后10周；公务员每年参加内部考试，有8天考试假；公务员因抚养不满16岁的孩子或有因伤病需要照顾家庭成员的，均可申请半日工作，但工资只领50%，工龄只计一半。

除上述福利外，法国公务员还享有其他社会救济和实物福利。例如，由国家对公务员的社会保险进行补贴，补贴数额占公务员工资的10%。一些公务员还可以分配到住宅、制服、交通工具等。

(六)退休制度

法国在20世纪初，就已经建立了退休制度。第五共和国成立后，法国政府公布新的法律，对退休制度做了新的规定。这个规定适用于除了法国政府成员和由政府任命的高级官员以外的所有公务员。法国政府规定"常驻职位"(即以办公室工作为主的职位)者退休年龄为60岁，"流动职位"(须经常外出服务的职位)者退休年龄为55岁。实际上，法国40%的公务员是经常外出人员，所以约有一半公务员在60岁前就退休。公务员平均退休年龄是58～59岁。公务员还可以申请提前退休。最低工作年限要求达到15年以上，工龄上限为37.5年。

公务员退休后可以领取一定数量的退休金，公务员领取退休金的基本条件是：工作不少于15年(丧失工作能力除外)，至少交纳了15年的6%工资的退休储金。领取退休金的最低数额为基本工资的30%(工作年限为15年)，最高限额为基本工资的80%(工作年限为40年)。

思考题

1. 简述西方国家公务员制度的政治地位。
2. 西方国家公务员制度的功能。
3. 西方国家公务员制度具有哪些特点?
4. 简述英国文官制度的特点。
5. 简述美国公务员制度的特点。
6. 简述法国公务员制度的特点。

参考书目

1. 谭功荣：《公务员制度比较研究》，重庆：重庆出版社，2007年版
2. 周敏凯：《比较公务员制度》，上海：复旦大学出版社，2006年版
3. 姜海如：《中外公务员制度比较》，北京：商务印书馆，2003年版
4. 杨庆东等编著：《中西方公务员制度比较研究》，昆明：云南大学出版社，2003年版
5. 黄卫平，谭功荣主编：《公务员制度比较》，北京：中央编译出版社，2002年版

第七章

西方国家政府经济职能

政府经济职能属于国家作用的范畴，在国家行政制度中有着重要的地位。政府经济职能就是运用政府行政手段干预、影响社会经济活动，主要包括政府在市场经济成长过程中的作用，政府在经济发展（包括经济增长和产业结构升级）中的作用，政府对国民经济的调控，政府在经济开放过程中的作用等。市场经济发展的进程证明，现实经济生活中存在着“市场失败”，要求政府对经济运行进行适当的干预和调节。

第一节　政府经济职能概述

在市场经济条件下，市场仿佛是一只“看不见的手”，神奇地引导和调节着经济活动，在资源配置中发挥着基础性的作用。但单靠市场难以完全实现资源的最佳配置，价格机制并不能孤立地发挥作用，在配置全社会资源、实现全社会的一般均衡的过程中，还有赖于一些前提条件。除了市场经济内含的个人自由选择和个人之间激励相容原则性的假设以外，还要求经济信息完全和对称、市场完全竞争、规模报酬不变或递减、无外部性、交易费用为零、人的完全理性等前提假设。但市场本身存在着许多天然的缺陷，现实的市场经济无法满足上述严格的假设条件。由于存在着市场功能的缺陷和不足，有必要发挥政府经济职能。尽管政府经济职能本身并不能保证充分弥补市场机制的不足，也许还会存在着政府经济职能失效，但政府经济职能在市场经济中仍然具有不可或缺和不可替代的重要作用。从西方主要的发达市场经济国家经济发展的过程来看，总的来说，政府经济职能的范围不断扩大，作用也在不断增强。

一、政府经济职能的含义

现代意义上的政府经济职能的概念是与市场经济的形成联系在一起的。市场经济以前的经济形态当中，政府经济职能虽然不同程度地存在着，但就其作用的范围、深度、方式和方法而言，与市场经济产生以后都有着很大乃至根本性的区别，且表现出不规范、不稳定和缺乏法律保障等特点。

在现代意义上，政府经济职能作为政府职能的一个重要部分，有它特定的含义。概括地说，政府经济职能是指政府从社会经济生活宏观的角度，履行对国民经济进行全局性的规划、协调、服务、监督的职责和功能。它是为了达到一定目的而采取的组织和干预社会经济活动的方法、方式、手段的总称。具体包括下面几层含义：

1. 履行职能的管理主体，是中央政府及各级地方政府，而不是任何其他经济组织、单位和个人。

2. 管理的经济对象，是整个国民经济，着眼于全局性的宏观管理，不同于部门经济管理和企业经济管理。

3. 管理的目的，既有政治性意义即实现统治者的利益，也有公共性意义，即通过一系列管理活动，以较少的代价去获得较大的经济效果，促进社会的经济发展。

4. 管理的方法、方式和手段带有综合性。

一个国家的政府经济职能决定于一定的经济体制，是特定时期内经济“环境”的产物，最佳地适应“环境”是政府经济职能选择和经济体制择优的最高目标。特定的经济体制除了受一系列自然环境和社会历史文化传统的制约和影响外，最根本的决定因素在于这个国家所处的工业化阶段及其在国际竞争中所处的地位。由于各国处于不同的经济发展阶段，其政府经济职能有相当大的差异，政府经济职能也不会有一个统一的模式。

然而，在市场经济条件下，各国的政府经济职能又存在着反映市场经济运行过程中加强和改善宏观调控内在要求的共性方面。从国际范围来看，政府经济职能呈现出某种“趋同”倾向。市场经济的形成是与工业化密不可分的，总的来看，在工业化过程中，不同国家的政府经济职能的变化存在着一定的规律性，政府经济职能的内容以及何种职能居于主要地位，很大程度上是由这个国家所处的工业化阶段决定的，随着工业化进程的推进，政府经济职能的构成也随之变化。处于同一工业化发展水平的国家在空间断面上表现为政府经济职能的相似性，随着工业化的发展，处于不同发展水平的国家在时间序列上表现为发展中国家承袭发达国家前一时期的政府经济职能。

国家的本质决定了国家职能和政府职能具有二重性，即统治性与公共性。同样，政府的经济职能也反映了国家本质的二重性。只是政府经济职能的二重性，是通过经济管理过程的二重性即社会属性和自然属性反映出来的。

政府经济职能的二重性，是由社会生产过程中生产力和生产关系的统一体决定的。要保证社会生产过程的正常进行，管理经济就必须具有两方面的功能，一是合理组织生产力的功能，即把劳动力、劳动手段和劳动对象结合起来以进行社会化大生产的功能；二是维护生产关系的功能，即实现生产目的、维护现存财产关系的功能。政府管理经济的过程，正是这两种功能共同发生作用的过程，前一种功能是一切社会生产共同具有的，故称之为经济管理的自然属性；后一种功能决定于生产关系的性质，随着社会生产力方式的变化而变化，称为经济管理的社会属性。这个原理，对一切社会形态的经济管理都适用。

西方国家政府经济职能的二重性，一方面表现为由社会劳动过程的性质产生的并属于社会劳动过程的共同职能，另一方面表现为在掘取社会中资本的价值增值过程的特殊职能。西方国家的政府经济职能，带着强烈的资本主义生产关系的色彩，正如马克思所说：“资本家所以是资本家，并不是因为他是工业的领导人，相反，他所以成为工业的司令官，因为他是资本家。工业上的最高权力成了资本的属性。”首先，在资本主义制度下，由于绝大部分生产资料掌握在私人资本主义企业、特别是少数金融寡头手里，社会的经济活动受资本主义基本经济规律支配，因而政府对经济的干预，只能建立在“自由竞争”、“自由经营”的基础之上。其次，资本主义国家的政府是“理想的总资本家”，它干预社会经济活动的根本目的，是为了维护资本主义的经济秩序，保证垄断资产阶级猎取高额利润。虽然政府也创办一些社会福利事业，推行福利政策，但决不改变其履行职能的根本目的，即最大限度地维护资本利益。

二、政府经济职能的作用

在市场经济发展过程中，政府经济职能始终是一个客观存在，作用越来越强大，政府经济职能对经济生活的各个领域甚至个人生活的影响越来越显著。为了弥补和纠正市场失灵，政府经济职能要在刺激需求，扩大市场、稳定就业、调节经济和对付危机等方面发挥积极主动的作用。具体地说，政府经济职能的作用表现为：

1. 维护市场的功能

反对垄断和不公平竞争是市场经济条件下各国政府的重要责任。

2. 矫正市场机制的缺陷

市场调节经济运行具有自发性和盲目性的特点，为了克服和缓解市场机制作用引起的经济波动，保持经济稳定发展，需要政府对企业和个人的微观经济行为与决策给予指导。

3. 弥补市场的不完全性

市场无法满足经济社会发展对公共产品的需求，而这些市场失灵的公共行业和公共部门又是经济社会正常运行不可缺少的，要求政府根据与市场一致的原则，将有关资源配置给它们。

4. 纠正市场作用的偏差

市场机制自发地进行分配，会导致社会成员之间收入差距过大，进而可能引起社会不稳定。政府有责任通过有关政策措施维护分配的公正性，防止贫富差距过大，为经济运行创造稳定的社会条件。因此，市场机制与国家力量的融合是市场经济条件下必须研究解决的问题。

如何发挥政府经济职能的作用？通过哪些途径、运用哪些手段可以使政府经济职能得到有效实现？

20 世纪 30 年代凯恩斯主义的出现，标志着政府经济职能（国家干预）理论系统的基本形成。从罗斯福新政到 20 世纪 70 年代后期，发达市场经济国家的政府经济职能得到全面发展。总结几十年发达市场经济国家政府经济职能的实践，实现政府经济职能的手段主要是财政政策、货币政策、收入政策、产业政策和人力政策等。

1. 财政政策手段

主要包括政府购买、举办公共工程、转移支付和税收等，对经济运行进行逆向调节，以熨平经济波动。在经济过热时，通过减少财政支出、增加税收来抑制总需求；在经济萧条时，通过扩大财政支出、减税以刺激经济复苏。此外，市场经济条件下通行的财政制度安排，具有一定的有助于经济自动趋向稳定的因素，也就是所谓的内在稳定器。一是累进的个人所得税和公司所得税，二是失业救济金和各种福利费的支出，三是农产品价格维持制度。但这种内在稳定因素只能起到减缓经济波动的作用，并不能改变经济运行的趋势。

2. 货币政策手段

主要包括公开市场业务、贴现率和准备金率等。中央银行通过运用这三种工具，调节货币供给，从而影响利息率的变化，调节总需求，实现总供给和总需求的平衡。

3. 收入政策手段

通过控制物价和工资来防止通货膨胀。收入政策手段主要包括制定物价和工资指导线，冻结物价和工资等。控制工资上涨速度，防止成本推动型通货膨胀是收入政策的重点。收入政策往往是在特定环境下采用的一种短期性措施，如果较长时间使用，常常适得其反。

4. 产业政策手段

包括提供财政补贴、减免税收、利率优惠措施和高利率、高税率等限制措施，以及加强行政指导，进行直接的数量和行为控制等，以指导、调节、优化产业结构和产业组织结构。

5. 人力政策手段

包括对人力资本进行投资，提高劳动者素质，完善劳动力市场，实施再就业工程等，通过调节劳动市场结构来降低失业率。

此外，还有对外经济政策手段，包括关税和非关税壁垒、对外资进入的优惠和限制等。政府通过运用对外政策工具，调节进出口和资金流入流出，以实现国际收支平衡，保护民族产业，维护经济安全等。

概括政府经济职能的内容和特点，大体可以将其分为需求管理和供给管理两大类型。需求管理主要是通过财政政策、货币政策和对外经济政策来调节总需求，供给管理主要是通过产业政策、收入政策和人力政策来调节供给，从而实现总供求的基本平衡，促进经济稳定发展。但宏观经济管理的目标与国家经济职能的手段并不是一一对应的，一种政策手段往往可以为多种宏观经济管理目标服务。如对外经济政策手段中关于外资进入的政策，在特定时期内，既可以鼓励和限制外资的流入流出，以实现国际收支平衡，避免外资流动对国内经济运行带来不利影响，防止出现经济波动，也可以通过制定外商投资产业指导目录，鼓励有利于推进国内技术进步和产业升级，有利于缓解国内资源短缺的投资项目，达到完善供给的目的。一般来说，需求管理具有短期的性质，而供给管理则着眼于长期经济发展，应该根据不同时期经济运行的突出矛盾，选择调控的重点，在此前提下，把这两种宏观经济管理有机地结合起来，灵活加以运用。由于各种政策工具的特点不同，其产生效用的时滞、影响的范围、作用的猛烈程度等都不同，对政府经济职能的运用也应遵循相机抉择的原则，根据不同时期的具体状况，灵活地选择政策工具及其搭配，有效地实现宏观经济调控目标。

三、政府经济职能发挥作用的形式

市场经济条件下，发挥政府经济职能作用的形式，主要有三个方面：

一是对市场运行的环境进行干预。如通过制订维护市场运行秩序的规则,如颁布反垄断法、合同法、公平竞争法、反倾销法、价格法及有关的法律法规等,为市场经济正常运行创造良好的环境。

二是对市场经济运行的过程进行干预。如通过制订指导性经济计划、政府补贴和采购以及间接或直接经营某些公共部门和重要行业等,以熨平经济运行的波动,实现适度的均衡增长。上述为需求管理服务的政策工具,基本上都属于对运行过程进行干预。

三是对市场经济运行的结果进行干预。如通过开征累进个人所得税、为失业者和低于贫困线的公民提供救济补助等社会福利措施,来缓解贫富悬殊的矛盾。

从以上可以看出,现代市场经济条件下政府经济职能的作用范围和影响已经贯穿于市场经济运行的全过程,政府干预和市场机制紧密结合在一起,共同作用于经济运行过程当中。

与存在着市场失败一样,经济社会生活中也存在着一些妨碍政府正确发挥经济职能、导致政府经济职能失败的因素。从市场经济国家政府经济职能的实践看,要正确发挥政府经济职能的社会作用需要克服一些负面条件的制约。这些负面条件主要表现在以下几个方面:

第一,信息供给和处理上的制约。政府对经济进行有效的干预,必须以大量可靠的信息为基本前提,然而由于市场经济运行的复杂性和多变性,即使运用最现代化的技术手段来收集和处理信息,也常常不能及时准确地反映和满足市场迅速发展的状况和需要。

第二,政府经济职能系统的内在缺陷。同私人企业相比,政府经济职能系统内的官员和其他管理者的直接经济利益动机要弱得多,而政府经济职能比较多的又往往是缺乏市场竞争的领域。内在动机和外在压力的双重缺乏,可能造成政府经济职能系统运行的低效率。

第三,政治因素和利益集团的影响。政府经济职能是由政府官员来操作的,而现实社会中的许多利益集团不可能不对负责制定政策和操作的官员产生影响和压力,政府经济职能也很难完全杜绝泛政治化倾向,甚至为了近期政治目标的需要而不惜牺牲大多数居民的利益,甚至为长远发展设置障碍。

第四,不确定因素较大。市场机制作用的自发性和盲目性是客观的。与市场机制比较,政府经济职能的必要性虽然来自经济稳定发展的内在要求,但它毕竟是一种人为的干预。由于对客观经济规律不能很好地把握,或者对政府经济职能行为、过程缺乏有效的监督,对政府经济职能干预的效果没有严格的评估,以及政府官员素质不高,机构设置不合理,都可能造成政府经济职能具体的干预措施违背客观经济规律,直接影响到政府经济职能的效果。

四、影响政府经济职能设置的主要因素

一个国家如何设置合理的政府经济职能，如何平衡政府经济职能与市场、社会功能之间的“度”的问题，主要受生产力发展水平、经济体制的目标、文化传统因素以及政府自身能力等诸多因素的制约：

1. 生产力发展水平

政府经济职能主要是政府通过自己的特殊地位，采用经济计划、产业政策、经济法规、以财政、货币政策为主的宏观调控手段以及必要的行政手段来影响经济主体决策，以促使社会经济朝着政府既定的目标运行的管理行为。政府经济职能的设置，与社会生产力发展水平密切相关。一般而言，生产力发展水平高，工业化较先进的国家，其经济行为主体的自主性较强，政府的发展功能已经退居二线，而维护秩序的功能却越来越重要，这一体制的政府经济职能更具宏观性和间接性；相比较而言，生产力发展水平较低，工业化程度较低的国家，政府担负着领导工业发展的重任，其职能主要是“发展”，政府经济职能的设置更具微观性和直接性，对企业的干预力度会较大。总体上，西方发达国家由于生产力水平较高，对市场经济杠杆的运用充分得多，而政府经济计划和行政干预倾向较弱。

2. 经济体制的目标

经济体制的目标在各个阶段会有所不同，它包括调整社会经济发展速度与发展规模、各部门各地区经济增长比例、国民收入的分配和再分配、社会产品的总供给与总需求、经济增长速度与货币需求、失业率控制等。经济体制目标的不同势必导致政府宏观调控的重点也不同。当通货膨胀率居高不下时，抑制通货膨胀是政府的首要任务；当失业率过高时，解决就业问题就成为政府的首要任务。当社会出现供给不足和供给短缺时，政府职能的设置侧重于经济发展规模、产业结构秩序、生产力地区布局等供给管理，即政府经济职能更多是直接的、明确的甚至是行政的；而当有效需求不足时，政府则侧重于需求管理，通过财政政策或货币政策手段来刺激消费倾向、提高居民购买力或改变产品供给结构，较之供给管理，需求管理中的政府经济职能显得更为间接、宏观。

3. 传统的文化因素

文化作为意识形态的组成内容，在一个民族的历史中沉淀下来，并对当代社会不同的经济行为主体的价值取向有着深刻的影响，政府所抉择的政府经济职能的模式，往往与不同经济行为主体对经济运行方式的判断相适应。例如美国三权分立的政治理念、历史上形成的自由主义传统，以及崇尚个人独立的创业精神，促使政府能选择的和被接受的经济职能设置必然是为自由竞争市场创造必要的外部环境，政府经济职能更多地表现为宏观性、间接性和市场性。而日本由于历史形成的民族文化根基较深，凝聚力强大，体现为团队精神和经济协作，相对于美国而言，政府更强大有力，政府经济职能更直接微观，因而政府主导性的经济计划和产业政策更具效果。又如在北欧的一些国家里，由于受文化传统中“民主社会主义”的意识形态影响较深，公平作为政府经济职能设置的价值

取向与效率相比已被置于优先地位，因而政府经济职能的核心是实现社会的公平目标。

4. 政府自身能力

政府能力是指为完成政府经济职能规范的目标和任务，拥有一定的公共权力的政府组织所具有的维持本组织的稳定存在和发展，有效地治理社会的能量和力量的总和。政府经济职能的实现是以政府能力为基础的，缺乏有效能力的政府即使在法律上具有广泛的职能，实际上也不会真正有所作为，政府经济职能与政府能力是一种互动关系。由于政府所赖以建立的权力资源、信息资源、人力资源、物质资源等的限制 政府的能力必定是有限的，有限的政府不能承担无限的政府经济职能，政府经济职能必须适度界定。新凯恩斯主义认为，政府能力的差异，使得各国在政府经济职能的设置上应有所区别。

正因为生产力的发展水平、经济体制的目标、传统文化的沉淀以及政府能力现状等因素均制约着政府经济职能的转变，我们在考察具体国家的政府经济职能设置时必须认真审视各国的条件和环境。

五、西方国家政府经济职能历史演变

政府经济职能随着市场经济的发展而不断变化，从西方国家发展的历史看，政府经济职能的变化经历了以下三个发展阶段：

1. 资本主义市场经济形成时期

从资本主义兴起到18、19世纪时期，西方国家政府经济职能的作用主要集中在三个方面：一是维护社会秩序，用资产阶级专政的力量，打破封建势力对国内市场形成的阻挠，并为资本的原始积累创造稳定的社会环境；二是维护国内市场不受外部势力的冲击；三是建立公共工程，为市场运行创造条件。

在资本主义的原始资本积累阶段，西方国家政府经济职能就有不同程度的显现，如西欧诸强支持海外扩张和殖民掠夺，采取重商主义政策，通过发给补助金、授予特权、免除租税等办法，鼓励和扶植发展集中的手工工场等。

2. 自由市场经济阶段

在19世纪至20世纪初的自由市场经济阶段，西方国家政府主要是通过价格信号的传导作用自发地调节资源分配和经济运行，市场机制像一只无形的手调节着经济的运行过程。虽然政府对经济的干预只是在局部范围内存在，而且干预的手段也不很多，和现代市场经济条件下政府对经济的干预有着根本的不同，缺乏自觉性、主动性和连贯性，但它却实实在在地在一定程度上存在着，并发挥着作用。

这一时期西方国家政府的经济职能大体可以归结为以下几个方面：一是对启动工业化所必需的基础设施建设特别是交通运输；二是直接投资扶植一些主导工业部门；三是维护本国工业发展的市场秩序；四是实行保护主义的对外贸易政策；五是鼓励本国工业品出口；六是大力发展科技、教育事业；七是积极引进外国资本、发明专利和智力；八是推动农业开发，为工业发展提供坚实的基础。从上述事实来看，在自由市场经济条件下，政府经济职能随着市场经济的形成就有了的，甚至在资本主义的原始资本积累阶段就有不同程度的显现。

3. 现代市场经济阶段

1929—1933年资本主义世界经济的大危机，使自由市场经济体制的内在矛盾和缺陷日益暴露，客观上要求在市场机制的基础上产生一种调节经济活动的社会机制，要求国家对市场活动进行宏观调控。国家对宏观经济进行调控的必要性在于：一是维护市场功能的正常发挥，二是矫正市场机制的缺陷；三是弥补市场的不完全性；四是纠正市场作用的偏差。与之相对应，要求国家履行相应职能。这一阶段，西方国家政府已全面进入市场，成为市场的主体之一，政府经济职能渗透到市场经济运行的内部，以纠正市场运行的偏差，政府经济职能的基本思路与市场原则保持一致。

从西方国家市场经济发展过程中政府经济职能变化的历程来看，政府与市场的关系经历了一个由外部保障发展到内部调节，政府的宏观经济调控由经济运行的外生变量转化为内生变量的过程。在资本主义市场经济形成阶段和自由市场经济阶段，政府经济职能主要是作为外生变量，干预经济的手段主要是立法和行政手段；在现代市场经济阶段，政府经济职能对经济干预是内生变量，政府经济职能在注重立法和行政手段的同时，更多地运用经济手段。

在市场经济条件下，实行政府调控与市场在资源配置上的基础作用相结合，是自凯恩斯主义以后市场经济国家政府经济职能变动的主要趋势。政府对经济干预的加强、范围的扩展、干预由外生变量转为内生变量成为政府经济职能变化的基本规律。当前，各国政府经济职能有一种逐渐加强的趋向，其主要原因就是为了在日益激烈的国际竞争中求得比较有利的地位和环境。

近代以来西方政府经济职能的不断演变，政府经济职能的设置在一个市场经济、市民社会和全球力量迅速变动的世界中尤其面临着巨大的挑战和压力，每个国家的选民、政治家或者政府机构都希望它的政府经济管理变得更有效、更有力，每个人也希望在有力的政府下获取更多的自由，但是政府经济职能的转变和政府机构的改革毕竟是一个长期的、复杂的、政治上又十分敏感的任务，因为它受到特定的经济条件和深刻的历史文化背影的制约。

第二节　西方政府经济职能理论

早在19世纪中期，英国古典经济学家约翰·斯图亚特·穆勒便在其名世之作《政治经济学原理——及其在社会哲学上的若干应用》一书中写道："在我们这个时代，无论是在政治科学中还是在实际政治中，争论最多的一个问题都是，政府的职能和作用的适当界限在哪里。”一个半世纪之后，世界发生了翻天覆地的变化。在理论上，西方国家关于政府经济职能限度的讨论一直不曾停止，各种理论观点更是层出不穷。由于思想家和学者们所处的时代不同，所处的国家相异，因此他们所得出的结论当然也大相径庭，概括起来大抵上有三种思潮。

一、自由主义政府经济职能理论

在16世纪，资本主义刚刚起步，资产阶级的经济力量比较弱，需要国家保护、扶植，经济才能发展。因此，随着资本主义萌芽而出现的重商主义，强烈主张国家对经济的干预。早期重商主义者力图在国内把货币以贮藏货币的形式积累起来，达到积累货币财富的目的；晚期重商主义者为了鼓励输出，实现出超，主张国家实行保护关税的政策并采取扶植和鼓励生产出口商品的工场手工业的政策。在重商主义者那里，政府的经济职能是十分重要的。

到了18世纪，产业革命已经兴起，立足已稳的资本主义展现出生机勃勃的前景，资产阶级完全能够依靠自己的力量发展经济，因而自由放任主义逐渐抬头。当时法国的重农主义者认为，社会可以自行运转，政府没有多大必要存在，尤其是正常的经济秩序建立后，没有政府也行，听任社会独自运行，远比在政府管理之下更好。有位重农主义者说了一句名言：不管也罢，管也罢，世界总是在自行运转。处于这个时代的英国古典经济学家亚当·斯密，也提出了与重农主义相似的主张。

亚当·斯密作为新兴资产阶级利益的代表，其经济思想的中心内容是经济自由，即“自由放任”。在其理论体系中，亚当·斯密构筑了一个由理性的经济人按照经济利益的要求，在“看不见的手”（即市场）的引导下自然运行的社会经济秩序。在这样一种秩序中，政府没有发挥太大作用的机会、空间和要求。政府经济职能，就是保证有一个发展生产、积累财富的和平环境，也就是起一个“守夜人”的作用，政府只要像一个“守夜人”那样防止外来的暴行和侵略，并维持公共治安就可以了，不要干预经济的发展。他主张把政府的开支缩减到最低限度，认为最好的政府就是最廉价的政府。亚当·斯密是古典经济自由主义学说的奠基者，其核心主张是政府只需要提供诸如法律和秩序的最低限度的职能，而市场经济制度将在“看不见的手”的指引下，经由每个追求私利的人的努力而最终达到富国强民的目标。

1776年，亚当·斯密出版了《国民财富的性质和原因的研究》（简称《国富论》）一书，在英国摧毁了重商主义的政府干预理论和政策，代之以自由放任理论和政府不干涉经济事物的政策，并把“自由放任”视为他所主张的经济政策的基本原则。他认为，每个个人“他通常既不打算促进公共的利益，也不知道他自己是在什么程度上促进哪种利益。……由于他管理产业的方式目的在于使其生产物的价值能达到最大程度，他所盘算的也只是他自己的利益。在这种场合之下，像在其他许多场合一样，他受着一只看不见的手的指导，去尽力达到一个并非他本意想要达到的目的，也并不因为事非出于本意，就对社会有害。他追求自己的利益，往往使他能比在真正出于本意的情况下更有效地促进社会的利益”。因此，对经济活动政府无须干预，由市场这只“看不见的手”来自动调节就行。

基于这样的观点，亚当·斯密对政府职能作了限定：“第一，保护社会，使其不受其他独立社会的侵犯。第二，尽可能保护社会上各个人，使其不受社会上任何其他人的侵害或压迫，这就是说，要设立严正的司法机关。第三，建设并维持某些公共事业及某些公共设施(其建设与维持绝不是为着任何个人或任何少数人的利益)，这种事业与设施，在由大社会经营时，其利润常能补偿所费而有余，但若由个体或少数人经营，就决不能补偿所费。”但是，亚当·斯密并非完全否定政府对经济的作用。从他提出的政府三项职能可见，政府具有为经济运转提供环境保护的作用。他反对的是政府深入经济生活内部的直接干预。

继亚当·斯密之后，在政府经济职能问题上主张自由放任观点的还有 19 世纪英国的经济学家西尼耳和穆勒。西尼耳说：“政府的唯一合理基础，统治权利和相应的服从义务的唯一基础是与人方便——社会的一般利益。政府的义务就是竭尽所能增进被统治者的福利。对此义务的唯一限制是他的权力。”穆勒在论述政府经济职能时也遵守自由放任一般原则。他认为，每个成年人的生活都有个性，它应当不受其他个人或公共集体的统治。如果政府职能增加，就意味着权力的增加，其间接影响力也增加；政府职能的增加，不仅增加了团体的负担，而且事情交由政府去干，结果还不如有利害关系的私人去干。有些人没有为集体利益而自发行动的习惯，而是惯于听从、依赖政府，要政府为他们包办好一切。基于上述理由，穆勒主张限制政府的职能，促进个性自由发展。他认为政府的职能是：(1)保护不能照顾自身利益的儿童和老人；(2)当个人对他遥远未来的利益作出不可挽回的决定时，例如签订永久性契约时，政府应当干预；(3)只能由代表来执行的事情，如联合股份公司或股份有限公司等，国家通常比个人干得好；(4)对个人判断有必要实施法律干涉的一些事情，如减少工厂劳动时间等，政府应当干预。显然，穆勒扩大了政府的经济职能，为政府活动开辟了广泛的园地。

但无论如何，从亚当·斯密开始至 20 世纪初，自由放任主义一直占统治地位，政府的职能主要是充当“守夜人”。

二、干预主义政府经济职能理论

人类进入 20 世纪以后，自由竞争的资本主义过渡到垄断资本主义。由于垄断打破了原来自由竞争的局面，原来维持市场均衡的价格规律、供求规律、竞争规律不能充分发挥作用，社会经济生活中的不协调性日益突出，以致经常爆发经济危机。自由经营理论受到了沉重的打击，从而由盛转衰，代之而起的是政府的积极干预。这一时期以凯恩斯为代表的大多数经济学家都主张政府对经济的积极干预。

由于资本主义固有矛盾的加深，1929 年西方世界爆发了经济大危机。经济危机向人们表明，自由放任主义者所说的资本主义经济具有的自律性调节机制失效了。因此，思想家和学者们不得不寻求新的经济理论和政策。新的经济理论一般以凯恩斯主义为标志，但是，新的经济理论并不是随着大危机的出现才成为必要的。关于这一点，萨缪尔森作了论述："1929 年 10 月，这个昏暗的日子突兀地改变了整个世界的性质。但并不是这一天才使新的理论变得迫切。早在繁荣时期，旧理论已经难以适应现实的需要并表现出其缺陷。20 世纪 30 年代的大危机并不是导致古典学派理论体系解体的最初力量。古典学派的理论是随着经济活动的大起大伏、动荡发展而由盛到衰的。而正是 20 世纪 30 年代的这场大危机，使古典派的理论体系直接面临瓦解重建的危机。"

比凯恩斯稍早一点，英国的福利经济学家庇古于 1920 年出版了《福利经济学》一书，论述了政府干预资源配置的经济职能。庇古认为，在完全竞争的条件下，虽然有利于实现生产资源的最优配置，但由于种种原因，仍然会出现边际私人纯产值和边际社会纯产值相背离的情况，如由于某些耐久性生产设备的使用权和所有权不一致而引起的背离，由于外部原因而引起的背离，由于收益变动或成本变动而引起的背离。种种背离的情况表明，仅仅依靠自由竞争不能实现生产资源的最优配置。因此，庇古提出了政府干预的必要性。他认为，政府干预经济的职能，主要是采取适当的经济政策来消除客观上存在的边际私人纯产值和边际社会纯产值的背离。

不过，在庇古看来，实现生产资源最优配置的基本机制仍然是私人经济的自由竞争。他所说的政府的经济干预也只局限于征税和补贴，他反对政府直接经营企业，认为那样会压抑企业生产和经营的积极性，并导致自身的腐化和官僚主义。但无论如何，庇古主张政府干预资源配置的影响是很大的。在庇古之后，福利经济学发展成为新福利经济学，并成为适应国家垄断资本主义需要的全面干预国民经济生活的政策理论。

给自由放任主义画上休止符的是凯恩斯。1926 年，英国著名经济学家凯恩斯发表《自由放任主义的终结》一文，公开表明放弃自由放任主义原则。他力图论证对资本主义经济实行明智"管理"的必要性，力图证明借助政府对货币流通和信贷的调节，可以消除资本主义固有的失业和危机。所以，凯恩斯的理论体系可以说是沿着如何解决资本主义的失业问题的思路而展开的。1936 年，凯恩斯最主要的著作《就业、利息和货币通论》(简称《通论》)出版。这本书确立了凯恩斯主义的基本原理，成为现代经济学的经典著作。凯恩斯在书中提出政府要为实现充分就业作出努力的主张，认为政府有必要对经济进行干预，政府的经济职能在于通过财政政策，增加政府支出，增加需求，以制止失业；通过税收来鼓励投资；通过货币政策，利用利息率的升降来控制货币供应，间接地影响私人投资和消费。凯恩斯理论体系的"革命"之处，在于其否定总需求恒等于总供给的传统教条，提出了有效需求不足的原理。他认为，失业是有效需求不足的结果，而"要达到离充分就业不远之境，其唯一办法，乃是把投资这件事情，由社会来总揽"，"国家必须用改变租、税体系、限制利率以及其他方法，指导消费倾向"。他的结论是："除了消费倾向与投资引诱二者，必须由中央统制，以便二者互相配合适应以外，实在没有理由要使经济生活比以前更社会化。”由于凯恩斯主义适应了国家垄断资本主义的需要，在20世纪30年代的大危机中，对挽救资本主义制度起过“起死回生”的作用，因此，第二次世界大战以后，凯恩斯主义一直是西方各国政府执行和扩大经济职能的理论依据。实践证明，凯恩斯主义的政府经济职能学说中的某些合理成分，不仅适用于发达国家，而且对发展中国家同样适用。比如：(1)在政府经济管理对象上，主张政府运用财政支出手段对宏观经济进行间接干预，而对国有企业的日常经济活动，则让企业自己去处理，政府不宜插手；(2)在经济分析方法上，反对传统经济学从局部分析问题的方法，强调要从整个宏观角度来论证经济问题，即要用总量分析方法；(3)在经济调节手段上，提出把财政政策、货币政策和收入政策等配合起来使用的主张，即经济政策“松紧”搭配法。

20世纪50年代以后，凯恩斯主义的追随者分裂为两大派别，即“新古典综合派”和“新剑桥学派”。新古典综合派的主要代表人物有萨缪尔森、托宾等，“新剑桥学派”的主要代表人物是罗宾逊、卡尔多等。两大派别在主张政府干预方面是一致的，但在政府的具体经济职能上则有所不同。“新古典综合派”把凯恩斯的宏观经济理论和古典的微观经济理论结合起来，形成“混合经济”理论。如萨缪尔森所说：“我们的经济是私人组织和政府机构都实施经济控制的‘混合经济’：私有制度通过市场机制的无形指令发生作用，政府机构的作用则通过调节性的命令和财政刺激得以实现。”那么，政府的具体经济职能是什么呢？他们认为：“有三个作用，即效率、平等和稳定。有关效率的政府行为试图矫正垄断一类的市场失灵。政府促进平等的方案使用诸如收入再分配等工具来反映社会对穷人和残疾人的关心。稳定化政策试图削平经济周期的高峰和低谷，减少失业和通货膨胀，并且促进经济增长。”“新剑桥学派”反对“新古典综合派”的观点，认为要解决资本主义的各种社会问题，必须解决收入分配的不合理性，因而政府的主要经济职能是对分配进行干预。他们特别强调税收政策的作用，主张实行没收性的遗产税，只给孤儿、寡妇留下适当的终身财产所有权，以便消灭历史所形成的财产的集中，使食利者阶层逐渐消灭，并把政府由此所得的收入用于公共目标与改善穷人的地位上。他们反对听任市场机制发挥作用，同意凯恩斯关于政府干预经济的观点。

在现代西方经济学中，主张政府干预经济的还有“新制度学派”和“瑞典学派”。“新制度学派”以美国经济学家加尔布雷斯、包尔丁以及瑞典经济学家缪尔达尔为代表。这个学派认为，资本主义社会应该通过“结构革命”，使不完善的结构完善起来，使公共目标受到执政当局的重视，使权力和收入的分配均衡化，这是政府长期的、根本的纲领。此外，政府应该把实行其他经济调节措施作为短期政策，如工资、物价管制政策、计划经济政策、人力政策、反托拉斯政策、环保政策和各种福利措施。但他们认为，政府经济调节的重点是限制大公司的活动，而不是小企业和个体经营者，相反，小企业和个体经营者应该成为政府补贴、津贴和优先照顾的对象。“瑞典学派”也称“北欧学派”或“斯德哥尔摩学派”，以瑞典经济学家为主体，其代表人物有林达尔、缪尔达尔、伦德堡、林德伯克等。“瑞典学派”认为，政府的经济职能主要是运用货币政策和财政政策解决充分就业，通过收入政策调节财富的均衡化。政府的经济政策的基本目标是:国有化、福利国家、市场经济三者的混合物。

三、新自由主义政府经济职能理论

20世纪60、70年代以后,面对资本主义社会严重的经济"滞胀"危机,凯恩斯主义关于政府干预经济生活的主张和政策,显得于事无补。于是,主张修复"看不见的手",反对政府干预经济的呼声渐涨。在这样的背景下,产生于20世纪30年代的新自由主义经济学获得了较大的发展。新自由主义经济学有广义、狭义之分。广义的新自由主义包括新货币主义在内,狭义的新自由主义特指哈耶克的新自由主义和德国的新自由主义。从理论观点、分析方法和政策主张来考察,三者同异皆有。相同之处是:三者都认为资本主义市场经济是完善的,私人企业经营制度有很大优点,政府对经济的干预政策有害无益。区别在于:新货币主义以现代货币数量理论为基础,主张实行货币供应稳定增长的政策;德国的新自由主义宣扬"社会市场经济理论",提出以自由市场经济为主、国家的调节措施为辅的方针;哈耶克的新自由主义则是最彻底的经济自由主义,它反对一切形式的政府干预,倡导实行竞争性私人货币制度下的自由市场经济。

美国经济学家弗里德曼是新货币主义的著名代表。他主张建立这样一种社会:"它主要依靠自愿的合作来组织经济活动和其他活动,它维护并扩大人类的自由,把政府活动限制在应有的范围内,使政府成为我们的仆人而不让它变成我们的主人。"他在亚当·斯密关于政府职能的三点主张的基础上,增加一条政府职能。他说:"政府的第四项义务,是保护那些被认为不能负责的社会成员。亚当·斯密没有明确提到这些义务。""我们不能断然拒绝照管那些我们认为不负责的人们",如"疯子"或"孩子"。政府除了执行上述四项职能外,其作用将大大减少,它仅能为自由市场比较无妨碍地运动提供一个"稳定的支架"。至于"货币当局",即中央银行,除力求使货币适度稳定地增长外,应听任经济自由调节,恢复亚当·斯密的"看不见的手"——价格机制的作用。在货币主义看来,私人经济有其内在的稳定性,政府的各种干预政策破坏了这种稳定性,不仅不能稳定经济,反而加剧了经济的不稳定性。无论是财政政策还是金融政策,对经济的刺激作用都是短期的。也就是说,政府干预政策在短期内也许可以降低失业率,但长期下去则会引起灾难性后果。基于此,货币主义认为,政府在经济中的作用并不是通过经济政策来干预经济活动和市场机制,而是为市场经济的正常运行创造一个良好的环境。不过,他们又认为,这个良好的环境,除了法制秩序、基础设施和社会保障外,还包括稳定物价。所以,货币主义最终没有彻底否定政府的经济职能和作用。

德国新自由主义,也称弗莱堡学派,其奠基人是W.欧根,主要代表人物是缪勒、阿尔玛克、罗普克、艾哈德等人。他们提出"社会市场经济"的体制模式,并认为这是一种既非资本主义又非社会主义的特定形式的经济,力图在自由放任与政府干预之间寻求一条"第三条道路"。他们认为,在"社会市场经济"中,政府的职能和作用既不像计划经济中那样配置资源，调节经济，也不像凯恩斯主义所主张的那样运用经济政策干预经济，而是仅仅维护市场经济的秩序，就像在足球比赛中那样，政府仅仅作为裁判员维护比赛秩序，绝不是作为运动员参加比赛。具体地说，这种体制下的政府职能主要是：(1)维持通货的稳定，因而货币调节政策是必不可少的；(2)发展交通、运输、人才培训和服务部门，因为私人企业家不便经营这些事业或不愿经营；(3)实行某种程度的收入再分配，使社会贫富悬殊不致过大；(4)举办某些福利措施，使人们的生活得到保障，而不至于重走资本主义的"不人道"的老路；(5)制定某种计划来指导、安排长期的经济活动，以弥补私人企业家和市场经济的考虑不周或其力量之不足。显然，德国新自由主义有其独特之处，但就其经济自由主义的主张而言，它与其他新自由主义是一致的。

在西方经济学派中，最彻底的经济自由主义是哈耶克的新自由主义。它不像其他经济流派那样多多少少承认"自由市场经济"有缺陷，而是高唱"自由胜于一切"的调子，声称失业和通货膨胀并非资本主义使然，而是资产阶级的政府干预的结果，因而反对任何形式的政府干预。哈耶克认为，私人自由企业经济是最合理的，市场机制是完善的，因而用不着国家去实行收入再分配或"福利国家"措施，"混合经济"也是不必要的，甚至是有害的。他提倡货币非国有化，主张取消政府对货币的垄断和国家货币制度，用私营发行银行之间的竞争代替之，实行自由货币。而且，在哈耶克的新自由主义那里，对于国内问题的分析和对于国际问题的分析是一致的：对国内，它鼓吹自由竞争，反对垄断，反对政府干预；对国际，它同样鼓吹自由竞争，反对垄断，反对各国政府插手。当然，这种极端的反对政府干预的主张，即使在发达资本主义国家也难以被采纳。

综上可见，现代西方经济学的各个学派在关于政府经济职能这一问题上，始终围绕着自由主义和国家干预主义而展开论战。这种论战至今还在继续。从其争论中，我们不难看出两个特点：(1)自由主义并非反对一切国家干预的政策，并非彻底否定政府具有一定的经济职能；政府经济职能也非完全排斥经济自由而主张干预一切。(2)一般说来，当资本主义经济比较稳定，经济危机和失业不十分严重的时候，自由主义容易抬头；相反，当经济危机和失业严重的时候，政府干预经济的理论和政策主张往往会获得大量的拥护者。

第三节　当代西方主要国家的政府经济职能

第二次世界大战以后，国家宏观调控与市场调节相结合的经济体制逐渐成为世界主流，似乎任何一个西方发达国家都实行了混合经济体制。各国普遍认识到，必须实行市场经济体制，以市场机制为配置资源的基础，政府经济职能为市场服务，使市场经济得以有效运行并不断完善。当今世界各国的经济体制，既不是单纯地依靠"看不见的手"调节经济，也不是仅仅依靠“看得见的手”来筹划发展，而是普遍地采取“两只手”并用。由于两只手结合方式的不同，形成了不同的市场经济模式，即不同的市场经济与政府经济职能融合的模式。两只手的结合方式，或者说政府经济职能与市场机制的关系是区分政府经济职能类型的基本标准。

一、美国：有宏观调节的市场经济

一讲到美国模式，许多人都会记起所谓的“自由主义的市场经济”。美国十分强调市场对配置资源、引导经济主体行为，促进经济增长的作用，认为在经济发展中政府只能起次要作用。美国没有全国的经济计划，甚至在经济界和学术界还对一些国家普遍接受的产业政策持有疑义，反对者不在少数。但有的州、县、镇却在编制计划，国家往往通过政府订货和采购影响经济运行，并对能源、尖端技术、农业和环保等领域施加影响甚至是直接的干预和管理。总地看，虽然有时加强，有时减弱，但政府对经济干预具有不断加强的趋势。美国的经济模式可以说是一种有政府经济职能宏观调节的市场经济。

美国政府对经济的干预大致经历了三个发展阶段。

第一阶段，从美国建国到1860年南北战争爆发前，美国经济干预处于萌芽状态。这一阶段，美国确立了联邦、州、地方三级政府，以州为主的经济管理体制。1789年美国宪法规定联邦政府有权制定税法，管理税收，有权制造货币，管理通货，为联邦政府调节经济提供了法律根据。美国政府将经济干预的重点放在财政金融领域，初步建立了以关税为主的财税制度，设立了国家银行，并对从事银行经营业务规定了一定条件。根据本国产品竞争能力的状况，美国通过了外贸禁运法令，禁止当时经济比较发达的英国和法国的工业品进入美国市场，以保护和促进本国工业品的生产。颁布法令鼓励开垦西部土地，刺激农业发展。吸引外国技术工人移居美国，奖励发明创造，促进科技发展。

第二阶段，从南北战争到罗斯福新政，奠定了美国国家干预经济的基本框架。在这一阶段，美国建立了以公司和个人所得税为主的财税制度，对货币和银行制度进行了改革。1863年国会通过了国民银行条例，规定开办银行必须具有的最低资本额，并对银行资金的使用与发行钞票作了规定。1913年建立了联邦储备制度，国会授权联邦储备委员会控制国家的货币流通和贷款。

需要指出的是，第一次世界大战使美国联邦政府控制经济的能力空前扩大，国家干预经济成为美国现代市场经济的一个特点。然而对于这一特点，经济学界长期以来并没有加以注意，人们多认为这一时期美国仍然是自由放任的经济。战争时期，美国联邦政府几乎对所有的重要经济部门都进行了控制，建立了管制机关或统制机关，把全国绝大部分自然资源和劳动力分配给各经济部门生产各种军需品。实际上，这种不得不以行政手段直接控制经济的做法，为国家指导经济发展提供了有益的经验。战争结束后，美国政府又不得不保留战争期间成立的许多经济管理机构以对付一些过去单纯依靠市场难以解决的经济问题。虽然进入20世纪20年代后，美国进入了经济大繁荣时代，开始削减经济管理机构，减少政府对经济的干预，这种做法在当时也没有立即暴露出灾难性的后果，但是，20 年代美国政府把经济自由放任作为指导思想，则对美国经济造成了巨大的损害，成为导致 30 年代大危机的主要原因之一。30 年代经济大危机爆发时，第一次世界大战时政府调节经济的手段又被再次使用，以后的罗斯福新政不过是第一战时期美国政府管理经济手段的继承和发展，区别之处只是在于实施的环境不同，一个是战时，一个是和平时期，一个是自由主义一统天下的时候，一个是凯恩斯主义经济学开始成为官方经济学的时候。因此，深刻影响美国经济体制的不是 30 年代的大危机，不是第二次世界大战，而是第一次世界大战。第一次世界大战是美国干预经济和加强对经济的调节与控制的重要分水岭。

第三阶段是 1933 年实行罗斯福新政后，美国经济干预制度确立，并进入逐步完善时期。面对空前严重的经济危机，美国政府在相当程度上放弃了传统的不干预经济的做法。罗斯福上台以后，从 1933 年 3 月开始，在百日之内，通过法律和行政手段，进行了一系列重要改革。重组了联邦储备委员会，建立了联邦储备保险公司，改革银行制度。设立了民间保护团，吸收失业青年从事植树造林、修沟筑坝、水土保持及兴建国家级与州级森林公园以保护自然资源，并提供资金修建机场、道路、学校与市政公共设施。通过了农业调整法，控制粮食播种面积，以稳定粮食供求关系和价格，保护农民利益。设立房屋贷款公司，支持居民购房。通过了证券法，建立了证券交易委员会管理证券业。通过了联邦紧急赈救法，建立了社会保险委员会，保障退休人员维持基本生活标准。建立了田纳西河流域管理局，促进区域经济开发。

20 世纪 30 年代的经济大危机说明，在现代市场经济条件下，如果仍然单纯采取自由放任的经济政策，政府不积极对经济进行调控，就可能引发严重的经济危机。经济危机爆发后，政府不积极采取有效的干预措施，危机会进一步恶化，甚至带来难以弥补的损失。而政府采取有力的措施，积极干预和调控经济活动，则可以减轻危机带来的损失，治愈和缓解危机带来的创伤。罗斯福新政在美国国家干预经济的历史上具有划时代的意义。首先，它促使美国政府的作用发生了彻底的转变，联邦政府对经济的全面调节不断加强。政府决策成为影响农业、交通运输业的价格和分配资源的重要力量，一些工业领域也被纳入到调控范围。银行和证券市场，作为经济运行的不可或缺、地位和作用越来越显著的重要媒介，早已纳入了政府强有力的调节之中。通过为失业者提供就业机会和收入，以及建立失业保险和其他福利计划，美国联邦政府已经对劳动力市场和资本市场产生很大的影响。其次，新政计划范围的扩展和政府支出规模的扩大，使政府支出在国民生产总值中占有的份额大大提高。这一比例在 19 世纪大体为 2%～5%，第二次世界大战以后上升到 20%～25%。军事计划也促进了新兴工业的培育，有力地带动了其他产业的发展。第三，联邦政府高水平的财政支出，逐渐成为政府应对经济危机和实行收入再分配的一种手段。罗斯福新政完全体现了国家干预经济的原则，标志着美国政府对经济的干预已经走向了能动调控，自此美国政府对经济进行了全面干预。

第二次世界大战以后，在凯恩斯理论的影响下，美国政府和经济学家更加清楚地认识到，现代市场经济决不能是自由放任的经济，只有把市场经济和国家干预有机结合起来的经济才是现代意义上的市场经济。政府在经济发展中不应只是一个旁观者，而必须成为积极的参与者和引导者。战后，美国政府对经济干预的体制和手段不断完善，政府的经济管理机构大为增多，宏观调控体系日趋完备，经济政策逐步规范。在以后相当长的时间内，国家适当干预经济的学说仍将是美国官方经济学的主导思想。虽然政府可能会对国家干预的某些重点内容和干预的方式有所调整，但国家干预经济的根本方向和原则不会改变。

在西方市场经济国家，私人所有制经济是国民经济的主体，利己动机是普遍存在的动力机制，分散决策是基础，并与局部共同决策和政府的总体决策相结合，政府调节建立在市场机制配置资源的基础上。抛开这些共性的特点不谈，单纯从政府经济职能的内容、范围和形式来看，美国的经济模式可以概括为以下几个方面：

第一，国有财产和国有企业在国民经济中的比重相对较小，但却是政府干预经济的有力手段，以调节社会经济活动的水平和方向。

第二，高度重视法律法规对于维护和完善市场环境的作用。如通过反托拉斯法防止大企业间的勾结和垄断；通过企业保护法扶持国内工业发展；通过批准和承认专利权、版权和商标等知识产权，鼓励和刺激厂商的创新活动；通过有关的消费者利益保护法，维护消费者权益，制止企业唯利是图的违法行为；通过劳工保护和投资者保证方面的条例，规范企业行为，维护劳工利益；通过社会保障法规，弥补分配不公和严重两极分化的弊端。

第三，在宏观经济政策的运用上奉行相机抉择的方针，将反经济周期作为重要目标，搭配使用财政政策和货币政策。中央银行独立于政府，自主制定和实施货币政策。

第四，调控经济以间接调控为主。政府对经济的干预和调控的方式主要是通过财政、货币和收入政策等，来引导和改变企业和消费者的经营决策和行为。政府有限的直接介入市场的活动也是以与其他经济主体平等的身份，与企业签订合同采购商品和服务，或进行投资建设。

第五，全国没有明确、统一的经济发展计划，也没有颁布过产业政策。

二、德国：社会市场经济

德国社会市场经济体制是在新自由主义理论基础上，吸收了社会民主党的经济民主思想、基督教互助原则经济思想和传统的社会保障思想建立起来的。根据政府对经济干预的范围和程度，德国社会市场经济经历了三个阶段：

第一阶段，1948 年到 60 年代初有限调节的社会市场经济。政府经济职能主要侧重于对市场竞争制度和市场分配结果进行有限调节，以减少政府行为的不确定性，尽可能让市场机制调节经济。主要做法是实行货币改革和税制改革，取消约束性的经营惯例，向低收入者提供社会福利，促进普通的私人财产所有制，放宽外贸限制，实行出口信贷保险制和税收优待等。

第二阶段,20世纪60年代中期到80年代初全面调节的社会市场经济。政府经济职能调节经济的范围扩展到经济运行过程,特别是对社会总需求变化的干预调节,通过了《经济稳定与增长法》,授权政府对国民经济进行总体调节,以解决宏观经济失衡的现象。规定在实施经济政策时,必须注意总体平衡,同时采取措施在市场经济秩序内达到物价稳定、充分就业、对外经济平衡和适度的经济增长。财政、货币和收入政策等成为政府调控经济的主要手段。

第三阶段,20世纪80年代后以供给管理为重点的有限调节。一方面减少对经济过程的直接干预,更多地由市场机制调控经济运行;另一方面,将调节经济的重点放在供给方面,通过改善私人投资环境、刺激私人经济等,实现结构转换和经济增长。

德国社会市场经济体制的要点是:

第一,强调政府的主要经济职责是建立和维护市场竞争秩序。一是限制垄断。通过立法规定,企业间的协定如果对自由竞争有限制倾向,一律无效,禁止不利于竞争和公共利益的企业兼并、联合。二是扶植和保护中小企业。对中小企业实行特殊补贴、税收优待、优惠贷款,免费提供有关资料等,以提高中小企业生产效率和市场竞争力,增强和完善市场机制的功能。三是分散财富和所有权,鼓励雇员参与资本形成。

第二,政府调节的重点在于弥补市场不足。对一些存在自然垄断或市场机制不能有效发挥调节作用的领域,如农业、采矿业、动力、航运、住宅建筑、公共工程以及传统工业区的改造和新技术产业投资活动等,通过实行税收优待、资助投资等经济政策及措施给予支持,促进市场均衡。

第三,高度独立的中央银行制度。中央银行虽然是国家银行,但不受政府控制,独立进行决策。政府主要通过协商方式影响中央银行的货币政策。

第四,责权明晰的政企关系。各级政府严格与企业日常经营活动分开,不干预企业的生产经营活动。即使是政府持股企业,政府也只限于以一般股份持有者的身份参加监事会或董事会。有种意见认为,北欧国家与德国的经济模式比较接近,可以归纳为同一种模式。但实际上,北欧的经济模式与德国有很大的不同。

三、法国:计划指导的市场经济

法国等其他西方发达市场经济国家,在干预经济方面都经历了相当长时间的摸索,从市场自由竞争到确立起比较规范的国家干预模式的过程和轨迹都与美国和德国基本相似。

战后西方发达国家中,法国因长期推行国家经济计划而被认是典型的"混合经济"国家,其经济的快速恢复和发展正是计划与市场有效结合的结果。法国政府经济职能干预经济的最显著特征,是通过指导性计划对国民经济进行宏观管理和调节。法国的计划指导市场经济体制具有以下特点:

第一,在社会经济生活中,市场和计划共同对资源配置发挥作用。第二次世界大战以后,法国就注意把国家计划与市场机制结合起来,1946年成立了法国计划总署,负责制定全国经济发展计划。在法国，市场机制是配置资源的基本的协调机制，计划是为了弥补市场不足，并不代替市场的作用。政府掌握了大量经济信息，运用各类经济政策，以计划作为考察经济运行的重要尺度，对企业和个人的经济行为施加有目的的影响，以实现或接近宏观经济调控目标。

第二，经济发展计划是指导性计划。计划的主要作用在于提供信息，指明政策意向，促进协调，矫正市场偏差，反映社会各方面对经济发展的期待，只是对经济发展提供指导，不是指令性的。计划的制定虽经过社会各利益集团的商讨、协调，但计划直接作用的目标是部门，政府计划机构只提供各部门如何发展的信息，而不规定厂商的行动目标。计划所涉及的部门和项目不具有法律上的约束力，未必能够保证完全实现。

第三，计划侧重于供给方面。政府计划只对需求做出预测。中央计划包括整个经济发展纲要以及各部门发展计划，并估计或安排所需投资数量、种类，确定投资重点和方向等。

第四，计划具有广泛的社会协商性。计划是在政府指导下，各经济利益集团协商合作和妥协的产物，计划的制定过程就是各方面达成共识、协调一致的过程。公众在计划制定后一般会自觉地按照计划指出的方向和要求去做。

第五，国有化是政府对工业实施干预和调节的主要手段。国有化和计划化促进了重点工业和基础工业的发展，减少了过度竞争，大大提高了产业的组织效率。但企业同政府在法律上的关系是平等的，计划主要通过签订合同确定相互关系，企业自主决策，政府主要通过各种鼓励和调控手段引导企业实现计划目标。

四、日本：政府主导型市场经济

日本市场经济体制的特色，突出表现在政府以强有力的计划和产业政策诱导资源配置。政府对经济干预的范围和力度明显大于欧美国家。从这个意义上说，日本是一种政府主导型的市场经济。其特点可以归结为以下主要方面：

第一，诱导性的经济计划。日本政府的经济发展计划主要是确定经济发展的中长期战略目标和需要解决的重大问题，揭示政策总趋向，引导经济稳定健康发展。但计划完全是诱导性的，其宗旨在于指明经济的走向，表明政府的政策主张和意图，向企业和个人提供可靠的信息，不是指令性的，没有强制执行的效力。日本的计划主要以设想或展望的形式提出大体目标，具体实施则由民间企业自行负责。

第二，独树一帜的产业政策。产业政策是以总供给为管理对象，利用政策手段对产业实行保护、扶植、调整和完善，促进产业结构合理化和产业升级。日本的产业政策着力于确定不同时期的主导产业及其发展战略，鼓励企业通过技术进步提高效率，降低成本，建立分工协作的企业组织结构，限制垄断和扶植幼稚产业。产业政策的制定遵循四个原则：一是效率原则，要求产业政策必须有效，有可操作性，不能只是提出一个思路性的对策；二是补充性原则，这些措施只是弥补市场机制的不足，不替代和损害市场的功能；三是暂时性原则，政策只在特定环境下进行实施，甚至明确规定了政策措施的实施时间，一旦条件变化或原先规定的时间一到，政策也必须进行相应的调控；四是明确性原则，有关规定不作原则性规定，而是政策界限清晰，内容明确。

第三，为实现经济计划和产业政策提出的目标，日本综合运用各种经济政策。在产业发展方面，日本实行产业税制政策和补助金制度、产业金融政策、外汇政策、限制进口措施、产业技术政策以及政企恳谈制度。为了增强计划的实效性，日本在制定计划时，注意保持计划的连续性和灵活性，加强与企业的协调服务，保持政府与企业之间良好的合作关系，以促进计划目标的实现。

第四，对民间经济活动进行"行政指导"。日本强调政府与企业的双向约束，为了达到一定的政策目标，政府机关对民间企业进行行政性"劝告"，以期取得企业的合作。由于政府与企业有着共同的价值基础，官民接触、交流频繁，政府在宏观调控中具有高度权威，"劝告"具有很强的效力。

五、瑞典：福利市场经济

瑞典等北欧国家的经济模式，在追求效率与社会公平特别是在社会福利方面与德国有点相似，但总体上看，与德国模式的差别还是比较大的，不能划为同一种类型。瑞典经济模式的特点主要表现在：

第一，高度发达的社会福利。长期以来，瑞典的社会福利支出占国民生产总值的比重一直是西方国家中最高的，为公民提供了从摇篮到坟墓的福利待遇。实行高额税收和高额累进所得税，为社会福利事业筹集必需的资金。这种做法有助于宏观经济稳定和促进社会平等，但也抑制了公民的劳动和创新积极性，造成国家财政压力沉重，引起了所谓的"瑞典病"。

第二，以充分就业、公平分配为宏观调控的主要目标。与其他发达市场经济国家相比较，瑞典虽然也强调在生产领域中效率目标优先，但相对来说更重视分配领域中的公平目标。实施积极的劳动力市场政策，实行工资一致和集体谈判，劳动力之间收入差别缩小，失业率处于较低水平。

第三，庞大的公共部门与指导性计划。为实现确定的社会目标，政府建立了庞大的公共部门。同时，实行有计划的宏观调控，政府提出预测性的国家计划，以指导各公共部门的经营，协调各项经济、社会政策的制定与贯彻，引导私人企业的经济活动，保持宏观经济稳定。

从当代西方国家政府经济职能不同表现中可以看出，西方各国政府经济职能设置的分歧点并不在于政府该不该干预经济的问题，而是在于如何干预经济的问题。一些国家主张市场作用更多些，另一些国家则倾向于政府作用多些；一些国家政府的公共部门大些，另一些国家政府的公共部门可能小些；一些国家政府比较强调公共经济目标，另一些国家政府则比较强调国民的社会福利等等。

比较上述西方国家的政府经济职能，市场经济机制与政府经济职能相结合以促进经济稳定增长,已成为当代世界各国经济生活的重要课题,政府对经济的干预不再是一种局部的、暂时的举措,而是对社会再生产各个环节的全面干预,已经成为社会经济生活的内在因素,但由于不同国家在经济结构,发展水平、历史文化和政策目标上的差异,政府对经济干预的方式和程度不尽相同。

在所有制结构上,国有化是实现政府经济职能的一项重要措施。一些国家政府对一些投资大、收效慢、经济效益低而社会效益显著的公共事业和基础工业实行国有化,但国有化程度不同。美国程度较低,德、日次之,法国较高。合作经济是政府制约私人经济的一种手段,通过合作经济影响私人经济发展已成为国际现象。合作经济在法国发展得比其他国家快。因为法国深远的民间互助传统孕育了合作经济的种子,而长期受到各种社会主义思潮的影响和政府实行的政策措施为合作经济的发展创造了良好的环境。

当代西方各国政府不同经济职能的选择和并存,反映了变动的社会在不断地推动政府调整或重新选择自身的经济职能,而且政府经济职能的调整和选择并不是随意的,它受到特定社会经济和历史文化条件的深刻影响和制约。在政府经济职能干预经济的决策上,上述国家都以企业和消费者的分散决策为主,政府决策为辅。为使各种决策主体在目标和利益方面建立合作关系,消费者、企业和政府共同决策有所发展,这体现了政府通过共同决策,协调经济运行的思想。

但在政府经济职能干预经济的决策上各国也有所差别。美国和德国政府决策的地位和作用较弱,两国没有指导性计划,政府的经济职能主要起一种监督,服务和补救的作用,共同决策的层次较低,范围较小,美国多见于劳资谈判,德国表现为职工参与企业决策。法、日政府决策的地位和作用相对较强,在美、德政府经济职能的基础上又增加了通过指导性计划指导经济运行的职能,而法国指导性计划的作用又大大超过日本。法国的“计划合谋”、日本的协作精神,都体现了政府、企业以及各种利益集团之间高层次的协调。总的来看,美、德国家干预较少,经济模式比较“自然”,而法、日国家干预较多,经济模式更多一点“人为”色彩。

思考题

1. 如何理解政府经济职能与市场经济机制的关系?
2. 试述凯恩斯政府经济职能理论的合理因素与局限。
3. 当代西方各国政府经济职能的相似性和各自特征说明了什么问题?

参考文献

1. [英]亚当·斯密:《国富论》,北京:新世界出版社,2007年版
2. 曹沛霖:《政府与市场》,杭州:浙江大学出版社,1998年版
3. 张岩鸿:《市场经济条件下政府经济职能规范研究》,北京:人民出版社,2004年版
4. 郭小聪:《政府经济职能与宏观管理》,广州:中山大学出版社,1999年版
5. 谢自强:《政府干预理论与政府经济职能》,海口:海南大学出版社,2004年版

第八章

西方行政制度改革

调整和变革行政制度，适应社会经济发展的需要，是世界各国政府管理的恒新主题。行政制度改革是指为了适应外部环境和内部条件的变化，有意识地对政府职能、结构以及权力关系等进行重塑，以使其更好运转的活动过程。进入20世纪以后，尤其是第二次世界大战以来，西方国家先后进行了多次行政制度改革。其中以20世纪70年代末，西方各国掀起的声势浩大的行政制度改革浪潮的影响尤为深远，本章主要论述这一时期西方行政制度改革的主要趋势和特点。尽管各国行政制度改革的起因、战略、议程、改革范围和改革力度等不尽相同，但全球一体化的推进，各国之间的信息和技术交流日益频繁，面临的共同问题越来越多，使其行政制度改革凸显出一些共同的取向及主题，如政府理念企业化、政府职能市场化、公共服务社会化、行政权力分散化等。

第一节 政府理念企业化

一、政府理念企业化的内涵

政府理念企业化主要是指将顾客至上、讲效率、重质量和绩效导向等企业家精神广泛运用到政府管理中，重塑政府形象。美国学者戴维·奥斯本和特德·盖布勒的《改革政府——企业精神如何改革着公营部门》一书，系统地总结了美国各级政府 20 世纪 70 年代以来吸收企业家精神改革政府的实践，提出了"政府企业化"这一全新的概念。书中为"企业化政府"提出了 10 条原则，即：

(1)起催化作用的政府——掌舵而不是划桨；

(2)社区拥有的政府——授权而不是服务；

(3)竞争性政府——把竞争机制注入到提供服务中去；

(4)有使命感的政府——改变照章办事的组织；

(5)讲究效果的政府——按效果而不是按投入拨款；

(6)受顾客驱使的政府——满足顾客的需要，而不是官僚政治的需要；

(7)有事业心的政府——有收益而不是浪费；

(8)有预见的政府——预防而不是治疗；

(9)分权的政府——从等级制到参与协作；

(10)以市场为导向的政府——通过市场力量进行变革。

对于这些新见解，美国前总统克林顿给予了高度评价，他指出这些理论"给我们提供了改革政府的蓝图"①。正是在克林顿总统的推动下，美国掀起了"再造政府运动"。在英国，撒切尔夫人执政后就大胆引进私营部门的管理人员，也曾有计划地安排所有高中级行政官员到私营企业中去工作或学习，借用私营部门的管理哲学、管理方法和技术来改进政府管理，以期望提高行政效率。瑞士的许多州和市政府如瓦莱州、日内瓦州和苏黎世市等同样开始采用企业化的方式来加强公共部门管理。从某种意义上说，政府职能市场化、公共服务社会化以及行政权力分散化改革是在"企业化理念"指引下不断实践并取得成果的。

二、政府理念企业化的主要形式

西方国家在行政改革中逐渐引入企业管理的理念主要有：绩效理念与"以顾客为中

---

① [美]戴维·奥斯本，特德·盖布勒：《改革政府》，上海译文出版社，1996 年版，第 43 页、封 4。

心”理念。

(一)绩效理念

在资源有限的情况下,为了实现用相同或更少的资源生产或提供较高质量需求的公共产品与服务的目的,各国政府纷纷将企业绩效管理理念与技术方法应用到政府管理之中,以期通过推行绩效管理及绩效评估,创建高绩效政府。美国国家评估中的绩效衡量小组曾给“政府绩效管理”下了一个经典性的定义:绩效管理是“利用绩效评估得出的信息,帮助确定能被认同的绩效目标,进行资源的优化配置,告知管理者维持或者改变当前的政策或计划,以实现这些目标和报告实现这些目标的成效”的管理过程。①

——英国。1979 年,撒切尔夫人一上台,就任命雷纳爵士担任她的效率顾问,并成立了效率小组,以对政府各部门运作状况作全面、深入的调查。雷纳评审促使政府部门开始关注政府的产出和结果,初步树立起政府绩效和成本意识。

继雷纳评审之后,在 20 世纪 80 年代初“部长管理信息系统”得到广泛推广,该系统充分搜集政府各个部门的绩效目标、绩效指标、绩效实绩的数据,较大程度上学习企业绩效管理的经验和做法,是融合目标管理、绩效评估等现代管理方法和技术而设计的信息收取和处理系统。

1982 年财政部颁布的财务管理新方案(FMI)就明确提出各部门、各层级的负责人要明确自己的目标和测定产出和绩效的标准和方法,评估的内容包括经济、效率、效益三个方面,财务管理新方案是部长管理信息系统的延伸。财务管理新方案使政府部门的负责人能够明确工作目标并掌握衡量绩效的方法,了解自己部门可使用的资源及应该负担的责任等。

1988 年,英国政府又进一步推行了“下一步行动方案”,在该方案中提出了设立执行机构,各部大臣通过与这些执行机构签订绩效合同使其对服务结果负责,通过引入绩效预算,使部长和执行机构的责任关系更加明确。该方案促进了组织绩效评估在政府各部门中获得广泛地运用。

1991 年,撒切尔夫人的继任者梅杰发起了一场“公民宪章运动”,提出质量和顾客服务的改革思想,从“效率优位”向“质量优位”转变,绩效管理进入一个新的阶段。

由于绩效评估已融入英国行政改革,成为英国管理主义运动的重要组成部分,虽然领导人发生了更迭,但是绩效评估仍随着英国行政改革的推进、行政改革主题的转换而不断向前发展。

——美国。在美国,大规模的政府绩效评估始于 20 世纪 70 年代初期,1973 年,尼克松政府颁布了“联邦政府生产率测定方案”(The Federal Government Productivity

① The Performance Measurement Study Team,USA. Serving the American Public: Best Practices in Performance Measurement. http://www.orau.gov/pbm/links/npr2.html

Measurement)力图使公共部门绩效评估系统化、规范化和经常化。

1993年,美国国会通过了《政府绩效与结果法案》,从而以立法的形式明确了绩效评估的概念与制度。根据这项法律的要求,美国所有的联邦机构部门都要制定一个至少包括未来5年工作目标的战略规划,将战略目标分解成年度目标的年度执行计划以及对年度计划执行结果进行评价的年度计划执行情况报告。这三份报告将提交给国会中相应的专门委员会、美国审计总局以及行政管理和预算局。行政管理和预算局则根据各机构的规划制定情况以及工作绩效的评估情况分配财政预算。

1993年3月,克林顿总统宣布成立国家绩效评审委员会(NPR),并任命副总统戈尔主持该委员会的工作,负责统筹联邦政府的再造工作。该国家绩效评审委员会于同年制定了第一份报告——《从繁文缛节到结果导向:创造一个花钱少、工作好的政府》(Red Tape to Result:Creating a Government that Works Better and Costs Less),成为美国推行政府绩效评估措施的纲领性报告,有力地推动了绩效评估在政府管理中的具体运用。

——澳大利亚。20世纪70年代末80年代初,澳大利亚政府通过开展以绩效审计、绩效预算和政府绩效测评为主的政府绩效评估,对政府进行了成功的改革。1984年制定的《财务管理新方案》,其主要内容与美国的《政府绩效与结果法案》类似,成为以后实施政府绩效奖励制度的财政基础。

1994年修订的《公共服务法》和1997年颁布的《1997审计长法案》、《财务管理与责任法案》等法律,进一步完善了政府部门绩效的责任管理机制,使以结果为导向的政府部门绩效评估机制进一步规范化和制度化。

1997年,议会通过的《1997审计长法案》规定了审计长作为联邦公共部门的外部审计人员,享有对联邦政府部门、事业单位和公司及其下属单位进行绩效审计的权力。

澳大利亚政府的绩效预算管理主要根据产出和成果来配置资源,规定要对财政投入的绩效进行评估,绩效评估的结果对各部与财政部预算谈判中的地位将发生重要的影响,从而有助于降低公共支出,提高政府效率。与此同时,澳大利亚政府还非常注重公众的参与,规定国家的所有公共产品和公共服务,都必须接受社会公众的监督和评价;政府的投入与产出效益必须接受选民的公开评价;公共机构的支出及其绩效必须接受公开监督,将政府的可信度建立在健全而透明的绩效评估基础上。

——日本。20世纪90年代末日本中央政府以"行政评估体系"一词取代"政策评估体系",并在全国范围内推广,而且将原来的政府内部的行政监察机构改名为行政评估机构,具体负责组织实施行政评估。在日本政府绩效评估体系中,主要有两个比较重要的法案:《会计检察院法》和《政府政策评估法》。

政府绩效评估在其他西方国家也得到广泛的应用。"据经济合作与发展组织统计,公共组织绩效评估在丹麦、芬兰、挪威、新西兰、加拿大等国家都得到广泛应用。鉴于各国政府对绩效评估的迷恋，西方学者惊呼‘绩效评估国’正在取代‘行政国家’。”①

(二)“以顾客为中心”的理念

“顾客至上”、“顾客即上帝”是企业和企业家的基本理念，也是企业管理和获取竞争力的基本法则。唯有赢得顾客才能赢得市场，而要赢得市场就必须让顾客从企业提供的产品和服务中获得满意。由于大多数政府公共部门在提供服务时，公众没有选择的余地，使得政府部门缺乏“顾客至上”的观念及起码的质量意识。为了改变这种情形，各国纷纷以“企业家精神”塑造政府，树立“以顾客为中心”的理念，把公众的满意度作为追求目标和评价标准。

——英国。最先在公共服务中引入“以顾客为中心”理念的是英国的梅杰政府。1991 年 7 月，撒切尔首相的继任者梅杰以政府白皮书的形式提出“公民宪章”，目的在于促使政府各行业、各部门提高效率，改进服务，重塑政府在公众中的形象。“公民宪章”运动中，为所有公共服务机构和部门制定宪章，改变公共服务中提供者居主导地位的状况，为服务对象提供审视公共服务的机会。“公民宪章”运动主要针对那些具有一定垄断性质的公共部门和公共服务行业：(1)自然垄断和半垄断性服务行业，如铁路、邮政、水电部门等；(2)非营利性公共服务行业，如环保、城市交通、公共文化设施等；(3)管制性服务行业，如户籍管理、公共安全、执照核发等。据 1996 年英国官方报告，英国“公民宪章”运动在提高公共服务质量和公民满意度方面起到了积极的作用。受英国“公民宪章运动”示范效应的影响，世界各国也开始了类似的改革。如法国 1992 年要求公共服务部门颁布“公共服务宪章”。同年，比利时发动了“公共服务宪章运动”。

——美国。1993 年颁布的《政府绩效与结果法案》要求联邦部门普遍实施顾客满意度调查。同年 9 月，克林顿发布了第 12862 号总统令，要求联邦机构设定“顾客服务标准”，公开接受公众监督。“公务官员必须推动一场革命，实现联邦政府做事方式的根本转变。这要求对行政机构的管理和运作实践进行持续性改革，使公共部门的服务赶上或超过私营部门的水平。”②总统令的主要内容包括服务标准设定、顾客服务状况报告、顾客服务规划三个方面，并对落实的时间做了具体要求。顾客服务标准设定包括以下八方面的具体要求：(1)明确部门的服务对象或顾客；(2)通过顾客调查确定公共服务的类型和质量，了解他们对现有服务的满意程度；(3)设定服务标准和评价服务质量的尺度；(4)设立顾客服务标杆，比较部门绩效和私营部门的最佳绩效；(5)对第一线雇员进行调查，确认部门绩效差距的成因，探讨赶超私营部门最佳绩效的途径；(6)在服务提供机构和服务提供方式等方面给予顾客充分的选择权；(7)确保顾客在接受服务和信息方面的便利；(8)建立有效手段处理好顾客投诉。

① 中国行政管理学会联合课题组：《关于政府机关工作效率标准的研究报告》，《中国行政管理》，2003(3)。

② 周志忍：《当代政府管理的新理念》，《北京大学学报(哲学社会科学版)》，2005(5)。

“以顾客为中心”理念的引入，一方面体现了行政主客体关系的重塑，政府在角色上由“官僚者”转为“服务者”，是对传统官僚理念的革新；另一方面，也促使政府在管理方式上由统治走向服务，使政府致力于为社会提供有效率、高质量的服务。

第二节　政府职能市场化

一、政府职能市场化的内涵

所谓“政府职能市场化”是指政府为促进经济市场化而进行职能调整以及在职能输出过程中引入市场机制的改革。具体来讲，政府职能市场化包括两个层面的含义：一是政府职能定位的市场化，即通过政府职能转变促进经济市场化与自由化；二是政府职能输出的市场化，即通过引入市场机制来提高政府效率。两者存在差异，前者涉及的是政府“做什么”的问题，着重于重新界定政府与市场的功能，其主要表现形式是政府撤资及政府淡出；后者涉及的是政府“如何做”的问题，注重将私人部门的管理手段和市场激励结构引入公共服务之中，追求公共服务提供的有效性。

进入 20 世纪尤其是 20 世纪 30 年代以后，西方政府越来越广泛地干预经济事务，造成政府规模日益扩大，政府财政负担也越来越重。同时，由于“政府失灵”问题的存在，政府的干预往往达不到预想的结果，甚至在同等条件下，政府部门解决问题的办法在效率上往往低于市场的解决办法。在此背景之下，20 世纪 70 年代以来西方国家出现了政府职能市场化的两种趋势：一是各国开始重新认识市场和政府作用，重新审视政府职能定位，主张减少政府干预，提倡市场自发力量和保护私人产权，维护促进经济自由化和市场化。我们把这种改革趋势称为“政府职能定位市场化”，其主要改革措施包括政府放松经济管制和国有企业私有化等。二是在政府的职能输出过程中引入市场竞争机制，将政府的部分工作交由社会或企业组织来完成，以提高公共服务效率和质量。我们把这种改革趋势称为“政府职能输出市场化”，主要通过业务合同外包等措施来实现。具体如图 8－1 所示。

二、政府职能定位市场化的实践

(一)放松管制，收缩政府的经济职能

所谓“放松管制”(deregulation)是指西方国家在政府过度管制的情况下，为削减财政赤字，刺激经济发展，解除对企业的一些管制措施，通过一些自由化和市场化的手段，对政府职能进行重新定位，对管制手段进行重新设计的行政改革活动。放松管制改革，实

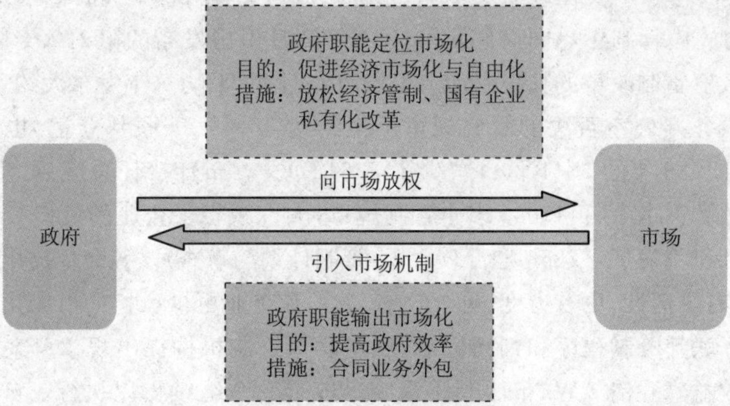

图 8—1　政府职能市场化的两个方面

质是减少政府的微观管理与干预职能，使政府职能更多地由微观管理转到宏观管理，让市场更好地发挥作用。

20 世纪 30 年代以来，伴随着凯恩斯主义的盛行，世界各国加大了对经济的干预和管制力度。客观上讲，国家的直接管制措施，对社会经济的稳定和发展起到了积极作用。但随着国际国内形势的变化，特别是经济技术条件的变化和进步，政府管制的负面作用也逐渐显现出来。具体表现在①：

(1)价格管制干预正常的市场调节，导致物价上涨。

(2)市场准入管制削弱市场竞争，妨碍企业在提高效率、降低成本、改善服务和技术创新方面的积极性。

(3)管制使企业负担过重。

(4)管制机构有时被受其管制的企业"俘虏"。一些丑闻表明，管制机构在执法过程中有偏袒企业的行为，成为被管制的自然垄断产业企业的"俘虏"。

(5)管制机构行动迟缓，繁文缛节现象严重。

企业从自身利益出发要求放松管制；政府为削减财政赤字，激发经济活力，也有放松管制的动力；技术革新也迫使政府放松管制。各方面的合力共同促成了政府放松管制的改革浪潮。

——美国。20 世纪 70 年代中期以前，美国政府对铁路、卡车运输、航空、公共汽车、广播电视、天然气、整个金融证券市场，甚至干果、牛奶都进行了苛刻的管制。1936 年到 1977 年，美国"联邦登记"中的管制规章从 2599 页增加到 65603 页，仅 70 年代的规章数量就增加了 300％。在公共行政管制机构就业的人数也从 1970 年的 28000 人增加到

① Bardach, Eugene etc. . Going by the Book: The Problems of Regulatory Unreasonableness. Philadelphia: Temple University Press. 1982:P36

1979 年的 81000 人。[①] 美国政府从 1975 年开始放松管制,80 年代的放松管制呈加速趋势,90 年代的放松管制更趋向彻底化。1981 年 2 月里根发布的第 12291 号行政令标志着美国联邦政府管制改革的真正启动。里根政府时期,平均每年发布大约 4500 个规章,信息与管制事务办公室否决的管制规章草案约达 46%[②]。《联邦登记》也从 1980 年的 73258 页降到 1988 年的 50616 页,减少了 22642 页[③]。布什接任总统后,仍奉行里根的 12291 号行政命令,撤销了 13000 多个管制规章,大大减轻了企业的负担[④]。克林顿任总统后,于 1993 年签发了《12866 号行政命令:管制计划与审查》。该命令提出:管制改革应以更集中、更有灵活性、更有力度、更有效率、个人和企业更少负担的市场化管制为目标。该命令统一了联邦管制程序和判断标准,规定联邦管制机构提出规章草案时,应评估规章的成本和收益。乔治·W. 布什上任后,12866 号命令继续得以执行。自 1975 年以来特别是 20 世纪 80 年代后,美国政府先后放松了对航空、铁路、卡车、公共汽车、能源、电信、银行的管制。下表反映了美国政府放松经济规制的基本情况。

表 8-1 美国政府放松经济规制的基本情况

时间	放松管制法等	内容
1975	证券管制法	取消股票委托手续费管制,根据证券交易促进不同行业间的竞争
1976	管制改革法	放松费用管制
1977	联邦最高法院	放松准入管制、费用管制
1978	航空客运业放松管制法	废除准入管制和费用管制,解散民用航空运输委员会,反托拉斯事件由民用航空委员会移交司法部管理
1978	天然气政策法	分阶段取消对天然气井口价格管制
1978	司法部通告	限制美国应用国际航空运输协会的运费协定
1978	公共事业管制政策法	电力托运、相互连接的认可移交联邦能源委员会,修订费用体系
1978	总统声明	要求修订双边航空服务协定
1979	国际航空运输竞争法	修订以引进竞争为目的的国际航空协定
1984	电缆电信法	实际上完全放松有线电视的管制
1985	关于银行业州际业务协定的最高法院判决	支持某州银行可以支配在其他州银行拥有的股票的州间协定

① Friedman, Barry D.. Regulation in the Reagan－Bush Era. Pittsburgh: University of Pittsburgh Press, 1995:P25

② 席涛:《美国政府管制成本与收益分析的制度演变——从总统行政命令到国会立法》,中国社会科学院研究生院学报,2003(1)。

③ 崔卓兰:《行政规章研究》,吉林人民出版社,2002 年版,第 349 页。

④ 席涛:《美国政府管制成本与收益分析的制度演变——从总统行政命令到国会立法》,中国社会科学院研究生院学报,2003(1)。

续表

时间	放松管制法等	内容
1986	为了放松格拉斯·斯特克尔法所包括的银行业务州际管制，联邦储备委员会及法院制定新的规则。1987年向议会提出了要求废除该法的普罗克希梅尔·加恩法案	
1996	电信法案	彻底打破了美国电信分而治之的局面

资料来源：D. S. Wann，《惊人的退却》，纽约收麦出版公司，1998年版34—36页。（转引自陈振明：《政府再造：西方“新公共管理运动”述评》，北京：中国人民大学出版社，2003年版，第86页）

——英国。英国的放松管制改革是随着国有企业的私有化运动进行的。自1979年开始大规模推行私有化以来，英国许多基础产业，包括电力、电讯、航空、钢铁、天然气等部门都进行了私有化改革。比如英国在20世纪80年代开始放松电信管制，打破英国电信公司（BT）的垄断格局，实行邮政、电信的分营，并对其实行私有化，成立与之竞争的私人控股的通信公司（莫克瑞通信公司），到90年代初又完全放开电信市场。鉴于这些基础产业是英国国有经济的主要领域，它们的私有化，本质上是放松了私有资本（包括外国资本）的进入限制。因此，仅此一方面就取消了一大批管制事项。另一方面，国有企业私有化以后，原来对国企有关资金、财务、投资、价格、人事、经营、分配、采购等诸多审批管制也自行取消。少部分未被私有化的国有企业，在人事、财务等方面仍保留部分管制。

——日本。日本属于政府管制较多的国家。20世纪70年代末以前，政府管制的领域涉及方方面面。从20世纪70年代末开始，日本政府开始了放松管制改革。1977年的《许可、批准等整顿的合理化建议》中决定对1240项审批事项进行改革：或取消、或转移、或简化办事手续等；1988年12月13日，日本政府又推出《放宽限制的推进纲要》，再次废除了一大批政府管制事项。从1977年到1994年，日本政府共进行了大小不等的13次放松管制改革。

——新西兰。新西兰原来也是政府管制较多的国家，20世纪80年代中期以前，政府管制手段一直注重下放审批。80年代中期以后，逐渐在工业许可证、进出口贸易和金融等领域进行了放松管制改革。1984年7月，工党政府解除了所有的利率控制。同年8月又取消了信贷指标限制和银行存款资产比率控制，取消了金融市场进入限制。与此同时还完善和加强了政府的公开市场业务，从而减少了金融市场的扭曲，逐步创造出一个全新的金融环境。①

综观西方国家的放松管制政策，其取得的成效是明显的，包括：

（1）促进了政府职能的调整和转变，使政府职能适应了社会经济的变化和进步。

（2）使企业得以摆脱政府的过度干预，有了新的成长空间，并能针对迅速变化的环境

① 赵守日：《美日等国的放松管制运动及其对深圳审批制度改革的启示》，《经济体制改革》，1998(5)。

作出灵敏反应。

(3)有助于打破垄断,形成竞争格局,能为消费者提供价廉物美的商品和服务。

(4)政府用于经济性管制的行政开支减少。

但是,事物总是具有两面性,放松管制也带来了一些失控现象。美国学者道格拉斯·史密斯在《电力工程》杂志上撰文指出,"美国放松管制的行动,对电力工业产生了一些不良的后果,比如,放松管制后只有为数极少、竞争力极强的电力企业得以生存;电力用户也没能从放松管制中得到益处,未能享受到低价或者价格稳定的电力。在放松银行管制的问题上,放松管制的弊端更加明显:第一,放松管制后的过度金融竞争导致银行经营风险增大;第二,国际金融市场动荡加剧;第三,银行管制有效性丧失;第四,货币政策受到新的冲击与挑战。"①

(二)推行国有企业私有化改革

国有企业私有化,是指把原有属于国有的公司或公用事业通过产权转移、拍卖、赠送、发行股票等形式转给私营企业所有或经营。国有企业和公用事业的产权转移或私有化,意味着较少地依赖政府、更多地依靠私营部门的制度安排来满足社会需要。二战以后,国有企业作为国家最直接的调控经济的手段,迅速发展起来,对于经济恢复以及整个经济的稳定与增长都发挥了十分广泛的作用。到了20世纪70年代末80年代初,随着第三次技术革命和经济全球化的推进,国有企业在许多领域的优势地位逐渐丧失。这些国有企业普遍出现了效益低下、冗员过多、资源配置失效的现象,成为经济发展的严重制约。在这种背景下,西方国家开始了国有企业的私有化进程。

——英国。在西方国家中,英国对国有企业的私有化改革起步最早,成效最为突出。英国在撒切尔首相上台后,开始了大刀阔斧的国有企业私有化改革,把曾经被认为是掌握国民经济命脉的部门,如电力、通讯、钢铁、煤炭、石油等私有化。在撒切尔执政的1979—1990年期间,英国政府对46%的国有企业实行了私有化。梅杰执政后,又把私有化的范围扩大到航空、铁路、采矿、电讯等领域。"随着股份制私有化改革的推进和深化,英国国有企业在国民经济中所占的比例大幅度下降。国有企业的产值占国民生产总值的比重由1979年的10%下降到目前不足1%;拥有股份的股民人数也由1979年的300万增加到1000万。近100万原国有企业的职工转为私有企业的职工。"②受英国的影响,西方国家随即掀起了一股声势浩大的私有化改革浪潮。

——德国。20世纪80年代,民营化政策的重点是放松监管和实行股权多元化,政府放弃了工业企业、运输企业、建筑企业和银行业的股份,并逐步售出政府在邮政和电信公司所持股份、开放电信和邮政市场,结束了长期垄断的局面。20世纪90年代,德国政府

① 邓念国:《从放松管制到重新管制:新公共管理运动中政府微观干预的嬗变》,《社会科学辑刊》,2007(4)。

② 张立荣:《政治学研究当代西方行政制度改革:取向与启示》,《政治学研究》,2001(10)。

开始着力推进公益事业的外包或民营化，提出凡是民营实体能够承担的公益事业，政府即应当退出经营活动。德国的民营化过程可分为两个阶段，第一个阶段民营化的是非战略性行业及竞争性的行业，经过这个阶段，金融业、石油天然气、制造业等行业总体上已经完全放松管制，建立了竞争机制；第二阶段的民营化活动集中于一些受政府监管的国家垄断行业，主要是运输、电信和邮政部门。① 至 1991 年，两德统一时，政府已经基本上完成了"从工业撤退"的计划。2000 年 11 月，德国政府甚至将前国家印钞公司出售给一个私人投资者。

——日本。日本在 20 世纪 80 年代中期开始了以日本电信公司、日本烟草专卖公司和日本国有铁道公司的"Big Three"的私有化进程。从细川内阁到羽田内阁到村山内阁乃至桥本内阁，私有化陆续推行。

——法国。20 世纪 80 年中期和 90 年代初期，法国出现了两次私有化浪潮，2000 多家国有企业改弦易辙，就业减少 10 万个岗位，法国政府已基本上完全退出了制造业部门，在银行也只保留了很少的股份。但与德国、英国以及其他北欧国家相比，法国的国有企业依然占据着国家经济的主导地位。②

——北美。由于自由竞争理念的深入人心，其国有企业数量较少，私有化的影响范围也有限。第二次世界大战以后，美国大量出售在战时建立的军工企业，方式为公私合营企业；在之前，则更多的体现为放松管制或合同外包。此外，加拿大的私有化范围规模也相对较小，没有对经济产生显著影响。

根据德意志银行的统计，世界范围内的私有化进程自 20 世纪 80 年代以来发展迅速。20 世纪 80 年代初，私有化的规模还不到 10 亿美元，但是，到了 90 年代，私有化金额从 220 亿美元增长至超过 1750 亿美元。在此期间，私有化作为一项经济政策工具被 100 多个国家接受并付诸实践，筹集资金总额超过 10000 亿美元。③ 下表体现了部分发达国家私有化的规模。

表 8-2 部分发达国家私有化的规模(1980—1991)

国家	私有化时间(年)	私有化规模(亿英镑)	占 GDP 百分比(%)
奥地利	1978—1990	6.0	0.9
加拿大	1984—1990	16.0	0.6
法国	1983—1991	82.4	1.5
西德	1984—1990	33.4	0.5

① 袁持平，吴肯浩：《德国民营化的经验及其对中国国有企业改革的启示》，《当代世界与社会主义》，2004(6)。
② [美]查尔斯·皮革特：《私有化浪潮下的法国国企治理》，《社会观察》，2004(7)。
③ 张小聪，张学军：《经济体制改革前沿问题：国际比较与借鉴》，人民出版社，2003 年版，第 303 页。

续表

国家	私有化时间(年)	私有化规模(亿英镑)	占GDP百分比(%)
意大利	1983—1991	62.5	1.4
日本	1986—1998	478.0	3.1
荷兰	1987—1991	15.0	1.0
新西兰	1987—1991	30.0	14.1
葡萄牙	1989—1991	15.0	4.3
西班牙	1986—1990	12.0	0.5
瑞典	1987—1990	13.0	1.2
土耳其	1988—1991	3.0	1.6
英国	1979—1991	445.0	11.9

资料来源:OECD Financial Market Trend. No 72.(1992). Paris.

从国有企业私有化的实施效果看,"私有化"是一把"双刃剑",有其积极意义,另一方面也带来了一些问题。积极意义在于:

(1)减少了政府的管理职能和责任。政府在经济中的角色从活跃的参与者转变为监管框架的设定者,私有化后,随着企业的产权转移,企业成为自主的市场法人主体,政府不能对企业实施行政性干预,减少了政府的管理职能和责任。

(2)减少了政府雇员人数并缓解了由此产生的管理困难与财政压力。

(3)私有化后企业能够在资本市场上获得资金改善生产条件,改变了过去对政府投资的信赖,企业能真正面向市场,在市场力量和竞争环境中活动。

(4)出售企业增加了政府的财政收入,减少了政府的财政赤字。

(5)有利于促进竞争,提高经济效率。通常在私有化的行业中还伴随着引入竞争,而市场竞争的效果是达到资源的合理配置,有利于效率的提高。

(6)发展全国资本市场。许多发行股票的私有化方案的目标在于形成广泛的股份所有权。通过私有化可以促进私营部门的股票发行,从而在整体上刺激资本市场的发展与成长。

同时,国有企业的私有化也带来一些问题,主要体现在以下几个方面:

(1)国有企业私有化后,在利润动机的驱使下,企业往往或多或少地采取了解雇工人、削减服务项目、降低服务质量、提高价格等手段来提高效率。可以这么说,此类企业经营效率的提高在某种程度上是以整个社会经济福利的降低为代价的。

(2)自然垄断行业(如电力、自来水等)私有化之后,某种程度上意味着国家垄断被私人垄断所取代,同样不能达到打破垄断、促进竞争的目的。

(3)在私有化过程中,由于操作过程存在许多灰色地带,大多数国有企业的资产都是以低于相同技术经济条件下所可能具有的市场价值出售的,从而造成国有资产的流失。

三、政府职能输出市场化的实践

政府职能输出市场化，即在公共服务供给领域引入市场机制，其实质是整合政府权威制度与市场交换制度的功能优势，形成一种新的供给公共服务的制度安排。① 在西方国家比较普遍的做法是实行"业务合同外包"。

业务合同外包，又称竞争招标制，政府确定某种公共服务的数量与标准，然后对外向私营企业或第三部门招标承包，中标的承包商与政府主管部门签订合同，提供公共服务。通过业务合同外包，使得政府在不扩大规模、不增加公共财政支出的情况下，通过投标者的竞争和履约行为，将原先垄断的公共产品的生产权和提供权向私营公司、非营利组织等机构转让，完成公共服务提供的"准市场化"，进而改善公共服务的提供质量，提高行政效率，增强行政能力。

政府用纳税人的钱购买承包商生产的服务，它的责任是确定公共服务的数量和质量的标准，并监督承包合同的执行。在合同订立之前，公共服务的确定是一个政治过程，政治机制起主导作用。合同订立之后，公共服务的生产就进入了经济过程，市场机制在其中起主导作用。承包公共服务生产的组织摆脱了原先行政组织所受的各种规制，在合同许可的范围内自由配置资源。政府对承包商的合同管理代替了原先对行政组织的等级控制；供给公共服务的网络组织代替了原来单一的科层制组织。②

一般而言，合同外包的有效实施需要相关的条件，具体包括：(1)工作任务能清楚地界定；(2)存在若干个潜在的竞争者；(3)政府能够监测承包商的工作绩效；(4)承包的条件和具体要求在合同文本中有明确规定并能够保证落实。③ "合同外包"以英国的发展最为典型。目前，英国的公共服务行业如环境保护、医疗、救助、精神保健、社会保障等领域被认为是建立在合同基础之上的，甚至在监狱管理等国家传统的基本职能领域，合同也占有相当的比重。④ 除英国外，"合同外包"在美国、法国、澳大利亚、瑞典、日本等国的行政制度改革中均占有一定的比重，主要涉及环境保护、公用设施维护、消防和救护服务、选民登记、公共管理人员录用、犯人的监护管理、决策咨询与政策设计、公共项目的论证与规划、政策效力评价、项目影响评价、公共组织绩效评估等领域。根据美国行政管理和预算办公室统计，1992 年美国政府花费 2100 亿美元购买承包商按合同生产的公共服务，几乎占联邦开支的六分之一。环保署、宇航局几乎所有的工作都有承包商来完成。1993 年能源部正式职工有 2 万人，同时受能源部领导的合同雇员却有 14.5 万人。1975 年，美国联邦常任公务员的工资支出占联邦预算的 12.5%，1981 年却只占到 9.5%。联邦常任

---

① 张立荣:《政治学研究当代西方行政制度改革:取向与启示》,《政治学研究》,2001(10)。

② 陈振明:《政府再造：西方"新公共管理运动"述评》,中国人民大学出版社,2003 年版,第 88 页。

③ 陈荣富:《公共管理学前沿问题研究》,黑龙江人民出版社,2002 年版,第 87 页。

④ 王维:《合同制——当代西方行政改革实践之一》,《中国行政管理》,1997(5).

公务员的工资规模比重的下降，在一定程度上反映出政府合同外包的情况。美国地方政府合同外包的比例更是高于联邦政府。美国政府单位的规模越小，将公共服务合同外包的项目越细。

西方国家对于社会公共服务的“合同外包”，在实施过程中存在诸多不同意见，支持合同外包者和反对合同外包者都提出了许多理由。从美国的实际效果来看，通过业务合同外包，扩大了政府供给公共服务的财源及技术力量，降低了成本，提高了效率。但同时，合同出租也带来了一系列的问题，比如，合同外包中的政府责任缺失问题，私人部门对公民利益的忽略问题，签订合同阶段的腐败问题以及合同签订后的政府监督承包商的交易成本问题。“1989 年联邦住房和城市发展部出现的权钱交易丑闻使纳税人损失了 60 亿美元。”①正是由于“合同外包”过程中存在的诸多问题，以致于又出现公共服务逆向合同承包呈增长态势的现象。“所谓逆向合同承包是指公共服务从现有的合同外包的形式，又转回来重由政府直接提供。调查显示，1992－1997 年，大约有 11％的公共服务重由政府提供；而 1997－2002 年，逆向合同承包的数量则上升到 18％。”②

第三节　公共服务社会化

“所有的公共事业都在自然地扩大，……一个社会越复杂，就越需要行政部门的服务，也就越应该发展调节的职能……服务性的活动已经超过了控制性的活动。”③随着经济的发展，公共服务和公共产品的范围不断扩展，如果仍由政府来垄断公共产品和公共服务的供给，将企业和民间社会组织排除在外，那么机构庞大、人员臃肿、效率低下、财政不堪重负等问题将不可避免。在这种背景下，各国政府纷纷将部分职能转移给社会，进行了公共服务社会化的改革。

一、公共服务社会化的内涵

公共服务社会化，就是以社会需求为导向，调动社会力量参与提供和改善公共服务，鼓励各种民间组织投资兴办公益事业和提供社会服务，建立以政府为主导、各种社会主体共同参与的公共服务供给格局，实现公共服务供给主体的多元化和供给方式的多样化。私营组织和非营利组织的崛起，为公共服务的社会化提供了良好的载体。这些社会力量的存在使公共服务的提供者多元化变得可能，政府不再是公共服务和公共产品的唯

① 陈振明：《政府再造：西方“新公共管理运动”述评》，中国人民大学出版社，2003 年版，第 88－89 页。
② 句华：《美国地方政府公共服务合同外包的发展趋势及其启示》，《中国行政管理》，2008(7).
③ [法]米歇尔·克罗齐埃.《被封锁的社会》，商务印书馆，1989 年版，第 95－96 页.

一提供者，非政府组织、非营利组织、社区组织、公民自治组织等第三部门和企业均可以成为公共服务和公共产品的提供主体(图 8—2)。其中，政府在这个多元化体系中扮演组织者和协调者的角色，它引导、培育、监督其他社会组织，并与之合作，共同提供公共产品和服务。

公共服务社会化可从以下四个方面来理解：(1)公共服务应以社会需求为导向。在传统行政体制中，政府提供什么样的服务，社会就接受什么样的服务。公共服务社会化要求政府重视社会公众的需求以及其差异性，不断促进个性化的政策及服务。(2)政府不再是公共服务和公共产品的唯一提供者，第三部门和企业均可以成为公共服务和公共产品的提供主体。(3)政府调动尽可能调动的各种社会力量参与提供和改善公共服务。(4)重视公民和社会参与的作用。

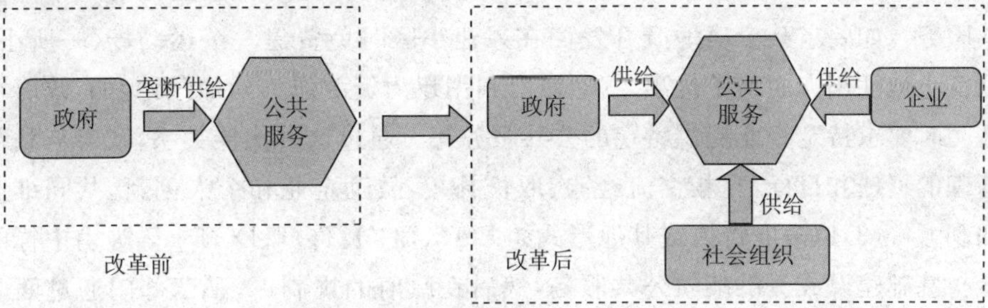

图 8—2　公共服务供给主体的变化

总的来说，公共服务社会化包含两层含义：

一是指把市场能够做的事情交给市场。通过产权界定和保护，能够解决公共产品提供过程的"搭便车"问题，投资者同样有可能获得预期的收益，这样，企业就有可能愿意提供部分公共服务。其主要形式包括以私补公和公私合作。这层含义基本上与前面第二节所讲的"政府职能市场化"存在相互重合的地方，但侧重点有所不同。

二是指还权于民，调整政府与社会的关系。把原来由政府包揽的部分社会事务和社会公益事业转移出来，交给第三部门来承担，充实第三部门的社会职能，充分发挥第三部门的社会作用。这层含义即为狭义上的公共服务社会化，主要形式包括：与非营利组织合作、公共服务社区化。

二、公共服务社会化的主要形式

(一)以私补公

"以私补公"即政府通过制定优惠政策，吸引和鼓励私人资本投入到政府包揽的社会保险、退休保障、中小学教育、廉价住宅建设、医疗服务等公共事业领域，以弥补政府财力和服务能力的不足。如美国圣保罗市吸引和鼓励私营企业从事原来由政府承担的垃圾收集工作,减轻了政府财政负担。[1] 田纳西州决定建造三所新监狱,一所交给一家私营企业,另外两所由州政府办,看看谁办得更便宜。大多数人可能都以为警察和监狱是政府的核心专有职能,"事实上,警察机关已在从容不迫地私有化;今天私人安全保卫的数量三倍于警察。由于美国重罪犯的出现所造成的安全需求迅速增长,监禁正作为一种生意出现。到 1996 年年末,有 132 家看守所开业,另由 39 家在建设中。该行业的税收在 1997 年有望达到 10 亿美元的大关。"

(二)公私合作

公私合作是指政府不需要购买私营部门提供的公共服务,而是以政府特许等形式吸引中标的私营部门参与基础设施建设或提供某种特定的服务。主要有以下三种形式:(1)政府利用土地资源作为优惠条件,要求特定的企业在完成自身业务时附带性提供一些公共服务。如要求某个房地产开发商在兴建小区时免费建一个运动场、一所小学等,政府则在土地征用方面给予优惠。(2)政府利用权力资源作为附加条件,如,政府在核发许可证明时要求特定企业提供特定的公共服务等。通过这种伙伴关系,政府与私营企业分担管理的责任和目标,互相交流经验、取长补短,鼓励企业和个人创新,共同维护公共秩序和利益。(3)以政府特许或其他形式如 BOT、BOO、TOT、DOT[2] 等吸引中标的私营部门参与基础建设或提供某项公共服务,然后在政府的规制下,私营部门通过面向消费者的价格机制来实现投资回报。这种做法,既借社会资源提高公共服务生产能力,又借价格机制显示真实社会需求,从而实现一箭双雕的目的。[3]

(三)与非营利组织合作

目前各种非营利组织已成为社会管理中相当活跃的角色,它们针对社会问题广泛地开展活动,与政府合作共同解决诸多社会问题。20 世纪 60 年代后,在发达国家,政府部门与非营利组织合作提供公共服务开始成为一种崭新而活跃的途径。随着改革的进程,非营利组织在提供公共服务上逐渐与政府、市场形成鼎足而立的格局,成为支持社会稳定发展,弥补政府和市场失灵领域的重要社会部门。实际上,如在英国,政府与非营利组织的伙伴关系不再局限于布莱尔政府所提倡的"利益相关者社会",而是发展为执行重要社会政策(如都市发展和提高青年就业率)的一项根本工具,以及政府提供公共服务和发展市民社会的一种办法。在欧盟,政府与非营利组织的伙伴关系已成为对抗社会疏离感,增进地方社区福利的整合性机制。

---

① 戴维·奥斯本、特德·盖布勒:《改革政府——企业精神如何改革着公营部门》,上海译文出版社,1996 年版,第 64 页。

② BOT(Build-Operate-Transfer,建设-经营-移交);BOO (Build-Own-Operate,建设-拥有-经营);TOT (Transfer-Operate-Transfer,移交-经营-移交);DOT(Develop-Operate-Transfer,发展-经营-移交)。

③ 向涛:《公共管理学概论》,中国商业出版社,2001 年版,第 429 页。

(四)公共服务社区化

社会公共生活中的公众有着丰富的人格和多样化的需求。作为公众,他们消费着私人服务和公共服务,而作为公共利益的共享者,他们也应承担起相应的公共责任,参与公共服务的供给和公共利益的实现过程。通过社区来生产公共服务并通过社区来满足自己需要的公共利益的方式被称为"社区供给"。其特点在于,它依据受益者所居住的地域或从事的行业提供公共服务,其成本的补偿完全通过自愿或社区委员会其他依据民意的方式征收。社区公共服务生产之所以成为大家关注的对象,是因为这种方式大量存在于现实之中,而且这种方式是把公共服务的提供范围缩小到一个以生活或工作为纽带联系的小集团之中,它更容易获得有效率的生产,也更容易将消费者的偏好与生产数量联系起来。

三、公共服务社会化的意义

公共服务社会化的意义主要包括以下几方面:

(1)有利于政府机构精简。社会化使公共服务更多的依赖政府与社会的互补与合作,从直接提供公共服务转向间接提供管理,提供了一个在维持一定职能和服务水平的前提下实现政府机构和人员削减的有效途径

(2)有利于减轻政府财政压力,优化财政资源配置。公共服务社会化开发了民间资源,拓宽资金渠道,改变过去政府单独承担全部公共服务成本的状况,减轻了政府财政压力,有助于政府优化配置财政资源。

(3)有利于构建激励与约束机制。社会化打破了政府公共服务机构的垄断性,引入多元化的竞争者,形成公共服务供给的竞争和压力机制,促进政府和公务员管理能力提高。

(4)有利于推进社会民主化进程。公共服务社会化反映公共权力与市场权利的关系,在公共服务领域,政府把部分权利让渡给私人力量,这是社会民主管理的一种形式,有利于推进民主化进程。

总而言之,公共服务社会化意味着政府通过对社会力量的组织、利用和管理,实现公共管理和服务的社会化,以实现在不增加政府规模和开支的情况下,改善公共服务,提高行政效率。可以说,在 20 世纪 70 年代,西方国家掀起的行政制度改革"不只是对公共部门进行改革,它表现为要求公共部门转换机制,并改变其与政府和社会的关系。[①]

---

① ［澳］欧文·E. 休斯.《公共管理导论》,中国人民大学出版社,2001 年版,第 69 页.

第四节 行政权力分散化

一、行政权力分散化的内涵

行政权力分散化是指行政权力下放到地方政府和其他组织的过程，即“向单一中心集中”的逆向化过程。传统的科层结构已难以适应现代信息社会快速、高质、灵活、弹性的管理要求。行政制度改革主张通过权力分散化给予公共管理者以行政自由裁量权来完成其工作。行政权力分散化的行政制度改革旨在通过减少行政系统内部和外部的各种规制的限制，从而达到给行政系统释放活力以有效管理的目的。权力分散化包括授权和分权两个方面。授权有三种形式：向组织授权、向个人授权和向社区授权。分权既包括中央与地方政府间的分权，体现为中央政府将若干权力如项目管理权、法规制定权等下放给地方政府，使地方政府较之以前拥有更大的权力；又包括行政组织内部层级之间的分权，主要体现为压平层级，权力向一线下移。由于授权的部分内容我们已经在前面几节有所涉及，此处不再赘述。下面主要从分权的视角来阐释 20 世纪 70 年代以来行政权力分散化的实践及特点。

二、行政权力分散化的实践

下面主要从中央与地方之间的分权改革和行政组织内部层级之间的分权改革来阐述行政权力分散化的实践。

(一)中央与地方之间的分权改革

随着社会的发展，地方政府在经济发展的作用已越来越突出，中央政府已经无法包揽所有权力。于是，改革权力过于集中的情况，向地方分权，充分发挥地方政府的积极性，已成为一种必然要求。从各国的改革实践看，中央政府与地方政府之间的分权主要是削弱中央政府职能或把中央政府的职能转移到地方政府及非营利机构中去，表现为中央政府把若干权力如法规制定权、财权、项目管理权、人事权等下放给地方政府，既给地方政府一定的自主权，又达到中央与地方适度的权力平衡。中央与地方分权制改革在不同的国家有不同的表现形式。在美国是联邦政府通过整笔补助、解除规制、减税以及注重社区自治来实现分权。在英国，自撒切尔夫人执政后，也逐渐开始向地方下放权力，陆续建立了苏格兰议会、威尔士议会和北爱尔兰议会，地方分权改革进展很大。在分权改革方面，法国和日本改革力度较大，这里主要对这个两个国家的分权改革加以介绍。

1. 法国分权改革

1982年，面对中央集权的行政体系造成了行政效率低下，文牍主义兴盛、地方积极性低落，财政危机等问题，刚刚上台的社会党人提出了分权改革的动议，试图通过分权改革以建立一个对民众更具责任性、回应性的地方政府，以更高的效率和效益提供公共服务。为此，他们极大地改变了地方行政体系的权力格局，重新定义了地方的职责和权限。其主要做法是：

(1)重新调整地方行政区划分。1982年3月2日颁布的《大区、省及市镇的权力与自由法》，把法国的行政体制由原来的中央—省—市镇三个层次变为中央—大区—省—市镇四个层次，规定三级地方政府产生的议会自行管理，而且三级政府之间没有直接的从属关系。

(2)改革地方行政权力结构。中央取消了对各级地方政府的监管，中央委派到大区和省的行政官员不再行使地方事务的行政管理权，他们主要负责国家法律和法令的执行，管理与国家利益相关的事宜。而地方民选机构的权力明显增强，省和大区的地方事务管理权由中央委派到大区和省的行政官员手中转到民选的地方官员——省议会主席和大区议会主席手中。

(3)扩大地方自治权限。1983—1985年中央政府向地方政府下放了包括各地区的经济发展与计划、城市建设、住房、职业培训、交通运输、社会活动、司法、教育、文化、环境保护和警察等职权，从而使地方政府的管理权限有较明显的扩大。

(4)改革地方公职制度。地方公务员享有与国家公务员相同的法律地位和基本保障，并允许地方公务员和国家公务员之间的流动。在改革中，法国政府还将人事权向地方政府转移，地方公职人员由地方政府管理。

(5)扩大地方民主。1992年颁布的《共和国地方行政指导法》扩大了地方民主，增强了地方当选者的决策权和公民的参与权、发言权和知情权。①

2. 日本地方分权改革

战后日本实行了地方自治制度。日本的都道府县以及府县以下的市町村都分别设有地方自治政府，享有地方自治权，中央政府只给予适当的指导。但在实际的运行过程中，中央政府与地方政府的关系实质上仍然是监督与被监督、指挥与被指挥的关系，因而日本的地方自治体被称为“三分自治”，违背了建立中央与地方政府间对等关系的初衷。战前府县作为中央政府派出机关的制度惯性一直延续到战后，加之中央集权根深蒂固，居民自治意识在第二次世界大战后40年内并未形成以及地方自治改革的不彻底，导致了战后日本仍有把地方政府作为其派出机关处理中央政府部门行政事务的倾向，地方政府不得不忙于处理大量的“机关委任事务”。

日本20世纪90年代地方分权改革是从1990年10月设立的第三次临时行政制度改

---

① 丁煌：《法国政府的地方分权改革及其对我国政府管理的启示》，《法国研究》，2002(1)。

革推进审议会(以下简称“行革审”)的活动开始的。1993 年 6 月 3 日,众议院通过推进地方分权的决议。次日参议院也通过相关决议。10 月 27 日,第三次“行革审”发表最终答询报告,把“规制缓和”与“地方分权”作为重点内容,翌年 12 月 25 日以内阁决议形式公布关于推进地方分权的大纲及方针。1995 年 5 月,地方分权推进法通过,并于 7 月 3 日起施行,同时地方分权委员会成立。1998 年 5 月,日本政府制定了地方分权推进计划,决定实行以下改革措施:

(1)在明确地方政府不能是中央政府附属机构的前提下,全面废除机关委任事项,重新划分自治事项;

(2)在总理府设立“国家地方纠纷处理委员会”,公平、独立地审查、处理中央政府和地方政府间出现的矛盾纠纷;

(3)对中央政府的地方派出机构进行合理化改革,事务量减少的要缩编;

(4)清理和缩小中央政府对地方的财政补贴,强化地方财政的自立性,废除中央政府限制地方发行公债的许可制度;等等。①

1999 年 7 月,国会两院通过并公布了《地方分权法》,并于 2000 年 4 月 1 日开始履行。2000 年 4 月 1 日,《地方分权法》正式施行以后,日本中央与地方关系及行政管理方法出现全新的局面。

(二)行政组织内部层级之间的分权改革

科层制组织以严格的等级制度和服从制度保证了行政系统按部就班地运行,然而,这种等级划分、权力集中、控制严密、过于形式的管理模式和组织模式,难以适应现代信息社会快速、高质、灵活、弹性的管理要求,尤其是组织机构设置的复杂性影响了信息沟通的速度和质量,而一些基层组织直接面对服务对象,需要主动、灵活对外界情况做出反应,管理和决策行政事务。因此,中间管理层次已显得多余,而把部分管理权限授权给基层组织和人员却显得必要。就政府行政组织内部层级之间的分权而言,它体现为压平层级,授权一线,以满足政府对效率、民主和责任的需求。美国公共行政学者彼得斯提出的政府未来的治理模式之一的参与模式,在结构问题上最明显的影响在于使公共组织越来越平板化,上层和底层之间的层级越来越少。比如美国的住房和城市发展部将区域办公室这个中间层级取消,使管理层次由 3 个变为 2 个;退伍军人部向区域办公室放权,从而提高了工作效率和服务质量。总的来说,行政组织内部层级之间的分权改革主要体现在以下三个方面:

1. 财政分权

英国的财务管理新方案主张财务分权,即把部属一些执行性的、从事量的处理工作、任务单一、工作程序化但又分散在不同地域的单位建成独立的核算中心(又称开支中心

---

① 杜创国:《日本地方自治及其地方分权改革》,《中国行政管理》,2007(4).

或责任中心)。这些中心实行经理负责制。其内部组织结构、编制、人员录用条件及程序、工资级别、奖惩方法等,完全由经理根据资源和工作需要决定。主管部门不再直接干涉中心的日常工作,他们敢于放手让经理管理。

澳大利亚财政管理改革一个突出的变化是权限自上而下地下放到基层操作部门,即权限从联邦政府下放到州政府,从上级公共部门下放到下级公共部门,从管理环节下放到经营环节。其主要内容包括:通过修改和废除大量的财政制度与法规,简化财政管理;按照从紧控制费用支出的方针,编制与实行财力配置3年的滚动预算;在3年的滚动财政年度之间,管理者在工资和经费的分配及使用上有较大弹性的配置权限,管理者在资金的管理与有效地使用上负有全面的责任风险。权限下放和简化财政管理极大地提高了公共部门管理者对有限财力使用的范围、效率和弹性,同时也增大了管理者的权力、责任、风险与义务。

在新西兰,随着财政管理权的下放,许多行政控制被取消了,例如:各部门不再被强制性地要求某些服务(如交通工具、电子计算机)只能向指定的中央垄断性机构购买。各部门的资产负债表与整个政府的资产负债表独立开来,各部门以及主管有了更多的财政管理自由。在人力和资金的投入方面,各部门被赋予了采购和配置的自由。执行主管有权运营本部门的银行账户并管理现金,但无权借债。总之,在法律范围内,如何花费所得的资源主要由各部门来负责。由于拨款数额是根据"产出"来确定的,不良的决策将会导致部门的财政困难,而这又会影响到绩效协议和自主化计划的实现,并最终与主要管理者的切身利益联系在一起。所以,管理权下放的同时,也加强了部门和执行主管的有关责任。

2. 决策与执行分权

决策与执行分权,是指决策职能与执行职能分开,成立半自治的执行机构,由它负责政策执行,以此提高决策和执行的质量。由于这些执行机构的相对独立性和他们之间的竞争性,它们必然拥有比传统公务员制度下更大的人事管理权和财政自主权。这以英国最为典型,英国在"下一步计划"的指导下,把整体的部委分为若干执行机构,这些机构在主管部门的政策指导下履行提供公共服务和有效管理的责任。每个执行机构被赋予了一定的人、财、物自主权,主管部门只监督其工作完成情况,不插手其具体运作。从1984年到1994年已经成立了102个这样的执行机构,工作人员约35万,占整个文官总数的63%,这些机构从事着三分之二的中央政府工作。英国计划下一步执行机构的工作人员要占到文官总数的75%。①

3. 下放人事权力

下放的人事权力包括录用、薪酬、晋升、考核等权力。美国克林顿政府上台后提出的政府运行评审计划,其中一项内容就是向基层单位和地方政府放权,改过去的控制命令

① 段余应:《各国文官制度及行政体制改革新态势》,《中国行政管理》,1997(1)。

模式为信任和责任模式，给一线管理者以更大的人事管理的实际权力。在基本原则下，各部门可以自主设计符合部门实际的人事制度。在英国，是通过执行局改革，在公共部门建立以绩效为基础的执行机构，签订合同，并赋予执行机构在人事管理上的较大的管理、决策的自主权，从而，改变了过去公务员工资制度和工资标准由财政部统一制定的做法，将工资决策权逐步下放给政府部门和执行机构。英国还改革了公务员统一考试录用的做法，把考试录用权下放给政府各部门，考试内容、考试方法、录用标准都由各部门依据自身特点确定。在新西兰，部级的主要管理权都转移到司局一级。每个局的执行主管在人事管理领域享有独立的权威，工资、待遇等都由部门决定。新西兰 1988 年国务院法规定，取消了各部副部长的终身雇用制，实行年以内的合同制。各部委的副部长由内阁雇用的国务服务委员长所雇用，与部长之间签订写有任期中重要工作内容的绩效合同，按合同内容对部长负责。副部长根据合同提供服务，并拥有较大的自主权。在提供服务的预算范围内，副部长既是本部委内部职员的雇用者，对本部委拥有人事管理权，同时还可以拥有从外边购买支援服务、雇用职员或者给职员发放住房补助的权力。

分权化改革缩小了官僚机构的规模和集中化程度，通过较小的灵活的行政单位的建立，权力下放到地方和执行机构，增强了政府机构及其公务员的自主性、能动性和灵活性，大大提高了行政效率。它还增加了公务员接触民众与获取信息的机会，使政府的运作更贴近公众，更富有回应性和针对性。

第五节　对西方行政制度改革的评价

一、西方行政制度改革的效果

（一）部分解决了西方国家面临的社会问题，体现了对社会发展的回应

20 世纪 70 年代以来的行政制度改革与西方国家面临的一系列社会问题是分不开的。这一时期的行政体制改革所要解决的就是政府财政危机、管理危机和信任危机的困境。各国的行政制度改革的内容中大都包括了企业化、私有化、社会化与分权化倾向的改革措施。从实际效果来看，这些做法不仅使政府的财政压力大大减轻，而且探索出了一条使社会逐渐摆脱对政府过分依赖的可行之路。同时，这一时期的改革也是社会发展的必然要求，体现了科技革命、新产业革命以及全球化带来的机遇和挑战的回应。

（二）出现国家与社会，政府与市场关系的新格局

进入 20 世纪以来，尤其是第二次世界大战以后，西方各国政府普遍采用凯恩斯的主张，对社会生活实行全面干预，政府对社会、市场承担越来越多的管理任务，从而成为“万

能政府”。然而在20世纪70年代末以来的西方行政制度改革中，各国开始逐渐显现出对市场和社会的回归，90年代甚至在世界范围内出现了政府权力、职能和责任的全面退却。各国政府都较以往管得更少，并允许市场和社会的边界不断扩展。可以认为，“政府从社会制高点上后撤，是从20世纪走向21世纪公共行政领域中的一个重要现象。”①

（三）政府职能定位发生了根本转变

政府由所有者和经济活动的直接管理人和公共服务的直接提供者向“监管人”和规则制定人转变。这种转变具体表现为政府的公共服务的社会化，将政府的决策职能和执行职能划分开来，将政府定位于公共政策的制定和监督执行，而将部分执行职能转让给社会，由政府外的公共组织来履行。公共服务社会化以社会需求为导向，调动、鼓励各种民间组织参与兴办公益事业和社会服务，根据不同公共服务项目的性质和特点，实现公共服务供给主体的多元化和供给方式的多样化，从而建立起以政府为主导各种社会主体共同参与的公共服务供给格局。

二、西方行政制度改革的局限性

（一）“顾客”隐喻可能导致无法全面理解公民的角色，使公民与政府之间的角色错乱

20世纪70年代以来的西方行政制度改革用“消费者”（顾客）的概念取代了“公民”概念，期望通过公共服务中的市场机制来促进“顾客主权”的产生和公共服务水平的提高。然而在许多学者看来，这种不恰当的“顾客”隐喻，把政府服务的对象比作顾客，可能无法全面理解公民的角色，使公民与政府之间的关系不健全甚至角色错乱。波利特等人指出，公民是个人在宪法和相关法律框架下拥有的权利和义务的统一体，顾客则是市场情境中个人需求和需求满足的统一体。顾客需求的满足有赖于产品和服务的供求状况及个人的支付能力。公民是社会契约的一部分，顾客是市场契约的一部分。顾客仅仅是公民的一部分。公民位居顾客之上。彼得斯持有相似的看法，公民如今只不过是政府服务的消费者了，公民相对于国家的个人权利和法律地位无形中被降低了。

（二）公共服务社会化可能导致政府的公共责任范围不恰当的缩小

第一，某些政府在缩减规模时，以“向社会放权”的名义，推却必要的社会责任，缩小了政府的公共责任范围，把本应由政府承担的责任和义务推给社会。而社会组织可能不具备完全解决这些问题的能力，因为某些问题的解决需要具备丰富的技术设备、人才资源、资金保证和信息支持等。通常情况下，社会组织不能同时具备所有条件。这些组织又不可能有如同政府一般的地位，采用政府的途径去获得自己所需的资源来解决问题。

---

① 黎民：《公共管理学》，高等教育出版社，2003年版，第52页。

还需强调的一点，政府职能不仅限于经济方面，它还应该承担起整个社会发展进步的责任。经济学家弗里德曼曾言：坚定的自由主义者不是无政府主义者。这从侧面说明了政府责任的必要性。第二，私人企业为政府提供某些公共物品及服务，从政府领到报酬。私人企业首要目的是追求利润最大化，其提供的产品就可能不能够充分满足公众的需要。由于信息的不对称，政府常常难于对私企进行有效的监督。这也造成了政府一定程度的失职。

（三）政府职能市场化可能会导致民主化危机

公共行政在本质上是以民主宪政为基础的，强调追求人民主权、公民权利、人性尊严、社会公正、公共利益等多元价值。20 世纪 70 年代以来的西方行政制度改革主张采用市场的机制，追求效率、经济和效能，是一种新的效率导向和工具理性，对于社会公正、公共利益、社会责任、公民权利等行政价值关注不够。也就是说，在大力推进公共服务的民营化，认为民营化能提高效率、节约资源的同时，还必须认识到民营化同样会侵害主权的完整性，而且还腐蚀了民主政治的根基，因为民主政治的基础是政治社群意识，民营化会动摇这种整体意识。

（四）分权化可能导致公共服务的分散化和相互割裂

分权化是当代西方行政制度改革的一个主要方向。“从等级制到参与和协作的分权政府”被认为是企业化政府模式的构成要素之一。“分权化的一个危险在于，公共服务机构会集中关注自己所提供的服务的领域，没有人能够对社区需求进行全面分析并做统筹安排。”[①]换言之，分权化可能导致公共服务的分散化和相互割裂。方克定在综合多位外国专家的评论后指出：“分权和增加管理的灵活性有利于提高效率，也导致本位主义、分散主义、保护主义以及公共开支和行政成本的提高；半自治性的执行机构成为管理、服务水平的促进因素，但未达到减少检验、控制与协调的初衷，而出现了一系列失调和失控。”至于以设立执行机构为主要形式的权力非集中化改革，其理论前提就是早已被摈弃的政治行政两分法或决策执行两分法。英国一工会负责人克里斯蒂怀疑，这一改革的真正动机是“削减预算，裁减人员，削弱工会的权力和影响，为公共机构进一步私有化铺平道路。”

思考题

1. 什么是政府理念企业化？具体体现在哪些方面？
2. 什么是政府职能市场化？如何评价？
3. 什么是公共服务社会化？其有何意义？

---

① Flynn. N and strehl. F.. Public Sector Management in Europe, London: Prentice Hall. N. 1996:P170.

4. 什么是行政权力分散化？具体体现在哪些方面？

5. 如何评价 20 世纪 70 年代以来的西方行政制度改革？

参考文献

1. [澳]欧文·E. 休斯:《公共管理导论》,北京:中国人民大学出版社,2001

2. [美]戴维·奥斯本,特德·盖布勒:《改革政府》,上海:上海译文出版社,1996

3. 程样国:《国际新公共管理浪潮与行政制度改革》,北京:人民出版社,2005

4. 彭和平,竹立家:《国外公共行政理论精选》,北京:中共中央党校出版社,1997

5. 陈振明:《政府再造:西方"新公共管理运动"述评》,北京:中国人民大学出版社,2003

6. 张立荣:《政治学研究当代西方行政制度改革:取向与启示》,北京:《政治学研究》,2001(10)

后 记

西方行政制度是行政管理专业重要的一门专业课程，但是由于诸多原因，对于西方行政制度的研究，在我国明显比较薄弱。已有的寥寥无几的西方行政制度教材，也都是从国别的角度，对几个主要西方国家行政制度进行的介绍。这种介绍，虽然也能够大体上了解西方行政制度的概况，但是，由于缺乏横向的比较分析，因而，显得比较零散、不系统，不利于系统掌握西方行政制度的内容。针对这一问题，也为了加强我国对西方行政制度的研究，我们编写了这本教材。我们的教材按照西方行政制度的主要内容，分类对其进行了系统介绍。这是一种探索，希望我们的这种探索，有益于学习者全景式地把握西方行政制度的内容。

这本教材是集体合作的产物。汤勤与古小华拟定了写作提纲，古小华拟定了编写体例并对写作任务进行了分工：

第一章　庞京生、汤勤

第二章　许敏

第三章、第六章　古小华

第四章　黎明

第五章　刘翔

第七章　汤勤

第八章　吴乐珍

初稿完成后，古小华对一些章节提出了修改建议，作者修改后，汤勤对第二、三、五、六章，古小华对第一、四、七、八章进行了修订，最后古小华对全书进行了统稿。

在写作过程中，我们参考了一些学者的研究成果，在此，对他们表示衷心的感谢！我们还感谢吴红列、王武军、陈琼、黄波、斐小琼、关继兵、吴进、霍虹、黄安心对我们编写工作的支持。最后，我们要感谢中国经济出版社的李煜萍编辑对本书的出版给予的帮助。

最后，由于编著者水平有限，书中定有疏漏之处，还请广大读者批评指正！

编　者

2009 年 8 月